Glanz der Antike

Claudia Braun

GLANZ
DER ANTIKE

HOCHKULTUREN DES
MITTELMEERRAUMS IN DEN
REISS-ENGELHORN-MUSEEN

Herausgegeben von
Alfried Wieczorek und Christoph Lind

Publikationen der Reiss-Engelhorn-Museen Band 80

IMPRESSUM BEGLEITBUCH

Glanz der Antike – Hochkulturen des Mittelmeerraums in den Reiss-Engelhorn-Museen

Herausgeber: Alfried Wieczorek, Christoph Lind

Autorin: Claudia Braun

Inhaltliche Konzeption: Claudia Braun

Lektorat: Luisa Reiblich, Barbara Troeger

Exponatfotografie: Carolin Breckle, Jean Christen, Maria Schumann,
Reiss-Engelhorn-Museen Mannheim

Covergestaltung und Corporate Design: Tobias Mittag, Reiss-Engelhorn-Museen Mannheim,
in Zusammenarbeit mit Anna Braungart, Tübingen

Abbildungen:
Umschlagvorderseite: Weinkanne (Oinochoe) des Schuwalow-Malers mit Apollon und Musen,
Athen, um 425 v. Chr., Inv. Nr. Cg 346, Foto: Jean Christen, rem
Umschlagrückseite: Eule auf Olivenzweig, Detail von einer Weinkanne (Oinochoe) des
Mannheimer Malers, Athen, 460 – 450 v. Chr., Inv. Nr. Cg 61, Foto: Jean Christen, rem

Abbildung Seite 2: Marmorsteinbruch von Aliki an der Südküste der Insel Thasos

Bibliografische Information der Deutschen Nationalbibliothek:
Die Deutsche Nationalbibliothek verzeichnet diese Publikation
in der Deutschen Nationalbibliografie; detaillierte bibliografische
Daten sind im Internet über http://dnb.dnb.de abrufbar.

© 2019
Originalausgabe © Reiss-Engelhorn-Museen Mannheim und
Verlag Schnell & Steiner GmbH, Leibnizstr. 13, 93055 Regensburg
Gedruckt auf säurefreiem und alterungsbeständigem Papier
Satz und Layout: typegerecht, Berlin
Druck: optimal media GmbH, Röbel/Müritz
Printed in Germany
ISBN 978-3-7954-3360-4

Weitere Informationen zum Verlagsprogramm erhalten Sie unter:
www.schnell-und-steiner.de

INHALT

VORWORT DER HERAUSGEBER

Den Glanz der Antike können Besucherinnen und Besucher der Reiss-Engelhorn-Museen in einer lebensnahen Präsentation im Museum Zeughaus erleben. Sie zeigt die Höhepunkte einer über zwei Jahrhunderte gewachsenen und sich stetig weiter entwickelnden Sammlung, die zu den Traditionspfeilern der kulturgeschichtlichen Bestände in Mannheim gehört. Dabei stellt das Ausstellungskonzept Bezüge zwischen der Jetztzeit und der damaligen Lebenswirklichkeit her, um die Antike für ein großes Publikum erfahrbar zu machen. Der Gliederung der Themen in der Präsentation folgt auch der Begleitband, der besonders aussagekräftige Objekte näher vorstellt.

Sammlungen von antiker Kunst besitzen häufig Objekte, deren Fundzusammenhang ungeklärt bzw. unbekannt ist, da sie durch Kauf oder über andere Wege wie Schenkungen und Dauerleihgaben ohne genauere Dokumentation in den Bestand gelangten und gelangen. Kontextlose Objekte sind in größerer Zahl bereits seit dem 19. Jahrhundert im Handel aufgetaucht, da man damals und auch heute noch Gräber oder andere Fundstätten vor allem nach schönen und wertvoll erscheinenden Stücken durchsucht und dem gesamten Inhalt und der Beschaffenheit der Fundstelle keine Beachtung schenkt. Dies ist umso ärgerlicher, da gerade die genaue Dokumentation der Fundlage wichtige Hinweise für die Wissenschaft liefert.

Die Reiss-Engelhorn-Museen sind bestrebt, die Erweiterung der Sammlungen unter Beachtung aller internationalen Abkommen, insbesondere die Richtlinien des Code of Ethics des International Council of Museums (ICOM), vorzunehmen. Prinzipiell werden keine antiken Objekte erworben, die aus dem illegalen Kunsthandel stammen oder deren Erwerb gegen die Gesetze der Herkunftsländer verstoßen.

Unserem Sammlungsprofil entsprechend werden ausschließlich Objekte höchster Qualität mit nachweisbarer Herkunft in den Reiss-Engelhorn-Museen präsentiert oder in die Sammlung aufgenommen.

Dr. Claudia Braun ist die Kuratorin der Ausstellungskonzeption und Autorin des Begleitbandes. Sie betreut seit über zwei Jahrzehnten die archäologischen Objekte aus dem Mittelmeerraum und leitet die seit 2008 eigenständige Abteilung der Antikensammlung. Ihr erfolgreiches Wirken umfasst nicht nur die wissenschaftliche Bearbeitung und Erforschung der Funde, sondern auch die Erweiterung der Sammlung. Für ihr großes Engagement sei ihr auf das Herzlichste gedankt.

Ein besonderer Dank gilt auch den Restauratorinnen und Restauratoren

Sandra Gottsmann, Gisela Gulbins, Bernd Hoffmann-Schimpf, Annette Kirsch, Isabel Luft, Elke Michler sowie Peter Will, die sich in kompetenter Weise um die konservatorisch-restauratorische Betreuung der Objekte kümmern. Dem wissenschaftlichen Präparator in den Reiss-Engelhorn-Museen, Matthias Feuersenger, verdankt die Präsentation zahlreiche neu angefertigte Präparate, die das Erscheinungsbild noch lebendiger wirken lassen. Uwe Rehberger und Jean Lehr schulden wir Dank für die Beleuchtung, die Technik und die Durchführung von Umbaumaßnahmen, Maria Schumann für zahlreiche neue Objektfotografien, Patricia Pfaff für die stete Unterstützung bei Depotrecherchen, Luisa Reiblich für die Redaktion und Bildbearbeitung und Dieter Dümas für die schnelle Bereitstellung von Büchern. Martin Dorfmann und Thomas Pomarolli von DP-art, Brixen, übernahmen die professionelle Gestaltung der Präsentation der Objekte im Museum Zeughaus. Eva-Maria Günther hat bereits als Volontärin tatkräftig in der Antikensammlung mitgewirkt und erfüllt auch jetzt als Leiterin der Ausstellungsabteilung gemeinsam mit ihrem Team immer wieder die Wünsche der Kuratorin, wofür wir ihr Dank sagen möchten.

Ein großer Dank gebührt ferner dem Verlag Schnell & Steiner unter seinem Leiter Dr. Albrecht Weiland und der Verlagslektorin Dr. Simone Buckreus für die kompetente Produktion der Publikation sowie für die langjährige sehr gute Zusammenarbeit. Dies gilt auch für Falk Flach und Thomas König von typegerecht berlin, die das Layout gestalteten.

Alfried Wieczorek
Christoph Lind

ZEITREISE ANS MITTELMEER

■ Abb. 1
Blick auf die Ägäis von der Stadt Kamiros aus
Die Ruinen liegen an der der Westküste der Insel Rhodos und stammen aus dem Ende des 3. und dem Anfang des 2. Jhs. v. Chr.

In der Antikensammlung der Reiss-Engelhorn-Museen finden sich Zeugnisse aus den verschiedenen Kulturen des Mittelmeerraumes sowie des Vorderen und des Mittleren Orients. Der zeitliche Rahmen der im Museum Zeughaus präsentierten Objekte erstreckt sich vom 5. Jahrtausend v. Chr. bis ins 8. Jahrhundert n. Chr.

Gefäße und Statuetten aus Ton bilden die größte Gruppe, Objekte aus Stein, Metall und Glas sind deutlich weniger vertreten. Großformatige Skulpturen aus Stein fehlen dagegen gänzlich, dies gilt auch für Mosaiken und Fresken. Die Zusammensetzung des Bestandes erklärt sich vor allem aus der Geschichte der Antikensammlung (siehe unten).

In diesem Begleitband soll die Welt der Griechen und Etrusker, der Italiker und Römer im Mittelpunkt stehen. Die Konzeption der Präsentation im Museum und der Publikation ist von Themen wie Religion, Totenkult, Wohnen, die Rolle der Frau, Kleidung, Sport und Spiel, Ernährung, Handel und Handwerk bestimmt – Themen, zu denen Besucherinnen und Besucher der Antikensammlung die meisten Fragen stellen und die hier mit zahlreichen Abbildungen illustriert werden.

Modelle, die Inszenierung eines Tempelbezirks oder eines Raumes für das Symposion, das antike Gastmahl, Wandbilder und naturkundliche Präparate sowie Medienstationen, die spielerisch den Zugang zu den antiken Kulturen erleichtern sollen, ergänzen die Präsentation. So kann man in einem griechischen Tempel ein Orakel befragen oder sich für das ›Symposion‹ auf gepolsterten Liegen nach antiker Manier niederlassen. Es liegen auch Gewänder zum Ausprobieren antiker Kleidungsstile bereit.

1. FASZINATION ANTIKE

■ Abb. 2
Korb mit Produkten, die mit den Namen antiker Götter verbunden sind:
Athena, Ceres, Flora, Apollo, Zeus

WERBUNG WIRKT

Die scheinbar vor Jahrhunderten untergegangenen Kulturen des Mittelmeerraums sind, wie ein Blick in Schaufenster oder Warenregale überraschend zeigt, noch immer Teil des modernen Alltags. In Werbung und Produktgestaltung findet sich reichlich Antikes, teils als direkte Übernahme von Formen und Bezeichnungen, teils in veränderter, dem Zeitgeschmack angepasster Art und Weise (Abb. 2).

Die Bezeichnung ›antik‹ und die gedankliche Verknüpfung mit den fernen Epochen stehen dabei für ›edel‹, ›exklusiv‹ oder ›zeitlos‹. Antike Säulen verleihen Verpackungen eine gewisse Vornehmheit und dienen etwa der Gestaltung von Parfümflakons. Götternamen und antike Begriffe sollen den Produkten einen hohen Anspruch und Glanz verleihen sowie deren hohe Qualität suggerieren. Venus, Göttin der Schönheit, garantiert beispielsweise die Exklusivität von Kosmetika oder Dessous. Wenig überraschend ist die Kombination von Diana, der Göttin der Jagd, mit einem Salat aus Wildragout oder Athena mit Olivenöl, denn sie hat laut der Überlieferung den Ölbaum nach Attika gebracht.

Ungewöhnliche bzw. für den Kenner der Antike nicht nachvollziehbare Verknüpfungen von antiken Namen und modernen Produkten kommen allerdings häufig vor: Apollo und Gebäck, Zeus und Zaziki oder Hermes und Seife. Ein eher mulmiges Gefühl beschleicht den in der Mythologie versierten Käufer, wenn er in der von einem deutschen Automobilkonzern angebotenen Limousine der Oberklasse namens Phaeton Platz nimmt. Der Mythos berichtet, wie sich Phaethon, Sohn des Helios, vom Vater die Erlaubnis erbat, einmal den Sonnenwagen lenken zu dürfen. Er verlor jedoch die Kontrolle über das Viergespann, der Wagen wurde zertrümmert, sein Lenker stürzte zu Tode. Kein gutes Vorzeichen für eine Fahrt mit dem modernen Gefährt!

Die antiken Götter sollen noch für uns Heutige dank der ihnen zugeschriebenen Fähigkeiten einzelne Aspekte eines Produktes mit ihrem Namen hervorheben. Der auch als Heilgott verehrte Apollon wird daher mit dem gesunden und natürlichen Mineralwasser der Donatquelle in Slowenien verbunden. Vorbild für seine Darstellung auf der Flasche ist die berühmte Statue im Belvedere des Vatikans; hier wird ihm allerdings ein Trinkgefäß in die erhobene Hand gegeben, während er im Original einen Bogen hielt. Flora, die italische Göttin der Pflanzenblüte, verweist auf die vielen pflanzlichen Zutaten in Margarine und Keksen, während die Erd- und Fruchtbarkeitsgöttin Demeter die natürliche Zubereitungsart von Obstsaft garantiert. Dionysos, der Gott des Weins, verspricht natürlich qualitätvollen Rebensaft.

Schon diese wenigen Beispiele illustrieren, wie die heutige Produktgestaltung mit der Welt des Altertums spielt und für ungewöhnliche Umdeutungen sorgen kann. Inhaltliche Übereinstimmungen sind vereinzelt deutlich angestrebt: Vorreiter ist noch immer ein bekannter Sportartikelhersteller, dessen Firmenname dem der griechische Göttin des Sieges entspricht. Oft setzen die gedanklichen Verbindungen aber nur oberflächlich an oder bleiben unverständlich.

Spielfilme, Computerspiele, Unterhaltungsliteratur und Spielwaren verarbeiten ebenfalls in vielfältiger Weise archäologische Themen. Sie bedienen damit die Faszination der Käufer und Anwender für weit zurückliegende Zeiten, für Abenteuer sowie die Suche nach dem Unbekannten oder nach Schätzen. Die Vorstellungen des Publikums vom Beruf des Archäologen sind jedoch weitgehend von spannenden Action-Filmen geprägt, die Realität ist für Außenstehende oft nicht so aufregend. Erfreulicherweise steigt dennoch das Interesse an wissenschaftlich fundierten Dokumentationen über archäologische Themen, wovon unter anderem zahlreiche Fernsehsendungen zeugen.

DIE GESCHICHTE DER ANTIKENSAMMLUNG

Kurfürst Carl Theodor – der »Pfälzer Apoll«

Die Bestände an Objekten aus dem Mittelmeerraum gehen teilweise auf die kurfürstlichen Sammlungen aus dem 17. und 18. Jahrhundert zurück. Carl Theodor von der Pfalz (1724–1799) war ein an Kunst und Kultur überaus interessierter Kurfürst und stellte deswegen sehr großzügig Geldmittel für diese Zwecke zur Verfügung (Abb. 3). Es ist die Rede von 35 Millionen Gulden, die er während seiner Regierungszeit in Mannheim ausgegeben haben soll.

■ Abb. 3

Porträt des Kurfürsten Carl Theodor mit dem Apollo-Tempel in Schwetzingen
Johann Peter Hoffmeister (1740–1772), um 1770 ■ Öl auf Leinwand; H 50,8 cm, B 35,4 cm ■
Inv. Nr. O 293

Der Ausblick auf den Apollo-Tempel im Schlossgarten von Schwetzingen (links im Hintergrund) zeigt
den Kurfürsten als Beschützer und Förderer der Wissenschaften und der Künste und setzt ihn gewissermaßen mit deren antikem Schutzherrn gleich.

Im Jahr 1763 begründete er das *Antiquarium electorale* (das Kurfürstliche Antiquarium), das im Ostflügel des Mannheimer Schlosses im Erdgeschoss gleich neben dem Naturalienkabinett eingerichtet wurde. Die Sammlungen waren in sieben Gruppen unterteilt: »hetrurische« Aschenkisten und Vasen (darunter sind griechische Vasen zu verstehen, die man damals für etruskisch hielt), ägyptische und griechisch-römische Plastik, römische Porträts, römische Keramik, antike Metallobjekte, Mosaiken (unter anderem aus Rom und Tivoli) sowie provinzialrömische Inschriftensteine und Reliefs.

Zum ältesten Bestand des Antiquariums gehörten die Antiken aus dem Besitz von Kurfürst Johann Wilhelm von der Pfalz (1658–1716), allen voran an die 100 Gipsabgüsse aus Italien sowie die kurz nach 1702 erworbene, sehr umfangreiche Sammlung römischer Münzen, Gemmen und Kleinfunde des Pfarrers Johannes Smetius aus Nijmegen (1590–1651), darunter eine Harpokrates-Statuette von herausragender Qualität (Abb. 4).

Großformatige Originalskulpturen aus der Antike waren in Düsseldorf nicht vorhanden, obwohl Johann Wilhelm durchaus deren Erwerb wünschte. Kaufverhandlungen in Rom zogen sich aber über Jahre hin und wurden schließlich abgebrochen. Die einzige Marmorskulptur in der Sammlung Johann Wilhelms war die sogenannte Trunkene Alte (Abb. 6), die als Geschenk von Kardinal Pietro Ottoboni (1667–1740) an den Kurfürsten nach Düsseldorf gelangte. Über Mannheim kam sie 1803 zusammen mit

■ Abb. 4

Statuette des Harpokrates

Aus Nijmegen; ehemals in der Sammlung des Johannes Smetius (17. Jh.); 1. bis 2. Jh. n. Chr. ■ Silber; H 2,9 cm, B 1,1 cm, T 0,8 cm ■ Inv. Nr. Cd 122

Harpokrates, der Sohn von Isis und Osiris, wird meist als nackter Knabe dargestellt, mit dem Zeigefinger am Mund. Hier begleiten ihn noch Attribute anderer Gottheiten: Flügel und Köcher von Eros, die Schlange des Asklepios, die Gans der Aphrodite und der Hund der Artemis. An seinem rechten Arm hängt ein Salbölgefäß.

den kurpfälzischen Kunstsammlungen nach München und wird heute in der Glyptothek präsentiert.

Carl Theodor vermehrte seinen Antikenbestand unter anderem auf seinen Italienreisen (1774 und 1783), auf denen er antike Objekte erwarb oder als Geschenk erhielt. Stipendiaten und Mitglieder der kurfürstlichen Kunstakademie

■ Abb. 5

Etruskische Aschenkiste mit Abschiedsszene

Chiusi, 2. Jh. v. Chr. ■ Ton; H 20,6 cm, L 30,3 cm ■ Inv. Nr. Bc 16

Die Vorderseite zeigt ein Ehepaar beim Abschied voneinander, flankiert von Dämonen des Todes, die nach etruskischem Glauben die Verstorbenen ins Jenseits geleiten. Links steht Charun mit dem Hammer, rechts Vanth mit einer Fackel. Die Tür im Hintergrund kann als Eingang zum Grab oder zur Unterwelt gedeutet werden.

wurden außerdem gebeten, bei ihrem Aufenthalt in Italien Antiken zu erwerben.

Die Präsentation im kurfürstlichen Antiquarium lässt sich rekonstruieren und sie mutet in manchen Teilen geradezu modern an: Eine großzügige Konzeption zeigte die Objekte in eigens von den Hofschreinern angefertigten Tischvitrinen und verglasten Schränken, die eine gute Sichtbarkeit gewährleisteten. Für die Aufstellung der 14 etruskischen Aschenkisten (Abb. 5) aus Volterra, die Papst Pius VI. wohl 1775 Carl Theodor geschenkt hatte, baute man im Mannhei-

mer Schloss sogar eine etruskische Grabkammer nach. Bis auf wenige Fragmente wurden diese Urnen allerdings bei der Bombardierung des Schlossmuseums im Zweiten Weltkrieg zerstört.

Das Antiquarium wies bereits im 18. Jahrhundert eine beachtliche Materialfülle auf und genoss in der gelehrten Welt hohes Ansehen. Betreut wurde es von der 1763 gegründeten Kurpfälzischen Akademie der Wissenschaften, die nach dem Vorbild in Paris eingerichtet wurde. Zu seinen berühmten Besuchern zählte 1789 Wilhelm von Humboldt. Andreas Lamey (1726–1802), *secreta-*

rius perpetuus (ständiger Sekretär) der Akademie und gleichzeitig Direktor des Antiquariums, meinte, dass man schwerlich ein anderes Museum in Deutschland und Frankreich antreffen könne, das belehrender sei. Für die damalige Zeit ungewöhnlich stand das Antiquarium dem Publikum kostenlos offen, eine Voranmeldung beim Sekretär der Akademie und das Tragen von »angemessener Kleidung« waren jedoch notwendig. Es diente somit nicht allein der fürstlichen Repräsentation wie an anderen Orten, sondern auch der Forschung und Bildung. Diese neue Auffassung von Geschichtsforschung und Archäologie war für die damalige Zeit geradezu revolutionär.

»Die herrlichsten Statuen des Altertums«

Neben dem Antiquarium im Schloss zählte der Antikensaal zu den herausragenden Sehenswürdigkeiten im Mannheim des 18. Jahrhunderts. Er befand sich in der Zeichnungsakademie im Quadrat F 6 und präsentierte Gipsabgüsse von antiken Statuen und Büsten, deren Originale in Rom und Florenz standen. Die Abgüsse hatte Kurfürst Johann Wilhelm von der Pfalz dank seiner Verbindungen nach Italien – er war in zweiter Ehe mit der letzten Medici, Anna Maria Luisa, verheiratet – in großem Umfang zusammengetragen. Nicht nur sein Schwiegervater Cosimo III. de' Medici, auch der toskanische Gesandte beim Heiligen Stuhl, Conte Antonio Maria Fede (1649–1718), unterstützte die Anfertigung von Abgüssen und auch von Formen für Gips- bzw. Stuckmarmorabgüsse der damals berühmtesten antiken Skulpturen, die dann in Düsseldorf aufgestellt oder ausgegossen wurden.

Carl Theodor ließ die Sammlung von Statuen und Köpfen 1753 nach Mannheim bringen und 1769 in die neu eröffnete Zeichnungsakademie überführen. Dort sollte sie der Ausbildung von Bildhauern und Malern dienen. Schriftsteller wie Herder, Goethe und Schiller, Künstler sowie Gelehrte priesen den Antikensaal in höchsten Tönen.

Nach dem Wegzug des Hofes nach München verließ 1803 auch die Kurfürstliche Sammlung der Gipsabgüsse Mannheim, und an der Isar verlor sich später ihre Spur. Großherzog Karl Friedrich von Baden baute jedoch seit 1809 als Ersatz eine neue, umfangreichere Sammlung in Mannheim auf, indem er unter anderem Abgüsse aus dem Musée Central in Paris erwarb. Sie stand zunächst unter der Leitung des Direktors der Großherzoglichen Gemäldegalerie im Schloss, ab 1880 unter der des Kustoden des Antiquariums. Die seit 1928 in einem Magazin gelagerten Gipsabgüsse konnten 1939 im Erdgeschoss des Ostflügels bei der Neueinrichtung des Schlossmuseums wieder aufgestellt werden, bei den Bombenangriffen auf das Mannheimer Schloss im September 1943 wurden sie allerdings weitestgehend zerstört.

Das Antiquarium des Großherzogs von Baden

Da Carl Theodor 1777 das bayerische Erbe angetreten hatte und nach München übersiedelt war, ließ sein Nachfolger Max Joseph IV. von Bayern 1802 auch einen Großteil der kurpfälzischen

■ Abb. 6

Dionysische Seherin, sogenannte Trunkene Alte

Römische Kaiserzeit, um 100 n. Chr., nach einer hellenistischen Skulptur um 200 v. Chr. ■
Gips, koloriert (Abguss von 2009); H 94 cm, B 57 cm, T 80 cm ■ Inv. Nr. Gi 1

In Mannheim war die Statue, die ursprünglich als Weihegabe in einem Dionysos-Heiligtum aufgestellt war, nicht nur als Original im Antiquarium, sondern auch als Gipsabguss im Antikensaal vorhanden.

Sammlungen an die Isar überführen. Für das Antiquarium der Münchner Residenz wählte man die qualitätvolleren Antiken aus, in Mannheim verblieben noch ein Drittel der Objekte und die heute als provinzialrömisch bezeichneten Sammlungsteile. Nach Bayern gingen also eine umfangreiche Gemmensammlung, griechische Vasen, ägyptische bzw. pseudo-ägyptische Kunstwerke, griechisch-römische Skulpturen, etruskische und römische Bronzestatuetten sowie Mosaiken. Die in der Kurpfalz verbliebenen Bestände schenkte Max Joseph 1805 der Stadt Mannheim, die allerdings von den Revolutionskriegen geschwächt war und sich außerstande sah, für ihre Unterbringung und Betreuung zu sorgen.

Die Antiken gingen daher, erneut als Schenkung, 1809 in den Besitz des Großherzogs Karl Friedrich von Baden über, gegen die Zusicherung, dass sie für immer in Mannheim verbleiben. Das neue Großherzogliche Antiquarium wurde in ausgewählten Räumen im Ostflügel des Schlosses eingerichtet, zunächst im Erdgeschoss, ab 1856 im großen Bibliothekssaal im ersten Obergeschoss. Gemäß einer Kabinettsverfügung und eines Ministerialerlasses übernahmen die Direktoren des 1807 vom Großherzog neu gegründeten Mannheimer Lyceums (des späteren Karl Friedrich-Gymnasiums) die Verwaltung und wissenschaftliche Betreuung des Antiquariums.

Zahlreiche Ankäufe in der zweiten Hälfte des 19. Jahrhunderts und die Vereinigung des Großherzoglichen Antiquariums mit den Sammlungen des 1859 gegründeten Mannheimer Altertumsvereins (siehe unten) führten 1879/1880 zu einer Neuaufstellung im Schloss, wieder im Erdgeschoss, aber jetzt im östlichen Mittelbau (Abb. 7). In der Folgezeit erwarb man mit städtischen Mitteln zahlreiche Antiken aus Griechenland und Italien. Dazu kamen Anfang des 20. Jahrhunderts Erwerbungen aus Privatbesitz, sodass sich insbesondere die Zahl der griechischen Vasen deutlich vergrößerte.

Der Mannheimer Altertumsverein

Im Gasthaus »Zum Silbernen Anker« in T 1,1 gründeten am 2. April 1859 geschichtsbegeisterte Handwerker, Architekten und Kaufleute den Mannheimer Altertumsverein mit dem Zweck, ›heimatliche‹ Altertümer zu sammeln und die Mannheimer und pfälzische Geschichte zu erforschen. Ab 1880 erweiterte sich das Interessensgebiet auf den Mittelmeerraum: Bis zum Ersten Weltkrieg erwarb der Verein eine Vielzahl von antiken Tongefäßen (Abb. 8), die später zusammen mit anderen Sammlungen des Vereins den Grundstock der Bestände in den Reiss-Engelhorn-Museen bilden sollten.

Die Mitglieder des Altertumsvereins, zu denen immer mehr Akademiker gehörten, führten nicht nur Grabungen durch (außerhalb Mannheims u. a. in Ladenburg, Schwetzingen, Ilvesheim oder Osterburken), sondern sie korrespondierten auch mit den führenden wissenschaftlichen Institutionen in Deutschland. Besondere Verdienste erwarben sich Ferdinand Haug (1837–1925) und Karl Baumann (1847–1909) mit der Erstellung von Bestandskatalogen.

Präsentation der etruskischen Aschenkisten und griechischen Terrakotten bei der Neuaufstellung 1879/1880. Die Aufnahme entstand wohl vor dem Ersten Weltkrieg.

Das Schlossmuseum im 20. Jahrhundert

Beide Sammlungen – diejenige des Großherzoglichen Antiquariums und diejenige des Mannheimer Altertumsvereins – gingen 1921 bzw. 1922 gemäß Übernahme- und Überlassungsverträgen in die Verwaltung (nicht in das Eigentum!) der Stadt Mannheim über. Im 1926 neu gestalteten Schlossmuseum befand sich die archäologische Abteilung im Erdgeschoss von der östlichen bis zur mittleren Durchfahrt. Eine weitere, grundsätzliche Neuordnung der Sammlungen erfolgte 1937–1939. Dabei verfolgte man Ziele, die auch heute noch für die Gestaltung von Museen wesentlich sind: Es galt, »eine innere Harmonie zwischen Raum und Museumsgut zu schaffen, um den Besucher zu einem Gesamterlebnis zu führen« (Gustav Jacob). Auch sollten »neue, auf dekorative Einheit abzielende Zusammenhänge geschaffen werden, um einen Gleichklang der Formen zu erreichen«. Mit der Präsentation der etruskischen Aschenkisten kehrte man im Übrigen zur Gestaltung aus der kurfürstlichen Zeit zurück: Nach dem Vorbild des Volumniergrabes in Perugia wurde für sie eine etruskische Grabkammer gebaut. Im Großherzoglichen Antiquarium hatten sie dagegen in Schränken gestanden (Abb. 7).

Im September 1943 zerstörte ein Bombardement der Royal Air Force den Ostflügel des Schlosses. Die antiken Objekte erlitten teilweise erhebliche Schäden bis hin zu Totalverlusten in ei-

■ Abb. 8

Becher mit hohen Henkeln (Kantharos)
Etrurien, 1. Hälfte 6. Jh. v. Chr. ■ Ton, Bucchero-Keramik; H 15 cm, Dm 22,7 cm ■ Inv. Nr. Bg 14
Der Kantharos trägt noch ein Etikett mit den Angaben »MAV« sowie »A. d. Sammlung Disch, Köln«.

nigen Fällen. Während man im Oktober desselben Jahres wenigstens Teile der kunstgeschichtlichen Sammlungen aus dem Schlossmuseum in einen Salzbergwerkstollen bei Heilbronn in Sicherheit brachte, blieben die archäologischen Sammlungen unter dem Schutt begraben. Erst im September 1950 begannen die Bergungsarbeiten, wovon Fotografien und schriftliche Aufzeichnungen zeugen.

Das Reiß-Museum, ab 2001 die Reiss-Engelhorn-Museen
Nach dem Zweiten Weltkrieg waren die Antiken aus dem Mittelmeerraum zunächst im 1957 gegründeten Reiß-

Museum im Zeughaus (C 5) ausgestellt, wo sie die Besucher im Foyer empfingen (Abb. 9).

Seit 1968 erfährt das Museum auch durch den neu gegründeten Fördererkreis, damals für das Reiß-Museum, Unterstützung. Seit 1975 gab es zahlreiche Ankäufe für die Antikensammlung, ebenso ermöglichten die Stadt Mannheim, weitere Großsponsoren und das Land Baden-Württemberg einige Erwerbungen. Hierzu gehören vor allem griechische Vasen und Münzen aus unterschiedlichen Epochen.

Im Jahr 1988 eröffnete der Neubau des Reiß-Museums in D 5: das Museum für Archäologie und Völkerkunde

■ Abb. 9
Die Aufstellung der griechischen Vasen im Foyer des Zeughauses, nach 1963

(heute das Museum Weltkulturen der Reiss-Engelhorn-Museen), in dem die Mittelmeerkulturen nun im ersten Obergeschoss präsentiert waren. Dort verblieben die Antiken jedoch nur bis 1996, da für große Sonderausstellungen Flächen benötigt und die Schausammlungen deshalb aufgelöst wurden. Seit Januar 2007 werden die Objekte aus dem Mittelmeerraum wieder im Museum Zeughaus der jetzigen Reiss-Engelhorn-Museen gezeigt, diesmal im Untergeschoss.

›Bezahlt‹ wurde vor der Einführung geprägter Münzen hauptsächlich mit Waren im Tausch gegen andere Waren. Später bevorzugte man besondere Dinge als Tauschobjekte und behandelte sie fast wie eine frühe Währung: etwa Rinder oder Beile, Becken und Spieße (griech. *obeliskoi*) aus Metall. Der nächste Schritt waren Metallbarren mit standardisiertem Gewicht. Obwohl das eigentliche Münzgeld also noch fehlte, mussten Waren bewertet und bemessen werden, wofür es differenzierte Gewichts- und Rechensysteme gab, die in Mesopotamien sogar bis ins 3. Jahrtausend v. Chr. zurückreichen.

Die schweren und platzraubenden Metallbarren erwiesen sich für weite Wege zurücklegende Händler jedoch als zunehmend unpraktisch. So erfand man eine neue Form von Zahlungsmittel, die sich bis heute bewährt hat: die Münze, einen handlichen Gegenstand mit festgelegtem, sofort zu erkennenden Wert.

Münzen drücken den Wert einer Ware absolut und nicht mehr nur im Vergleich mit einer anderen aus. Gemäß der *Nikomachischen Ethik* des Aristoteles »misst das Geld alles und demnach auch den Überschuss und den Mangel« (V, 8). Geld ist für ihn der Stellvertreter des Bedürfnisses, das alle Menschen haben, und eben dieses wird zum Maß für die Berechnung. Geld trägt im Griechischen den Namen *nomisma* (davon abgeleitet unser Begriff Numismatik), weil es laut Aristoteles seinen Wert durch den Nomos, das Gesetz, erhält. Weil Münzen zum hilfreichen Vergleichskriterium im Warenverkehr wurden, verbreiteten sie sich rasch.

Die ersten Münzen prägten vermutlich gegen Ende des 7. Jahrhunderts v. Chr. die ionischen Griechen im westlichen Kleinasien, das damals Teil des lydischen Königreichs war. Vergleichsweise dick und eher bohnenförmig bestanden sie aus Elektron, einer natürlichen, in Flüssen vorkommenden Legierung aus Gold und Silber, bei den Griechen auch »weißes Gold« genannt. Die Grundeinheit war der Stater (›das zu Wiegende‹) mit einem Gewicht von ca. 14,33 g, die Münze mit dem höchsten Wert war der Drittelstater (griech. *trite*) (Abb. 10).

Die ältesten, nun in Silber geprägten Münzen des griechischen Mutterlandes kamen von der Insel Ägina, der führenden Seehandelsmacht in der ersten Hälfte des 6. Jahrhunderts v. Chr. Bald darauf nahmen vor allem Städte wie Korinth und Athen, aber auch die Siedlungen auf den Inseln sowie die griechischen Koloniestädte in Unteritalien die Produktion eigener Silbermünzen auf. Sie kamen nicht nur in den jeweiligen Prägeorten in Umlauf, sondern dank des überregionalen Handels auch darüber hinaus. Dabei waren die Münzsysteme von Athen und Ägina anfangs besonders weit verbreitet, im 5. Jahrhundert verdrängten die Münzen aus Athen jedoch weitgehend die aus anderen Städten.

Die einzelnen Prägeorte nutzten jeweils einen eigenen Münzfuß: Der Prägeherr bestimmte, wieviel Edelmetall in einer Münze von einem bestimmten Wert enthalten sein muss. Grundeinheit bzw. Recheneinheit in Athen war das

■ Abb. 10
Trite (Drittelstater)
Sardeis, Lydien (?), um 600 v. Chr. ■ Elektron;
Dm 11 mm, 4,73 g ■ Inv. Nr. 998:8649

Vs.: Löwenkopf nach rechts mit aufgerissenem
Maul und ›Nasenwarze‹; die Löwendarstellung
ist aus der vorderorientalischen Kunst entnom-
men, wo ›Nasenwarzen‹ von assyrischen Sie-
geldarstellungen bekannt sind. Rs.: doppeltes
Quadratum Incusum (viereckige, unterteilte
Vertiefung)

■ Abb. 11
Stater
Ägina, ca. 490 – 460 v. Chr. ■ Silber;
Dm 22 mm, 12,09 g ■ Inv. Nr. 998:8629

Vs.: Meeresschildkröte, Rs.: fünfteiliges
Quadratum Incusum

Talent, das 60 Minen entsprach, während eine Mine in 100 Drachmen und
die Drachme wiederum in sechs Obole
(Spieße) zerfielen. Das Wort *drachme*
geht auf den Begriff *drax* (griech. ›eine
Handvoll‹, abgeleitet von *drattein*, er-
greifen) zurück, weil man vor der Erfindung der Münze mit einer Hand sechs
Spieße aus Metall – ein früheres Zahlungsmittel – fassen konnte. Oft wurden Münzen mit dem zweifachen oder
vierfachen Wert einer Drachme, eine
Didrachme oder Tetradrachme, geprägt.
Letztere wurde das gebräuchlichste Zahlungsmittel im überregionalen Handel.
Der Stater entsprach zwei (manchmal
auch drei) Drachmen.

Bereits die ersten Münzen besaßen
ein Stempelzeichen, mit dem der Prägeherr offiziell das Gewicht garantierte. Auf
den Münzen selbst gab es kein Wertzeichen, ihren Wert erkannte man allein am
Material Gold, Silber oder Kupfer. Die

Griechen prägten zunächst nur große
Nominale (Münzeinheiten), gestückeltes
Kleingeld für den täglichen Bedarf war
noch selten. Gold war im 5. Jahrhundert
nur für Notprägungen üblich, während
Kupfermünzen als Ersatz für kleinere Sil-
berstücke erst seit dem Ende dieses Jahrhunderts aufkamen.

Anfangs trug nur eine Seite der
Münze ein Bild, auf der anderen war ein
Quadrat eingedrückt (lat. *quadratum
incusum*). Später verwendete man zwei
Stempel: einen für das erhabene Bild auf
der Vorderseite und einen für die Rückseite, der das gleiche Bild nun in einge-

■ Abb. 12

Athen, 403–365 v. Chr. ■ Silber; Dm 25 mm,
17,13 g ■ Inv. Nr. 998:8623

Vs.: Kopf der Athena mit Helm und Olivenkranz
nach rechts; Rs.: Eule nach rechts, darüber
Olivenzweig und Halbmond

■ Abb. 13

Der Steinkauz (*Athene noctua*) gehört zur
Familie der Eigentlichen Eulen und ist in Eurasien und Nordafrika verbreitet. Im antiken Griechenland war er das Symboltier von Athena,
Göttin der Weisheit, die auch im heutigen wissenschaftlichen Namen erscheint. ■ H 43 cm,
B 35 cm, T 23 cm ■ Präparat: Matthias Feuersenger, rem

tiefter Form wiedergab (Abb. 98). Im
nächsten Schritt prägte man unterschiedliche erhabene Bilder auf die Vorder- und
die Rückseiten.

Da es sehr viele griechische Stadtstaaten gab, gab es auch sehr viele
Münzbilder, weil alle ihre jeweils eigenen
Typen mit wappenartigen Bildern schufen. Diese zeigten häufig Tiere, beispielsweise die Münzen aus Ägina eine Meeresschildkröte (Abb. 11). Ab 450 v. Chr.,
als Ägina keine Seemacht mehr war, ersetzte es sie durch eine Landschildkröte.
Auf Münzen aus Athen ist eine Eule bzw.
ein Steinkauz zu sehen (Abb. 12, 13). Gelegentlich illustriert das Tier den Namen
der Stadt, wie der Löwe (griech. *leon*) Leontinoi auf Sizilien oder, weil er den Tag
(griech. *hemera*) ankündigt, der Hahn die
Münzen der Stadt Himera. Andere Städte
wählten als Bildzeichen ihr Haupterzeugnis, daher finden sich Weintrauben auf
Münzen aus Naxos. Verbreitet sind auch
Köpfe von Gottheiten, die in der Regel
einen historischen oder mythologischen
Bezug zur jeweiligen Stadt haben.

Im griechisch geprägten Unteritalien
und auf Sizilien entwickelten sich die
Münzen zu herausragenden Werken der
Kleinkunst, von ebenso hoher Qualität

wie Gemmen (Abb. 14). Die Schöpfer der
Münzbilder, die Stempelschneider, sig-
nierten ab der Mitte des 5. Jahrhunderts
sogar ihre Werke, wie die Künstler aus
Syrakus, die – wie die Münzen belegen –
auch von anderen Städten Aufträge erhielten.

In den von den Phöniziern besetz-
ten Gebieten im westlichen Sizilien
brachte die Militärverwaltung etwa ab
400 v. Chr. ebenfalls große Silbermünzen
für die Bezahlung ihrer Söldnertruppen in
Umlauf. Sie orientierten sich im Aussehen
meist an den griechischen Prägungen
von Syrakus, sind aber durch phönizische
Buchstaben oder Worte gekennzeichnet
(Abb. 15).

Die unteritalischen griechischen Kolonien beeinflussten die benachbarten
Stämme in Mittelitalien, darunter die
Etrusker, die ab der Mitte des 5. Jahrhunderts v. Chr. Silbermünzen prägten.
Sie entstanden zunächst in Vulci und insbesondere in Populonia, da es in dessen
Umland und auf der vorgelagerten Insel
Elba reiche Rohstoffvorkommen und
zahlreiche Metallverhüttungsbetriebe
gab. Allerdings sind diese Münzen nur
auf einer Seite geprägt, die Rückseite ist
plan oder nur mit Zeichen oder Schriftzei-
chen markiert. Richteten sich die Etrusker
im Gewichtssystem und in den Darstellungen anfangs nur nach der griechischen Münzprägung, verstärkte sich im
3. Jahrhundert der Einfluss Roms.

Einige Städte wie Caere oder Vulci
verzichteten auf eigene Münzen und
übernahmen welche aus anderen Prägestätten. Aufschriften auf etruskischem
Geld sind selten, sodass die Zuweisung
an Münzstätten mitunter nur mit Hilfe
des Fundkontextes erfolgen kann. Am
Beginn des 2. Jahrhunderts verloren die
Etrusker ihre Münzhoheit, da sie in die
Abhängigkeit von Rom gerieten.

Der makedonische König Philipp II.
(359–336 v. Chr.) brachte die Gold-
und Silberminen am Berg Pangaion in
Makedonien, die wichtigsten im Mittelmeerraum, unter seine Herrschaft und
ließ Münzen schlagen, die zur Universal-
währung in der damals bekannten Welt
werden sollten. Die seit etwa 345 v. Chr.
geprägten sogenannten Philippstatere
(Abb. 16) und die silbernen Tetradrach-
men wurden sogar von keltischen Stämmen nachgeahmt. Philipps Sohn Alexander führte diese Prägungen weiter. Unter

■ Abb. 15
Tetradrachme
Sizilien, 300–280 v. Chr. ■ Silber; Dm 23,5 mm,
16,46 g ■ Inv. Nr. 998:8589

Vs.: Kopf des Herakles-Melkarth nach rechts,
Rs.: Pferdekopf nach links vor einer Palme,
darunter das phönizische Wort für Finanzbeamte
(mhsbm)

■ Abb. 16
Stater des Philipp II.
Pella, 336–328 v. Chr. ■ Gold; Dm 18 mm,
8,53 g ■ Inv. Nr. 998:8593

Vs.: Kopf des Apollon mit Lorbeerkranz nach
rechts, Rs.: Zweigespann mit Lenker nach
rechts, im Abschnitt PHILIPPOU

seiner Herrschaft entstanden in den von ihm eroberten Gebieten Münzen in großer Zahl an verschiedenen Prägestätten von Makedonien bis Mesopotamien, aber in einheitlichen Typen und Nominalen.

Seit hellenistischer Zeit wurde es üblich, auf die Vorderseite Porträts zu setzen, in der Regel von Herrschern (Abb. 17). Prägeherren waren nun nicht mehr die Städte, sondern die Könige. Sie nutzten das Medium ›Münze‹ für Propaganda und Selbstdarstellung, denn ihre Bilder glichen sie denen von Göttern und Helden an. Die ursprünglich vielfältige Götter- und Sagenwelt wurde zunehmend von wenigen, allgemein verehrten Gottheiten wie Zeus, Athena, Poseidon und Apollon abgelöst.

Außerhalb der griechischen Einflusssphäre waren in Mittelitalien (Umbrien, Latium) und im Inneren von Etrurien seit dem 6. und noch bis ins 4. Jahrhundert v. Chr. große, unbearbeitete und nach Bedarf zu zerkleinernde Gussklumpen (lat. *aes rude*) aus Bronze bzw. einer Kupferlegierung das Zahlungsmittel. Seit der Wende zum 3. Jahrhundert ging man zu gegossenen rechteckigen Barren über, mit einem Bild auf beiden Seiten (lat. *aes signatum*). Etwa um 270 v. Chr. entstanden in Mittelitalien die ersten runden gegossenen Kupfermünzen (lat. *aes grave*, Schwergeld), die ein Wertzeichen und

■ Abb. 17
Tetradrachme des Ptolemaios X.
Alexander (116–80 v. Chr.)
Alexandria, 96/95 v. Chr. ■ Silber; Dm 25 mm,
14,38 g ■ Inv. Nr. 998:8662

Vs.: Porträtkopf mit Diadem nach rechts, Rs.:
Adler steht nach links, im Feld links die Jahres-
zahl LIQ (Jahr 19), rechts im Feld das Münz-
stättenzeichen PA

ein nominalbezogenes Götterbild trugen (Abb. 18). Sie waren für den Fernhandel jedoch zu schwer und unhandlich.

In Unteritalien hatten die Römer zwar seit dem 4. Jahrhundert v. Chr. die Silbermünzen der Griechen kennengelernt, aber erst nach 280 v. Chr. prägten sie eigene Didrachmen mit der Legende ROMANO(rum). Anstoß war der Finanzbedarf für ihre Kriege (Abb. 19).

Kurz vor 211 v. Chr. wurde der silberne Denar (›Zehner‹) eingeführt, der jahrhundertelang die typische Münze der römischen Republik bleiben sollte und anfangs 10, später 16 As entsprach (Abb. 20). Der Denar etablierte sich schnell als Hauptwährung im mittleren und westlichen Mittelmeerraum, während im Osten Goldstatere und Silberdrachmen gebräuchlich blieben. Mit dem Aufstieg Roms zur führenden Großmacht im 2. Jahrhundert v. Chr. erlangten die

■ Abb. 18
Aes grave, Triens
Rom, 225–217 v. Chr. ■ Kupfer; Dm 47 mm, 96,58 g ■ Inv. Nr. 998:8670

Vs.: behelmter Kopf der Minerva nach links, darunter als Wertzeichen 4 Punkte,
Rs.: Schiffsbug (*prora*) als Erinnerung an den Sieg der Römer in der Seeschlacht bei Antium
388 v. Chr., darunter als Wertzeichen 4 Punkte

■ Abb. 19

Didrachme

Metapont (Unteritalien), ca. 280 –
276 v. Chr. ■ Silber; Dm 19,5 mm, 7,21 g ■
Inv. Nr. 998:867

Vs.: Kopf des Mars mit korinthischem Helm
nach links, Rs.: Pferdekopf nach rechts,
darunter Angabe ROMANO(rum)

■ Abb. 20

Denar

Münzmeister C. Servilius M. f. ■ Rom,
136 v. Chr. ■ Silber; Dm 20 mm, 3,92 g ■
Inv. Nr. 998:8692

Vs.: Kopf der Roma mit geflügeltem Greifen-
kopfhelm nach rechts, dahinter Kranz und Wertzeichen X, Rs.: Dioskuren reiten mit zurückge-
wandtem Kopf voneinander weg, über ihnen
je ein Stern, im Abschnitt C(aius) SERVEILI(us)
M(arci) F(ilius)

Denare eine weite Verbreitung und
wurden zum Informationsträger römischer Politik.

In Rom lag die Aufsicht über die
Münzprägung in den Händen von eigens
zu Münzmeistern berufenen Beamten,
die seit dem mittleren 2. Jahrhundert ihren Namen auf die Münzen setzen und
die Verdienste ihrer Vorfahren per Münz-
bild feiern ließen. Im 1. Jahrhundert kam
es hier zu einer entscheidenden Neuerung: Römische Feldherren wie Sulla richteten eigene Münzstätten ein, um ihre
Truppen zu bezahlen. Auch Caesar ver-
fuhr so und ließ unter anderem Münzen
mit dem Kopf seiner mythischen Ahnfrau

Venus und den Symbolen für seine Siege
in Gallien (Abb. 21) prägen.

In der römischen Kaiserzeit verwendeten die Prägeherren ganz selbstverständlich ihr eigenes Porträt. Sie
versahen die Vorderseite der von ihnen
herausgegeben Münzen mit ihrem – in
der Regel idealisierten – Bildnis, ihrem
Namen und Titel und nutzten die Rückseiten für Propaganda. In Bild und Schrift
stellten die Imperatoren somit sich und
ihre Familien den Untertanen vor, die
Rückseiten kündeten von innen- und au-
ßenpolitischen Ereignissen (Abb. 22).

Die eigentliche, praktische Rech-
nungseinheit der Römer wurde nun der

■ Abb. 21
Denar des Caius Iulius Caesar
(100–44 v. Chr.)
Spanien, Heeresmünzstätte, 46–
45 v. Chr. ■ Silber; Dm 19 mm, 3,91 g ■
Inv. Nr. 998:8739

Vs.: Kopf der Venus mit Diadem nach rechts,
dahinter Cupido und Zahlzeichen LII (52),
Rs.: Siegeszeichen (*tropaion*) mit gallischen
Waffen, darunter sitzen Gefangene mit gefes-
selten Händen; im Abschnitt CAESAR.

■ Abb. 22
Denar des Augustus
Rom, 29/27 v. Chr. ■ Silber; Dm 20,5 mm,
3,73 g ■ Inv. Nr. 998:8744

Vs.: Porträtkopf nach rechts,
Rs.: Triumphbogen mit Quadriga

Sesterz, einem Viertel Denar oder vier
As entsprechend. Goldprägungen spiel-
ten erst ab der Kaiserzeit eine wichtige
Rolle.

Unter Augustus (27 v. Chr. – 14 n. Chr.)
wurde im 1. Jahrhundert n. Chr. ein neues Münzsystem mit Nominalen aus verschiedenen Metallen eingeführt: der As
aus Kupfer (Abb. 23), der Dupondius
(= zwei As) (Abb. 24) und der Sesterz
(= vier As) aus Messing (Abb. 25). Der
Denar entsprach vier Sesterzen, 25 Denare einem Aureus. Im Gegensatz zur
republikanischen Zeit gab es nun auch
außerhalb von Rom Prägestätten.

Im Laufe der Kaiserzeit nahmen Gewicht und Feingehalt der Münzen immer mehr ab, während das Münzsystem
selbst unverändert blieb. Caracalla schuf
214 n. Chr. ein größeres Silbernominal,
den Doppeldenar (moderner Name:
Antoninian), der sich aber bald zu einer
kleinen Bronzemünze mit hauchdünnem
Silberüberzug wandelte (Abb. 26). Die
Prägung von Sesterzen stellte man um
260 n. Chr. sogar ganz ein, als der Nomi-
nalwert den Materialwert überstieg.

Kaiser Diokletian (284–305) re-
formierte das Münzwesen erneut, von
grundlegenden Veränderungen in der

■ Abb. 23

Rom, 125/128 ■ Kupfer; Dm 26,5 mm,
11,22 g ■ Inv. Nr. 998:8837

Vs.: Porträtkopf des Hadrian mit Lorbeerkranz
nach rechts, Rs.: stehende Salus (Staatswohl)
mit Patera und Zepter, füttert Schlange am
Altar.

■ Abb. 24

Rom, 169/170 ■ Kupfer; Dm 24 mm,
12,71 g ■ Inv. Nr. 998:8901

Vs.: Porträtkopf mit Strahlenkranz nach rechts,
Rs.: Salus (Staatswohl) steht nach links mit
Patera und Zepter an Altar und füttert Schlange.

Wirtschaft dazu gezwungen: Er legte das
Gewicht von Gold- und Silberprägungen
verbindlich fest und brachte eine neue
Bronzemünze (moderner Name: Follis) in
Umlauf (Abb. 27). Konstantin der Große
sorgte schließlich für eine weitere Reform
und schuf eine neue Goldmünze, den Solidus (Abb. 28), der während der gesamten Spätantike relativ stabil blieb.

■ Abb. 25

Rom, 64–68 n. Chr. ■ Kupfer;
Dm 33 mm, 28,86 g ■ Inv. Nr. KFG 020

Vs.: Porträtkopf mit Lorbeerkranz
nach links; Rs.: Janustempel in Rom
mit geschlossenen Toren

31

■ Abb. 26

Antoninian des Philippus I. Arabs
(244–249)

Rom, 248 ■ Silber; Dm 22 mm, 3,94 g ■
Inv.-Nr. 998:8977

Vs.: drapierte Porträtbüste des Philippus mit
Strahlenkrone nach rechts, Rs.: nach rechts
stehender Hirsch mit erhobenem Kopf

■ Abb. 27

Follis des Maximianus Herculius
(286–310)

Ticinum (Pavia), 295–296 ■ Kupfer;
Dm 27 mm, 9,65 g ■ Inv.-Nr. 998:9053

Vs.: Porträtkopf des Maximianus Herculius mit
Lorbeerkranz nach rechts, Rs.: nach links stehender Genius des römischen Volkes mit Opferschale (Patera) und Füllhorn

■ Abb. 28

Solidus des Honorius (395–423)

Ravenna, 402–406 ■ Gold; Dm 20 mm,
4,48 g ■ Inv.-Nr. 998:9328

Vs.: drapierte Panzerbüste des Honorius mit
Diadem nach rechts, Rs.: nach rechts stehender
Kaiser in Militärtracht und mit Standarte sowie
Statuette der Victoria. Der Kaiser setzt seinen
linken Fuß auf einen am Boden liegenden Ge-
fangenen.

2. DIE WELT DER GRIECHEN

Das antike Griechenland gehört zu den Regionen, in denen die kulturelle Entwicklung der westlichen Welt begann. Philosophie, Literatur, Wissenschaft, Kunst und Architektur sowie Politik waren maßgeblich von der griechischen Kultur geprägt, die ihrerseits zahlreiche Einflüsse aus dem Orient aufnahm, verarbeitete und weiterführte.

Die Griechen der Antike bildeten allerdings nie eine politische Einheit, denn unzählige Stadtstaaten mit eigenen Regierungen, Gesetzen und Währungen vertraten ihre jeweils eigenen Interessen, konkurrierten untereinander und schlossen sich nur in Krisenzeiten zusammen, etwa gegen einen gemeinsamen Feind. Kulturell einigend und gleichzeitig abgrenzend zu anderen Völkern, den sogenannten Barbaren, waren die gemeinsame Sprache, die gemeinsame Religion, die gemeinsamen Sitten und Gebräuche sowie gesamtgriechische Institutionen wie die Olympischen Spiele oder die auch über Griechenland hinaus berühmten Heiligtümer in Delphi und Olympia.

Um 3000 v. Chr., in der frühen Bronzezeit, hatten sich im ägäischen Raum zahlreiche Kulturen entwickelt, die in hohem Maße vom Austausch untereinander profitierten. Die Seefahrt entlang der Küsten und zu den vielen gut erreichbaren Inseln begünstigte nicht nur den teils bis nach Ägypten und in den Vorderen Orient ausgreifenden Handel, sondern auch den Transfer von Ideen und technischen Fähigkeiten. Dieser Austausch sollte sich über Tausende von Jahren fortsetzen.

Zu den ersten Hochkulturen gehörte die von ihrem Entdecker Arthur Evans nach dem mythischen König Minos ›minoisch‹ genannte Kultur auf der Insel Kreta, die wir im Zeitraum vom späten 3. Jahrtausend bis um 1050 v. Chr. fassen können. Charakteristisch sind große palastähnliche Gebäudekomplexe wie in Knossos und Phaistos, die politische, soziale und wirtschaftliche Zentren waren. Der Reichtum der Minoer beruhte auf ihren nautischen Kenntnissen, von denen der Fernhandel profitierte. Sie schufen ein eigenes Schriftsystem, das sogenannte Linear A, das offenbar hauptsächlich der Verwaltung diente. Die Minoer gehörten damit zu den ersten schriftführenden Gesellschaften in Europa. Neueren DNA-Untersuchungen zufolge stammten sie von den frühesten neolithischen Bauern in Westanatolien und in der Ägäis ab.

Zeittafel

Minoische und mykenische Kultur
3000–1050 v. Chr.

»Dunkle Jahrhunderte«
1050–900 v. Chr.

Geometrische Epoche
900–700 v. Chr.

Archaische Epoche
700–490 v. Chr.

Klassische Epoche
490–323 v. Chr.

Hellenistische Epoche
323–30 v. Chr.

■ Abb. 29

Das Erechtheion auf der Akropolis in Athen, Blick von Südwesten. Das in den Jahren 421–406 v. Chr. erbaute Heiligtum umfasste einen Tempel der Athena Polias und eine Halle, deren Gebälk von Statuen, den sogenannten Karyatiden, getragen wird. Namengeber der Kultstätte ist der mythische Herrscher von Athen, Erechtheus, der von Athena aufgezogene Sohn des Hephaistos.

Auf dem griechischen Festland entwickelte sich ab dem 16. Jahrhundert v. Chr. die mykenische Kultur, benannt nach der Burg Mykene auf der Peloponnes, deren Einfluss bis nach Kleinasien reichte (Abb. 30). In dieser Welt der späten Bronzezeit lebten nach den Vorstellungen der antiken Griechen die Helden aus der *Ilias* des Homer. Charakteristische Elemente dieser Kultur mit weitreichenden Kontakten im gesamten Mittelmeerraum sind von Mauern geschützte Palastanlagen wie in Mykene und Tiryns, in

deren Umfeld qualitätvolle Kunstwerke entstanden. Im Gegensatz zu Kreta lebten die Menschen hier in kleinräumigeren Herrschaftsstrukturen.

Für ihr komplexes Verwaltungssystem entwickelten sie eine eigene Silbenschrift, das sogenannte Linear B. Die erhaltenen Schriftzeugnisse sind meist Notizen und Inventarlisten aus Verwaltung und Wirtschaft. Sprache und Schrift der Mykener sind nach neueren Untersuchungen eine frühe Form des Griechischen, das somit nicht erst in der

■ Abb. 30
Spätmykenischer Trinkbecher (Kylix)
Auf Rhodos gefunden, 1380–1200 v. Chr. ■
Ton, cremefarbener Überzug, matt schwarz-
brauner Malschlicker; H 18,9 cm, Dm 24,1 cm ■
Inv. Nr. Cg 148

Becher auf hohem Fuß waren eine spezifisch
mykenische Form, die im 14. Jh. v. Chr. ihre
Blütezeit hatte. Das Motiv des Tintenfischs
stammt dagegen aus der spätminoischen Kunst.
Die Fangarme sind symmetrisch ausgebreitet,
der Körper steht in einer Linie mit dem Fuß. Die
großen Augen füllen fast die gesamte Fläche
des Kopfes.

Eisenzeit während der sogenannten Do-
rischen Wanderung nach Griechenland
gekommen ist.

Aufgrund von DNA-Untersuchungen
kann wie bei den Minoern auch bei den
Mykenern Erbgut aus dem westlichen
Anatolien nachgewiesen werden, darüber
hinaus gibt es genetische Übereinstimmungen mit nördlichen Steppenbewoh-
nern – ein Beleg für die Einwanderung
von Hirtenvölkern aus dem Norden bis
weit auf das griechische Festland.

Nach dem Niedergang der minoischen Kultur übernahmen die Mykener die Herrschaft über Kreta und traten später auch in Kontakt mit dem hethitischen Großreich in Kleinasien. Sie sollen in diesem Zusammenhang die im Einflussbereich der Hethiter liegende Handelsstadt Troja angegriffen haben – ein Ereignis, das lange danach Homer in seinen Epen besang. Seine Schilderungen sind allerdings von den realen Verhältnissen in seiner eigenen Zeit beeinflusst und keine ›Dokumentation‹ aus der damals schon längst vergangenen Welt der Mykener.

Dem Niedergang der mykenischen Kultur ab 1100 v. Chr., für den wohl Naturkatastrophen, Hungersnöte, Völkerwanderungen und ein Rückgang des Fernhandels verantwortlich waren, folgten die sogenannten Dunklen Jahrhunderte (*dark ages*), die bis ins 10. Jahrhundert reichten. Brände zerstörten viele der mykenischen Zentren, die Machtstrukturen mit ihren hoch entwickelten Organisationen zerfielen. Dennoch gab es weiterhin fürstliche Herrschaftssitze, wie sie unter anderem auf der Insel Euböa archäologisch nachweisbar sind.

In diesen Jahrhunderten verschwand auf rätselhafte Weise die Linear B-Schrift. In der materiellen Kultur ist einerseits ein Qualitätsverlust festzustellen, andererseits entwickelte sich die Keramikproduktion weiter. Die ›Dunkelheit‹ war jedenfalls nicht ganz so finster.

Den Rückschritten zum Trotz wurde das Land weiter besiedelt, und es muss Wanderungsbewegungen gegeben haben, denn es finden sich nun Griechen (Aeolier, Ionier, Dorer) sowohl auf dem europäischen Festland als auch auf den Inseln der Ägäis und an der Westküste Kleinasiens. Handels- und Kulturkontakte zum Orient gab es weiterhin. Eine wichtige Rolle spielte dabei der alte und jetzt aufblühende Umschlagplatz Zypern. Flüchtlinge aus dem mykenischen Raum und phönizische Händler schufen auf der Insel eine griechisch-orientalische Mischkultur. Gleichzeitig ging die Bronze- in die Eisenzeit über, weil sich die Technologie der Eisenverarbeitung von Zypern aus auf das Festland ausbreitete.

Die nun folgende sogenannte geometrische Epoche (900 – 700 v. Chr.), benannt nach den in der Kunst charakteristischen Mustern wie Kreisen, Dreiecken oder Wellen- bzw. Zickzackbändern, brachte eine neue wirtschaftliche und kulturelle Blüte. Die Schriftkultur kehrte zurück, indem das phönizische Alphabet übernommen und an die eigene Sprache angepasst wurde, und bei den technologischen Prozessen ist eine deutliche Weiterentwicklung erkennbar.

Am Ende der ›Dunklen Jahrhunderte‹ wandelte sich außerdem die Gesellschaftsstruktur, denn die zahlreichen kleineren Gemeinden gingen in einem gut organisierten politischen System auf: Im 8. Jahrhundert entstanden die ersten Stadtstaaten, die aus einem Hauptort (griech. *polis*), oft auf einer befestigten Anhöhe gelegen (griech. *akropolis*), und seinem landwirtschaftlich geprägten Umland bestanden. Jede dieser politischen Einheiten hatte ihre eigenen Gesetze, ihr eigenes ökonomisches System, ihre eigene Währung, ihren eigenen Kalender und ihre eigenen Götter. In den Städten gab es politische Institutionen wie den Rat der Ältesten, aber auch einen öffent-

■ Abb. 31

Greif zwischen Wildziegen

Detail von einer Weinkanne (Oinochoe) der sogenannten Kamirosgattung ■ Ostgriechenland, spätes 7./frühes 6. Jh. v. Chr. ■ Ton, heller Überzug, brauner Malschlicker; H 32 cm, Dm 21,5 cm ■ Inv. Nr. Cg 197

lichen Platz, die Agora, daneben Bauten für die gemeinsame Ausübung des Kultes sowie Straßen.

Zur gleichen Zeit gründeten die Griechen im gesamten westlichen Mittelmeerraum Kolonien. Grund für die Expansion waren die wachsenden Stadtbevölkerungen, für deren Versorgung die Erträge aus dem Umland nicht mehr ausreichten. Die Auswanderer besiedelten Sizilien und Süditalien (die *Magna Graecia*, Großgriechenland), den Süden des heutigen Frankreichs und die Küstenregionen der iberischen Halbinsel, aber auch des Schwarzen Meers. Charakteristisch für die Kolonien waren die gleichmäßige Verteilung des Landes unter den Siedlern

und der rasterartige Stadtplan mit einem rechtwinkligen Straßennetz.

Der Handel mit dem Vorderen Orient und Ägypten blühte im 7. Jahrhundert, zu Beginn der archaischen Zeit, neu auf, was vor allem phönizischen Kaufleuten zu verdanken war. Damit einher ging ein reger und vielfältiger Transfer von Kultur, Ideen und Technologien. In der Kunst führte dies zur sogenannten orientalisierenden Phase. So kamen aus dem Nahen Osten Anregungen für die Darstellung von Tieren und fantastischen Mischwesen: Greifen (Abb. 31), Chimären oder Sphingen eroberten nun die Bildkunst, ebenso Löwen und Panther, beide nicht in Griechenland heimisch, aber im Orient gut bekannt und dort schon seit jeher ein fester Bestandteil der Bildwelten.

Das 6. Jahrhundert brachte den Aufstieg Athens zur führenden Macht in Griechenland, nicht nur im politischen und militärischen Sinne, sondern auch auf dem Gebiet der Kunst und Kultur. Die Geschichte der Stadt war in dieser Zeit vor allem von den Auseinandersetzungen innerhalb der herrschenden Aristokratie und von Spannungen zwischen Arm und Reich bestimmt. Im Zuge dieser Kämpfe gelangten einzelne Aristokraten an die Macht. Diese Tyrannen gerierten sich zwar als Wohltäter für das Volk (griech. *demos*), strebten aber eher danach, sich die Herrschaft mittels ihres Reichtums, ihrer Söldnertruppen und ihrer internationalen Beziehungen zu sichern. Es ging ihnen nicht um die dauerhafte Verbesserung der Rechte des Volkes, sondern darum, es als Instrument für die Absetzung missliebiger Standesgenossen zu nutzen.

Gegen diese inneren Unruhen ergriff Solon (um 640–561/558 v. Chr.), als er 594 v. Chr. zum Archonten, zum höchsten Beamten, gewählt wurde, Maßnahmen: einen Schuldenerlass für die verarmten Bauern und Abschaffung der Schuldknechtschaft sowie neue, fast alle Lebensbereiche betreffende Gesetze. Er setzte eine neue Verfassung durch, die auf der Einteilung der Bürgerschaft in vier Einkommensklassen basierte und die Teilhabe der Bürger an der Politik regelte. Es konnten zwar weiterhin nur die reichsten Athener die höchsten Ämter übernehmen, aber sie entstammten nicht mehr ausschließlich dem Adel, auch das reiche Bürgertum konnte sich nun politisch betätigen. Die Mitglieder der untersten Klasse durften dagegen nur an den Volksversammlungen teilnehmen. Mit Hilfe der Vermögensklassen wurden auch die militärischen Pflichten und die Höhe der Steuern für jeden Einzelnen festgelegt.

Eine weitere Tyrannenherrschaft verhinderte dies nicht, ab 546 v. Chr. regierte Peisistratos. Er schützte zwar die bedürftigen Bauern, verschaffte ihnen mit Darlehen eine gewisse Unabhängigkeit und verhalf Athen zu wirtschaftlichem Aufschwung, was eine umfangreiche Bautätigkeit ermöglichte. Aber die politische Mitwirkung breiterer Schichten wurde unter ihm nicht gefördert.

508/507 v. Chr. zerschlug daher Kleisthenes (570–506 v. Chr.) mit seinen Reformen die Macht der adligen Familien und gab Athen und Attika eine neue politische Organisation. Seither konnten alle Bürger in gleichem Maße an der Gestaltung des Gemeinwesens mitwirken, unabhängig von ihrer sozialen Herkunft. Dörfer in der Küstenregion und im Binnenland sowie die einzelnen Bezirke der Stadt (Demen) erhielten eine Selbstverwaltung mit eigenem Vermögen, eigener Gemeindeversammlung und eigenen Verwaltungsbeamten. Der neu geschaffene Rat der 500 (griech. *boulé*) beriet alle Vorlagen für die Volksversammlung (griech. *ekklesia*) und fasste einen Vorbeschluss. Der Areopag (Adelsrat) verlor dagegen seine Befugnisse – Überwachung der Gesetze, Verfahren bei politischen Delikten, Kontrolle der Beamten – an das Volk.

Die Jahre zwischen 492 und 479 v. Chr. waren hauptsächlich von den Kriegen gegen die Perser bestimmt, was immerhin bewirkte, dass sich die zerstrittenen Stadtstaaten angesichts dieses mächtigen Gegners vereinten. Gemeinsam besiegten sie die Perser zu Land (Marathon, 490) und zu Wasser (Salamis, 480). Die folgenden Jahrzehnte – der Beginn der sogenannten Klassik – waren von der nach dem Sieg politisch und wirtschaftlich prosperierenden Stadt Athen geprägt.

Insbesondere unter Perikles (um 490–429 v. Chr.) bildete sich eine Direktdemokratie heraus, die als ›Herrschaft des Volkes‹ begriffen wurde und bis in die heutige Zeit als Idee fortwirkt. Unumstrittener Souverän der Staatsgewalt war nun das Volk, das sich etwa im Zehn-Tage-Turnus versammelte, wobei die Teilnehmer ein Tagegeld für den Verdienstausfall erhielten, wenn sie an Versammlungen teilnahmen oder auch Ämter übernahmen. Die Volksversammlung beschloss Gesetze, ernannte die Richter, wählte und kontrollierte die durch Wahl- oder Losverfahren bestimmten Amtsträger und forderte von ihnen Rechenschaft, erhob politische Anklagen, erörterte Fragen des Kults und beriet über den Umgang mit auswärtigen Gesandtschaften.

Im Gegensatz zu unserem heutigen Verständnis von Demokratie war das Handeln des Einzelnen in diesem System ganz den Zielen des Staats untergeordnet. Meinungsfreiheit und das Recht auf Opposition waren unbekannt. Das ›Volk‹ waren außerdem nur die wahlberechtigten männlichen Bürger über 18 Jahren, während Frauen, ortsansässige Fremde (die Metöken) und Sklaven politisch rechtlos blieben. Somit konnten von der auf 300.000 Menschen geschätzten Bevölkerung Athens nur 10–15 % die Politik mitgestalten!

Bei Ämtern in der Finanzverwaltung, in der Wasserversorgung, im Städtebau und bei den obersten Militärführern (Strategen), in denen Sachverstand und Erfahrungen zwingend notwendig waren, wurden die Amtsträger gewählt, bei allen anderen durch Los bestimmt. Die Beschränkung der Amtszeit auf ein Jahr und das Losverfahren hingen offenkundig mit dem grundsätzlichen Misstrauen der Athener gegenüber potentiellen Verflechtungen und Machtgelüsten der Amtsträger zusammen.

Die Stadt selbst erlebte nach den Zerstörungen durch die Perser im Jahr 480 v. Chr. einen großzügigen Wiederaufbau mit riesigen Bauprojekten für religiöse und öffentliche Gebäude (Abb. 32). Die zweite Jahrhunderthälfte war zudem von einer bisher nie dagewesenen Blüte von Kunst, Sakralarchitektur, Dichtung, Geschichtsschreibung und Rhetorik geprägt.

Ein geschickter Schachzug des Perikles brachte die Geldmittel für die kulturellen Aktivitäten und besonders für das im Jahr 447 v. Chr. beginnende Bauprogramm auf der Akropolis auf. Die Athener waren nämlich der Ansicht, wegen ihrer vorherigen Verdienste bei der Perserabwehr gebühre die Vorherrschaft in der griechischen Welt nun ihnen. Daher hatten sie sich die Führung in dem 478 v. Chr. gegründeten Delisch-Attischen Seebund gesichert, dem mehr als 160 Stadtstaaten angehörten. Mit dem Militärbündnis wollte sich die griechische Welt für künftige Auseinandersetzungen

■ Abb. 32

Panorama mit Blick auf die Akropolis von Süden

Unbekannter Fotograf, 1889 ■ Albumin-Abzug; 38,5 x 51,5 cm ■ Reiss-Engelhorn-Museen /
Forum Internationale Photographie, Historische Sammlung Wilhelm Reiß ■ Inv. Nr. WR 23-01

mit den Persern rüsten und zahlte deshalb große Summen in eine Kriegskasse ein.

Perikles erkannte die Möglichkeiten, welche die Bundeskasse eröffnete, und trug 454 entscheidend zum Beschluss der Volksversammlung bei, diese von der Insel Delos nach Athen zu überführen und mit ihr die Bauprojekte zu finanzieren. Die Rechtfertigungen des Staatsmannes gegenüber seinen Gegnern in der Volksversammlung und den wenig erfreuten Partnern im Seebund finden sich in der Perikles-Biographie des Plutarch (*Perikles* 12): Zum einen sei Athen den Bundesgenossen keine Rechenschaft schuldig, weil es den Krieg für diese führe und sie vor den Persern beschütze. Zum anderen diene das Geld dem Errichten von Bauwerken, die ewigen Ruhm für alle brächten und während ihres Entstehens vielen Leuten Arbeit gäben und somit allgemeinen Wohlstand brächten. Das Geld gehöre nämlich nicht denen, die es gezahlt hatten, sondern denen, die es bekommen, sofern sie für den erhaltenen Betrag die vereinbarte Gegenleistung erstatten!

Die zunächst besänftigten Bündnispartner traten allerdings einige Jahre später den immer stärker wachsenden Ambitionen der Athener und ihrem rücksichtslosen Auftreten im Seebund entgegen und entfachten unter der Führung von Sparta einen Krieg. Der Peloponnesische Krieg (431–404 v. Chr.) schwächte Athen und veränderte die politische Lage in Griechenland – niemals wieder sollte einer der Stadtstaaten die Vorherrschaft über die anderen erlangen.

Auch das 4. Jahrhundert kennzeichneten Kleinkriege um die Vormacht. Die beteiligten Städte wurden dabei so sehr geschwächt, dass das Vordringen der Makedonen unter König Philipp II. nicht mehr aufgehalten werden konnte. Philipp nutzte die Streitigkeiten geschickt für seine Zwecke und brachte den Griechen bei Chaironeia 338 v. Chr. eine entscheidende Niederlage bei. Ihre Unabhängigkeit war damit beendet. Daran hatte auch der persische Großkönig seinen Anteil, denn er hatte die permanent an Geldmangel leidenden griechischen Städte mit Goldzuwendungen einzeln unterstützt und damit ihre Uneinigkeit verstärkt.

Philipps Sohn Alexander (356–323 v. Chr.) übernahm ein militärisch starkes und politisch geeintes Reich. Er ›erbte‹ außerdem die Idee eines Feldzuges gegen die Perser, als Rache für die Invasion des Xerxes von 480/479 und zur Befreiung der kleinasiatischen Griechenstädte. Durch seine siegreichen Heereszüge in Kleinasien, Ägypten und im Vorderen bis Mittleren Orient schuf Alexander ein riesiges Weltreich in der Nachfolge der persischen Großkönige. Es ebnete den Weg für die griechische Kultur bis nach Zentralasien.

Die Epoche des Hellenismus (333–330 v. Chr.) prägten vor allem die Diadochen, überwiegend hohe Militärs aus der nächsten Umgebung Alexanders und seine Nachfolger in dem nach seinem Tod aufgeteilten Weltreich. Aus den jahrzehntelangen Kämpfen um das Alexander-Erbe gingen schließlich das Reich der Seleukiden im Vorderen Orient und in Kleinasien, das Reich der Ptolemaier in Ägypten und das Reich der Antigoniden in Makedonien und Griechenland hervor. Sie beruhten auf einem Heerkönigtum, weil der Herrschaftsbereich ständig gegen die anderen Diadochen verteidigt werden musste. So konnte in Kleinasien Attalos I. von Pergamon 241 v. Chr. den Seleukiden große Teile ihres Reiches nehmen und eine eigene Herrscherdynastie begründen. Deren letzter Vertreter starb 133 v. Chr. Er hatte in seinem Testament verfügt, dass sein Königreich an Rom falle, das ehemalige pergamenische Reich wurde zur neuen römischen Provinz Asia.

Attalos hatte wohl die Zeichen erkannt: Rom war die kommende Macht. Mit der aggressiven römischen Expansion nach Osten fanden die Diadochenreiche ihr Ende. Die Römer, die bereits seit dem 3. Jahrhundert v. Chr. die griechischen Koloniestädte in Süditalien und auf Sizilien bedrängt hatten sowie in die Kämpfe zwischen den Diadochenreichen und den griechischen Bündnissen hineingezogen worden waren, konnten schließlich 146 v. Chr. einen Großteil Griechenlands ihrem Reich einverleiben. Sie statuierten an Korinth ein Exempel, indem sie die Stadt dem Erdboden gleichmachten und die Bewohner in die Sklaverei verkauften. Die griechischen Kleinstaaten wurden zu Vasallen und spielten in der Weltpolitik keine Rolle mehr. Die Eroberung Ägyptens im Jahr 31 v. Chr. durch die Römer beendete die Epoche des Hellenismus.

GÖTTER – GEFÜRCHTET, BEWUNDERT UND VEREHRT

Den Alltag der Griechen bestimmten der Glaube an die über die Sterblichen herrschenden Götter sowie mannigfaltige Rituale und Zeremonien. Einige der Kulte stammten aus weit entfernten Regionen und reichten bis tief in die Vorzeit zurück. Am Anfang stand die Verehrung von Naturmächten, denn die frühen Griechen waren hauptsächlich Bauern und Viehzüchter, angewiesen auf günstiges Wetter, gute Bodenbeschaffenheit, üppiges Pflanzenwachstum und fruchtbare Herden. Auch in Flüssen, Quellen, Felsen, Bäumen und Sträuchern glaubte man göttliche Mächte am Werk, die es zu verehren galt, damit sie nur als gute, nicht als böse Wirkkräfte in Erscheinung traten.

Erst in der archaischen Zeit erhielten die Götter Menschengestalt. Die bildlichen Darstellungen zeigen sie mit schönen, idealisierten Körpern und Gesichtszügen von überirdischer Würde. Zu erkennen waren sie an ihren Attributen, Poseidon etwa trug einen Dreizack. Mythen berichteten von ihrer hierarchisch geordneten Welt, die nicht zufällig der der zeitgenössischen Adelsgesellschaft glich. Es waren Götter für die Oberschicht, bei einfachen Leuten und Bauern blieb dagegen der Volksglaube mit teils magischen Ritualen lebendig.

Als sich im Laufe des 7. Jahrhunderts die Bürgergemeinschaften der Stadtstaaten herausbildeten, wurde Religion Staatssache und die Organisation der Kulte der Hoheit einzelner Adelsfamilien entzogen. Die offiziellen Kultveranstaltungen dienten allerdings zunehmend der Selbstdarstellung der Staatsmacht.

Seit dem 5. Jahrhundert v. Chr. änderte sich die Wahrnehmung der Götter, sie erschienen den Menschen immer ferner und der irdischen Welt entrückt, was sich auch in den Darstellungen niederschlug. Gleichzeitig meldeten Philosophen in ihren Überlegungen zur Entstehung der menschlichen Zivilisation zum ersten Mal Zweifel an Göttern und Religion überhaupt an. Die grundlegenden politischen Änderungen im Hellenismus weckten eine zunehmende Sehnsucht nach Sicherheit, auch weil gleichzeitig der Glaube an das Unberechenbare des Schicksals deutlich wuchs. Der ›Aufstieg‹ von Tyche, der launenhaften Glücks- und Schicksalsgöttin, in dieser Zeit ist daher nicht verwunderlich.

Das Bedürfnis nach göttlicher Hilfe sowie nach Trost und Geborgenheit verschaffte Gottheiten Zulauf, die Beistand versprachen, wie Dionysos oder Demeter. Sie boten ihren Anhängern Antworten auf lebenswichtige Fragen, die Verheißung persönlichen Glücks und sogar die Hoffnung auf Wiederauferstehung. Die geheimen Aufnahmerituale garantierten eine exklusive Zugehörigkeit unabhängig von Geschlecht und Stand, also auch für Menschen, die eher im Schatten der Gesellschaft standen wie Sklaven.

Ebenso etablierten sich Mysterienkulte aus Ägypten und dem Vorderen Orient. Gefördert wurde dies unter anderem durch die in hellenistischer Zeit gewachsene Mobilität, nicht nur von Händlern und Soldaten, sondern auch von Leuten, die entweder in den Vorderen Orient

oder nach Griechenland aus- und einwanderten. Mit den Gottheiten kamen neue Glaubensinhalte und Kultpraktiken. Die Bereitschaft, sich diesen zu öffnen, basierte auf der religiösen Toleranz der Griechen, die Götterkulte standen auch Nichtgriechen offen, Missionierung und Schmähen von fremden Göttern als ›Götzen‹ waren ihnen fremd. Die ›neuen‹ Götter eroberten oft zunächst die Hafen- und Handelsstädte, in denen es über private Kontakte intensive Begegnungen mit der außergriechischen Welt gab.

Daneben entwickelte sich in den hellenistischen Königreichen ein offizieller Herrscherkult – ein bis dahin undenkbarer Vorgang, denn lebende Menschen konnten nach griechischer Vorstellung eigentlich nicht zu Göttern erhoben werden. Allenfalls verehrte man Heroen oder Ahnherren. Diese Neuerung war politisch motiviert, da Könige mit dem Kult um ihre Person Macht legitimieren und festigen konnten.

■ Abb. 33
Blick auf den Olymp

Eine große Familie

Die Taten, Abenteuer und Liebesgeschichten der griechischen Götter sind in vielen dramatischen und auch grausamen Sagen überliefert. Vor allem die von altorientalischen Mythen beeinflusste *Theogonie* (Göttergeburt) des böotischen Dichters Hesiod, wohl an den Beginn des 7. Jahrhunderts v. Chr. zu datieren, und die vermutlich zeitgleich entstandenen homerischen Epen *Ilias* und *Odyssee* beschreiben Abstammung, Aussehen und Verhalten der einzelnen Götter. Wie Sterbliche lieben und hassen sie sich, zeigen Mitleid und Großzügigkeit, aber auch Eifersucht, Neid, Launenhaftigkeit und Zorn. Sie sind im Grunde genommen eine große, oft zerstrittene Familie. Durchaus widersprüchliche Eigenschaften vereint manch eine Gottheit

■ Abb. 34

Zeus mit Nike beim Trankopfer

Detail von einem Vorrats- und Mischgefäß (Stamnos) des Troilos-Malers ■ Aus einem Grab in Orvieto/ Italien; Athen, um 480 v. Chr ■ Ton, rotfigurige Maltechnik; H 40 cm, Dm 39 cm ■ Inv. Nr. Cg 60

in sich, ein Hinweis darauf, dass sich in ihr verschiedene mythische Erzählungen trafen, Geschichten aus einheimischen örtlichen Kulten mit solchen aus Kleinasien und dem Orient.

Die Spitze der Götterwelt bilden die Zwölf, die auf dem knapp 3000 m hohen Olymp residieren, dem höchsten und immer von Schnee bedeckten Berg Griechenlands (Abb. 33). Angeführt werden sie von dem Paar Zeus und Hera, er Gebieter über Land, Himmel und Wetter sowie Rächer menschlicher Freveltaten (Abb. 34), sie zuständig für Ehe und Frauen, aber auch für Besitz, Viehherden und Städte (Abb. 35).

Ihnen stehen ihre Geschwister zur Seite: die Fruchtbarkeitsgöttin Demeter, die Göttin des Herdfeuers Hestia, der Gott der Unterwelt und Herrscher des Totenreichs Hades sowie Poseidon, der Gott des Meeres und aller Gewässer, zudem verantwortlich für Naturkatastrophen wie Stürme, Erdbeben und Vulkanausbrüche (Abb. 36). Die Brüder Zeus, Poseidon und Hades sind in der Bildkunst schwer zu unterscheiden, wenn sie nicht ein eindeutiges Attribut bei sich haben, etwa Zeus sein Blitzbündel. Würdevolle Erscheinungen sind diese ›Vatergottheiten‹ alle drei.

Demeter, die Göttin der fruchtbaren Erde, des Getreides sowie des Ackerbaus, und Hera galten als ›Muttergottheiten‹. Bei Hera überrascht dies, denn ihr Mythos erzählt vom keineswegs liebevollen Umgang mit ihren Kindern Ares, Hebe und Eileithyia. Ihren Sohn Hephais-

■ Abb. 35

Hera

Detail von einer Deckelschale (Lekanis) des CA (Capua A)-Malers ■ Cumae (Kampanien), 350–325 v. Chr. ■ Ton, rotfigurige Maltechnik, weiße, rote und gelbe Deckfarbe; H 18,9 cm, Dm 31,5 cm ■ Inv. Nr. Cg 443

Auf dem Deckel der Lekanis ist das Urteil des Paris dargestellt. In Gegenwart von Hermes, Nike und Eros erwarten die Göttinnen Athena, Hera und Aphrodite die Entscheidung, wer von ihnen die Schönste sei.

tos wirft sie sogar gleich nach der Geburt vom Olymp, weil er ihr zu hässlich ist und zu laut schreit.

Im Gegensatz dazu verkörpert die in fast jeder griechischen Stadt verehrte Demeter die Mutter schlechthin, wie es auch der ›homerische‹ Demeter-Hymnus aus dem 7./6. Jahrhundert v. Chr. schildert: Hades entführte ihre Tochter Persephone, die gleichzeitig seine eigene Nichte ist, in die Unterwelt. Die Mutter suchte verzweifelt nach ihrem Kind. Voll Trauer über den Verlust und voll Zorn, weil die übrigen Götter ihr nicht helfen, verbot sie den Pflanzen, während der Abwesenheit Persephones zu wachsen. Die drohende Hungersnot zwang Zeus zu einer Entscheidung: Persephone musste künftig je ein Drittel des Jahres in der Unterwelt bei Hades leben, je zwei Drittel durfte sie zu ihrer Mutter in die Oberwelt. Mit ihrer Ankunft dort begannen alle Pflanzen wieder zu sprießen. Dieser Mythos erklärte in der Antike den Wechsel der Jahreszeiten und die Wachstumszyklen.

Die nächste Generation der Götterfamilie bilden der gewalttätige Kriegsgott Ares, Sohn von Zeus und Hera, Hephaistos, Gott des Feuers und des Schmiede-

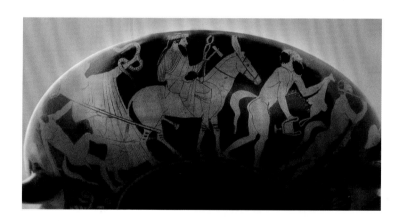

■ Abb. 36 (links)

Poseidon und Amphitrite beim Opfer
Detail von einer Trinkschale (Kylix) vom Maler der Yale-Lekythos ▪ Athen, um 470 v. Chr. ▪ Ton, rotfigurige Maltechnik, rote Deckfarbe; H 12,1 cm, Dm 37,1 cm ▪ Inv. Nr. Cg 344 ▪ Geschenk des Fördererkreises für die Reiss-Engelhorn-Museen

Auf dem Innenbild der Schale steht Poseidon vor einem Stuhl mit hoher Rückenlehne. Er hält in seiner Linken den Dreizack und in seiner Rechten eine Opferschale, in die seine Gemahlin Amphitrite Wein aus einer Kanne gießt. Dass auch Götter Opfer darbringen, kann mit ihrer Vorbildfunktion für die Kultpraxis der Menschen erklärt werden.

■ Abb. 37

Hephaistos auf einem Maultier
Detail von einer Trinkschale (Kylix) vom Maler der Yale-Lekythos ▪ Athen, um 470 v. Chr. ▪ Ton, rotfigurige Maltechnik, rote Deckfarbe; H 12,1 cm, Dm 37,1 cm ▪ Inv. Nr. Cg 344 ▪ Geschenk des Fördererkreises für die Reiss-Engelhorn-Museen

Dionysos hatte Hephaistos betrunken gemacht und führte ihn, von Satyrn und Mänaden begleitet, auf den Olymp zurück.

handwerks sowie Gemahl der Aphrodite (Abb. 37), Apollon und seine Zwillingsschwester Artemis, Göttin der Jagd, der Tiere, der Geburt und des weiblichen Todes, Dionysos, Gott des Weines und des Rausches, und der Götterbote Hermes, Schutzherr über Wege, Wanderer, Händler und Diebe, sowie Athena, Göttin der Weisheit und des Krieges.

Apollon und Artemis sind Kinder des Zeus mit Leto. In Apollons Zuständigkeit fallen die Sicherung der gesellschaftlichen Ordnung durch Strafen und Sühne, Gesundheit und Krankheit, aber auch die Abwehr von Unheil. Er kann Heilung oder auch Tod bringen, so wie er den Griechen vor Troja die Pest schickte, da er wie seine Mutter und seine Schwester die Trojaner schützen wollte. Als Gott der religiösen Rituale wacht er über die Reinheit und Frömmigkeit der Priester, der oft als sein Attribut abgebildete Lorbeer dient deren Reinigung. Apollon ist zudem der Gott des Orakels und der Weissagungen. Als Anführer der Musen, der Schutzgöttinnen von Kunst und Wissenschaft, sind ihm auch Musik, Tanz und Dichtung zugeordnet. Dargestellt wird er immer als jugendlicher, bartloser Mann mit langem Haar (Abb. 38).

■ Abb. 39
Sitzende Aphrodite mit Spiegel
Detail von einer Deckelschale (Lekanis) des CA (Capua A)-Malers ■ Cumae (Kampanien), 350–325 v. Chr. ■ Ton, rotfigurige Maltechnik, weiße, rote und gelbe Deckfarbe; H 18,9 cm, Dm 31,5 cm ■ Inv. Nr. Cg 443

■ Abb. 38
Apollon und Musen
Weinkanne (Oinochoe) des Schuwalow-Malers ■ Athen, um 425 v. Chr. ■ Ton, rotfigurige Maltechnik; H 20,6 cm, Dm 14,4 cm ■ Inv. Nr. Cg 346

Apollon, in einen Mantel gehüllt, hält einen Stab mit Lorbeerbekrönung und setzt den rechten Fuß auf einen Felsen. Ihn begleiten zwei Musen mit einer Leier (Lyra) in den Händen.

Aphrodite, Göttin von Liebe, Zeugung und Schönheit, herrscht über Menschen und Götter. Auch sie selbst verfällt oft der Liebe, obwohl sie mit Hephaistos verheiratet ist. Sie erwählte sich den Kriegsgott Ares oder Sterbliche wie den Trojaner Anchises. Aus der Verbindung mit letzterem ging der Held Aeneas hervor. Ebenso wurde der schöne Adonis ihr Geliebter, was er allerdings mit seinem Leben bezahlte. Von Ares hat sie den Sohn Eros, Gott des Begehrens. Dargestellt wird er zuerst als hübscher geflügelter Halbwüchsiger. Seit dem 4. Jahrhundert v. Chr. ist er ein in vielen

Athena mit Pegasos als Schildzeichen

Detail von einem Salbölgefäß (Lekythos) des Nikon-Malers ■ Athen, um 470–460 v. Chr. ■
Ton, rotfigurige Maltechnik, rote Deckfarbe; H 40,3 cm, Dm 13,7 cm ■ Inv. Nr. Cg 459

Bildzeugnissen erscheinendes pummeliges Kleinkind, immer noch mit Flügeln, das manchmal allerhand Unsinn anstellt.

Das Bild Aphrodites änderte sich ebenfalls im Laufe der Zeit: Zunächst glich sie den anderen Göttinnen in Habitus und Kleidung. Ab dem 5. Jahrhundert v. Chr. wurden ihre Gewänder immer reicher, aber auch transparenter, und ließen ihre Körperformen durchschimmern (Abb. 39). Im 4. Jahrhundert schuf der Bildhauer Praxiteles schließlich eine Statue der völlig nackten Aphrodite, seither erschien sie in der Kunst fast nur noch in diesem Typus.

Athena, Göttin der Weisheit und des Handwerks, Schutzherrin von Athen und anderen Städten, stammt aus der Verbin-

■ Abb. 41a
Dionysos und Mänade
Detail von einer Weinkanne (Oinochoe) aus
dem Umkreis des Iliupersis-Malers ▪ Apulien,
370–360 v. Chr. ▪ Ton, rotfigurige Maltechnik,
weiße und gelbe Deckfarbe; H 16,4 cm,
Dm 12,6 cm ▪ Inv. Nr. Cg 362

■ Abb. 41b
Urinierender Satyr
Detail von einer Weinkanne (Oinochoe) aus
dem Umkreis des Iliupersis-Malers ▪ Apulien,
370–360 v. Chr. ▪ Ton, rotfigurige Maltechnik,
weiße und gelbe Deckfarbe; H 16,4 cm,
Dm 12,6 cm ▪ Inv. Nr. Cg 362

dung von Zeus mit Metis, der Göttin der
Klugheit. Wegen einer Prophezeiung, der
zufolge Zeus von seinem Kind gestürzt
werden würde, verschlang er die schwan-
gere, in eine Fliege verwandelte Metis.
Das Kind aber, Athena, drängte ans Licht.
Hephaistos half ihr, indem er den Kopf
des Vaters mit seiner Axt spaltete, damit
die erwachsene und vollständig gerüstete
Tochter herausspringen konnte. Athena
als Göttin des Krieges – im Gegensatz zu
Ares jedoch strategisch handelnd – zeigt
sich mit Helm, Lanze und Schild (Abb. 40).
Auf Brust und Schultern liegt die Aegis,
ein schuppiges, von Schlangen gesäum-
tes Fell mit einem Gorgonenhaupt. Der
gesamte Mittelmeerraum kennt den Typus einer solchen bewaffneten Göttin,
die griechische Athena weist Verbindungen zu Anat aus Ugarit in Nordsyrien oder
zu Allat in Palmyra.

Dionysos, der Gott des Weines, der
Fruchtbarkeit und des Theaters, war
laut Homer der Sohn des Zeus und der
Königstochter Semele aus Theben. Sie
starb, als Zeus sich ihr auf ihre Bitte hin in
seiner wahren, überwältigenden Gestalt
zeigte. Dionysos ist außerdem der übers
Meer kommende Gott, der Gott des Auf-
bruchs. So bringt er den Frühling und den
jährlichen Auftakt der Schifffahrtssaison.
Zu seinem Kult gehört rituelle Raserei,
eine ihm geweihte, wohl durch Drogen
hervorgerufene Ekstase.

Die zahlreichen Darstellungen zeigen ihn sowohl als reiferen Mann mit Bart als auch als jungen Mann (Abb. 41a). Meist hat er Efeu bei sich, als Kranz auf dem Kopf oder am Thyrsos, einem von Efeuranken umwundenen Stab mit einem Pinienzapfen an der Spitze, dazu einen Kantharos, einen Trinkbecher mit hohen Henkeln. Ihm folgen die Mänaden, rasende und tanzende, in Felle gehüllte Frauen, und wilde geschwänzte Mischwesen aus Mensch und Pferd bzw. Esel, die Satyrn und Silene, deren Benehmen und Verhalten oft zu wünschen übrig lassen (Abb. 41b).

EXKURS: Schauspiele für die Götter

Aus den Athener Festlichkeiten zu Ehren des Dionysos entstand das griechische Theater. Zu ihnen gehörten Tänze und Lieder von Chören, die in Masken auftraten. Zum charakteristischen Kultlied, dem Dithyrambos, gesellten sich in der zweiten Hälfte des 6. Jahrhunderts v. Chr. Spielhandlungen, aus denen sich schließlich Tragödie, Komödie und Satyrspiel entwickelten. Zum Chor kamen Schauspieler, der Anteil von Gesang und Tanz verringerte sich nach und nach erheblich zugunsten der Sprache.

Die Rollen spielten ausschließlich Männer, gekleidet in bunte Kostüme (Abb. 42), das Gesicht hinter großen Masken verborgen. Der Chor, ebenfalls maskiert, und die Schauspieler standen sich auf einer runden Fläche im Zentrum des Theaters (griech. *orchestra*, eigentlich Tanzplatz) gegenüber. Für die Finanzierung der Proben, von Bühnenbild, Requisiten, Kostüme und Masken sorgte der sogenannte Chorege, ein Mäzen aus dem Bürgertum, während die Organisation der Aufführungen städtischen Beamten oblag.

Für die Festspiele in Athen, die Großen Dionysien im Februar/März, reichten drei Theaterdichter jeweils vier inhaltlich zusammengehörige Werke (Tetralogien) ein, bestehend aus drei Tragödien und einem Satyrspiel, und fünf Komödiendichter beteiligten sich mit je einem Einzelstück am Wettbewerb. Der erste Tag der Dionysien gehörte dem Festopfer, den Prozessionen und Ehrungen. Am zweiten Tag bewarben sich die fünf Komödien um die Gunst von Publikum und Jury. Am dritten, vierten und fünften Tag wurde je eine Tetralogie aufgeführt. Die Preisrichter bestimmten danach die beste Komödie und die Siegertetralogie. Belohnt wurden deren Dichter und der zugehörige Chorege, ersterer erntete Ruhm, letzterer errang einen Dreifuß aus Bronze und politischen Einfluss.

Die Theaterstücke brachten meist mythologische Stoffe auf die Bühne, manchmal aber auch zeitgenössische Ereignisse. Die Komödien waren eine willkommene Gelegenheit, die Politiker zu verhöhnen und zu verspotten.

Theateraufführungen gehörten immer zum Kult des Dionysos, deshalb befanden sich die Theaterbauten (Abb. 43) häufig in seinen Heiligtümern. Die Teilnahme war für alle Stadtbewohner – mit Ausnahme der Sklaven – religiöse Pflicht, denn sie bezeugte Frömmigkeit. In der Frühzeit war der Besuch kostenlos, ab dem 5. Jahrhundert wurde Eintrittsgeld verlangt. Unter den Zuschauern waren auch Fremde und vereinzelt sogar Frauen, aber nur in ihrer Funktion als Priesterinnen.

■ Abb. 42

Dionysos mit einem Schauspieler im Kostüm eines Papposilens

Mischgefäß (Glockenkrater) des Python-Malers ▪ In Cerveteri gefunden; Paestum (Unteritalien), 350–325 v. Chr. ▪ Ton, rotfigurige Maltechnik, weiße, rote und gelbe Deckfarbe; H 36,5 cm, Dm 34 cm ▪ Inv. Nr. Cg 3

Griechische Theatergebäude bestanden aus der Orchestra, aus dem diese zu zwei Dritteln umgebenden Zuschauerraum (griech. *theatron*) und aus einem Holzbau mit flachem Dach (griech. *ske-ne*), dem Umkleideraum für die Schauspieler und Lager für die Bühnenrequisiten. In hellenistischer und später in römischer Zeit kam es zu entscheidenden Veränderungen: Die Theater erhielten im

■ Abb. 43
Das griechische Theater in Syrakus
Giorgio Sommer (1834–1914), 1883 ■ Albumin-Abzug; 20 x 25 cm ■ Reiss-Engelhorn-Museen /
Forum Internationale Photographie, Historische Sammlung Wilhelm Reiß ■ Inv. Nr. WR 09–02

späten 4. Jahrhundert v. Chr. ein gemauertes Bühnengebäude und im folgenden Jahrhundert eine erhöhte Bühne für die Schauspieler, die nun über dem Chor und dem Publikum agierten. Die römische Bühnenfront (lat. *scaenae frons*) bestand aus einer mehrstöckigen Fassade mit Säulen und Nischen für Statuen, die entweder die kaiserliche Familie oder andere Sponsoren wiedergaben.

Eine weitere Neuerung in der Theaterarchitektur führten die Römer ein, als sie den Zuschauerraum (lat. *cavea*) und die Bühnenfront durch bauliche Zwischenglieder miteinander verbanden. Der

Baukomplex stand nun frei auf ebener Erde und war nicht wie die griechischen Theater auf einen Hügel angewiesen, in den die Zuschauerränge gesetzt wurden. Ihre vertikale Abstufung erfolgte durch Subkonstruktionen mit Gängen und Treppen. Allerdings gab es in Rom erst seit 55 v. Chr. ein permanentes steinernes Theater, das Pompeius auf dem Marsfeld errichten ließ. Zuvor fanden die mit Götterfesten verknüpften Aufführungen auf temporär aus Holz erbauten Bühnen statt, die ebenso wie die Bänke für die Zuschauer nach Spielende abgebaut wurden.

Die ersten Übersetzungen von griechischen Tragödien und Komödien waren bereits im 3. Jahrhundert v. Chr. nach Rom gekommen. Das römische Theaterwesen hatte zusätzlich italische Wurzeln, wie den *mimus*, eine von unmaskierten Schauspielern getanzte und gesungene Posse in volkstümlicher Sprache und mit akrobatischen Einlagen. Daneben stand die *Atellana*, ein Stegreifspiel mit Handwerkern und Bauern als Protagonisten, das maskierte Schauspieler ursprünglich im oskischen, in Süditalien beheimateten Dialekt darboten. Alle Aufführungen waren in Festspiele eingebunden, die von Beamten beaufsichtigt wurden und bei denen auch Akrobaten auftraten.

In der Kaiserzeit gab es zwar noch Dramen mit mythologischen oder historischen Themen, aber der Schwerpunkt lag nun auf den immer aufwendigeren Inszenierungen, weniger auf den Inhalt. Allmählich verschwanden die Tragödien aus dem Programm, das Publikum schätzte nur noch den Mimus mit seinen Improvisationen in teils derber Sprache und den Pantomimus, bei dem ein Schauspieler durch Tanz und Gebärden die Geschichte illustrierte, während ihn ein Chor mit dem Text und ein Orchester begleiteten.

■ Abb. 44
Herakles kämpft gegen eine Amazone
Vorratsgefäß (Halsamphora) der Gruppe von Brüssel R 309 ■ Aus einem Grab in Vulci/Italien; Athen, Ende 6. Jh. v. Chr. ■ Ton, schwarzfigurige Maltechnik, rote und weiße Deckfarbe; H 19,8 cm, Dm 13,3 cm ■ Inv. Nr. Cg 41

Tapfere Männer, gefährliche Abenteuer und eine schöne Frau

Neben den olympischen Göttern genossen zahlreiche lokale Gottheiten, Personifikationen von Naturgewalten, Dämonen und Heroen Verehrung, manche seit uralter Zeit. Heroenkulte gab es seit dem 5. Jahrhundert v. Chr., sie galten nicht nur mythischen Helden, sondern auch historischen Personen, derer an ihrem Heimatort nach ihrem Tod gedacht wurde. Sie waren Bürger mit besonderen Verdiensten oder namengebende Stadtgründer gewesen, die als Ahnherren einzelner Familien im Gedächtnis blieben. Im Volksglauben konnten die Heroen bei den Göttern als Fürsprecher für die Menschen auftreten.

Herakles, Sohn des Zeus und einer Sterblichen, ist in der Antike der beliebteste mythische Held, sowohl Griechen und Etrusker als auch Römer verehrten

■ Abb. 46

Theseus ringt den Stier von Marathon nieder und bindet ihn

Detail von einem Vorratsgefäß (Halsamphora) aus dem Umkreis des Antimenes-Malers ■
Athen, um 510 v. Chr. ■ Ton, schwarzfigurige Maltechnik, weiße und rote Deckfarbe; H 41,6 cm,
Dm 27,5 cm ■ Inv. Nr. Cg 363

ihn seines Mutes und seiner Stärke wegen. Hera, die ihn von Geburt an aus Eifersucht mit ihrem Hass verfolgte, ließ ihn kurzzeitig wahnsinnig werden, sodass er seine eigenen Kinder ermordete. Zur Sühne musste er für Eurystheus, den König von Tiryns und Mykene, zwölf Arbeiten ausführen. Da er sie wider Erwarten bewältigte, nahmen ihn die Götter als einzigen Helden in ihren Kreis auf. Zu diesen Taten gehörte auch der Kampf mit

■ Abb. 45

Theseus tötet Minotauros

Wassergefäß (Hydria) des Ready-Malers ■
Athen, um 535 v. Chr. ■ Ton, schwarzfigurige
Maltechnik, rote und weiße Deckfarbe; H 36 cm,
Dm 31,5 cm ■ Inv. Nr. Cg 342

den Amazonen (Abb. 44), kriegerischen Frauen, die ebenso viel Mut – wenn nicht mehr – aufbrachten wie die tapferen Männer und allein deswegen nur im Mythos existieren konnten.

Theseus, Sohn des Poseidon und einer Sterblichen, musste in seiner Jugend ähnlich wie Herakles Abenteuer gegen allerhand gefährliche Wesen bestehen, die er tötete oder zumindest niederrang. Zu den weitverbreiteten Bildmotiven in der griechischen Kunst des 7. bis 5. Jahrhunderts v. Chr. gehörte sein Kampf gegen den Minotauros (Abb. 45), ein Mischwesen aus Mensch und Stier. Es entsprang der Verbindung zwischen einem schönen Stier, den Poseidon König Minos von Kreta gesandt hatte, und dessen Ehefrau Pasiphaë. Aus Scham und

Urteil des Paris

Deckelschale (Lekanis) des CA(Capua A)-Malers ■ In Cumae (Kampanien) gefunden; Unteritalien, 350–325 v. Chr. ■ Ton, rotfigurige Maltechnik, weiße, rote und gelbe Deckfarbe; H 18,9 cm, Dm 31,5 cm ■ Inv. Nr. Cg 443

Den Deckelknauf der Lekanis (eine Schüssel, deren antike Funktion nicht vollständig geklärt ist) schmückt ein Schwan, der auf die spätere Siegerin Aphrodite verweist.

Wut sperrte Minos das Ungeheuer in ein Labyrinth, wo es sich der Sage nach von Menschenfleisch ernährte. Die Athener waren Minos tributpflichtig und mussten ihm alle neun Jahre je sieben Knaben und Mädchen für das Labyrinth schicken. Theseus tötete den Stiermenschen und entkam aus dem verzweigten Labyrinth mit Hilfe des Wollknäuels, das die Königstocher Ariadne ihm gegeben hatte.

Die Erzählung verlieh Theseus eine besondere Bedeutung, weil er mit dem Sieg über den Minotaurus auch Athen von der minoischen Herrschaft befreite. Ein weiteres Verdienst erwarb er sich, als er den wütenden Stier von Marathon einfing, ihn nach Athen brachte und dem Apollon opferte, auch dieses Motiv findet sich häufig auf Vasen aus dem 6. und 5. Jahrhundert v. Chr. (Abb. 46).

Die Ereignisse des Trojanischen Kriegs waren in der antiken Kunst ein beliebtes Bildthema, wodurch auch des Lesens unkundige Betrachter von den faszinierenden Taten edler Helden und bemerkenswerter Frauen erfuhren. Voraussetzung war allerdings eine allgemeine Grundkenntnis des Troja-Mythos, denn die Bilder illustrierten nicht eins zu eins die Texte, sondern waren künstlerische Darstellungen einzelner besonderer Momente dieser Erzählungen. Ein verbreitetes Motiv auf Gefäßen aus der Welt der Frauen war beispielsweise das Urteil des Paris (Abb. 47), der als Mensch über Unsterbliche urteilen sollte – ein an sich schon ungeheuerlicher Vorgang! – und dabei nur verlieren konnte. Wie auch immer er entscheidet, zwei der Göttinnen wird er gegen sich aufbringen… Aber der Lohn für seine Dienste als Preisrichter, die schönste Frau der Welt, war doch zu verlockend.

Häuser für die Götter, Banken für die Menschen

Griechische Städte wetteiferten darin, den Göttern würdige und prachtvolle Heiligtümer zu errichten. Dazu wurde zuerst ein heiliger Bezirk, der *temenos*, durch Mauern, Bäume, Hecken oder ähnliches aus der Welt der Menschen ausgegrenzt und darin ein Opferaltar errichtet, das Zentrum des Kultes.

Seit dem 7. Jahrhundert v. Chr. baute man in manchen heiligen Bezirken Hallen und Gebäude für die Gläubigen sowie prachtvolle Tempel (Abb. 48). Zutritt zum Allerheiligsten darin hatten in der Regel nur die Priester zu bestimmten Zeiten, ansonsten blieben die Gebäude verschlossen. Alle Kulthandlungen fanden nämlich unter freiem Himmel vor dem

■ Abb. 48
Der sogenannte Poseidon- oder Zeustempel (auch als jüngerer Heratempel bekannt) in Paestum, Prov. Salerno, erbaut Mitte des 5. Jhs. v. Chr.
Giacomo (1822–1881) oder Carlo (1850–1925) Brogi, 1897 ■ Albumin-Abzug; 27,5 x 37 cm ■ Reiss-Engelhorn-Museen / Forum Internationale Photographie, Historische Sammlung Wilhelm Reiß
■ Inv. Nr. WR 63–07

Tempel statt, zumeist an einem Altar, nur dort versammelten sich die Teilnehmer. Die Tempel selbst beherbergten als Wohnhäuser der Götter deren kolossale, von berühmten Künstlern geschaffene Statuen, dazu ihren ›Hausrat‹ – die für die Riten notwendigen Utensilien – und die ihnen geweihten Geschenke.

Priester und Priesterinnen galten als Mittler zwischen der Welt der Sterblichen und der der Götter und überwachten, assistiert von Tempeldienern, streng die Einhaltung von Ritualen und Zeremonien. Zugleich verwalteten sie gemeinsam mit Beamten den Schatz des Heiligtums, denn in die Kultstätten flossen Spenden, Steuern und Abgaben wie aus der Verpachtung von Land. Damit waren Geschäfte möglich, etwa die Vergabe von Krediten und Hypotheken gegen Zinsen, wie es für die heiligen Stätten von Delos, Delphi und Olympia überliefert ist. Die Zinssätze waren zumeist günstiger als bei den Banken. Städte, Staaten und Gemeinden finanzierten auf diese Weise ihre Kriege, im Gegenzug musste ein Teil der Kriegsbeute den Heiligtümern überlassen werden.

Auf dem Gelände der Kultstätten gedieh ferner der Handel, denn sie waren ein zentraler Versammlungsort und in hellenistischer Zeit auch eine Art Kulturzentrum mit Museum und Bibliothek. Den teils von weither angereisten Gläubigen standen auch Herbergen und Bäder zur Verfügung. Händler, die ihre Waren hier verkaufen durften, mussten offenbar eine von den Priestern erhobene ›Standgebühr‹ bezahlen, woraus sich eine weitere Einnahmequelle für das Heiligtum ergab. Und letztendlich waren Tempelbe-zirke in der Antike immer auch Schutzorte, die jedem Menschen Asyl gewährten.

Den Göttern sei Dank!

Für die Menschen war die Welt vom Göttlichen durchdrungen, von wohl- oder übelwollenden Wesen, die besänftigt werden mussten. Religiöse Pflichten wie Kultrituale, Opferzeremonien und Gebete waren deswegen unbedingt zu erfüllen. Allerdings wurde von den Verehrten ganz pragmatisch eine Gegenleistung erwartet: erfolgreiche Geschäfte, reiche Ernten, Rat bei wichtigen Entscheidungen, Schutz vor Unheil sowie Glück in der Familie. Eben dort, im Haus, wurde der tägliche Kult hauptsächlich ausgeübt, wobei der Hausherr für die Seinen Gebete zu sprechen und Opfer darzubringen hatte.

Um die Götter günstig zu stimmen oder ihnen für Wohltaten zu danken, opferte man Tiere (Abb. 49) oder legte Früchte, Honig, Milch, Öl, Kuchen oder Kränze nieder und verbrannte Weihrauch am Altar. Von den Opfertieren, vor allem Rinder, Schafe, Ziegen oder Schweine, wurde nur ein Teil – meist Knochen und Fett – durch Verbrennen auf dem Altar tatsächlich den Göttern gestiftet, den Rest verzehrten die Priester und die Teilnehmer am Opfer. Viele Griechen konnten im Übrigen nur bei diesen Gelegenheiten Fleisch essen.

Beim Trankopfer, der Libation, goss man Wein oder Öl in eine Kuhle im Boden, für dieses Ritual gab es besondere Gefäßformen. Zu diesen gehörte die Phiale, eine teilweise reich verzierte Schale aus Ton oder Metall.

Je nach Vermögensstand weihte man Gaben in den Heiligtümern. Kleinere wie

■ Abb. 49

Nike führt einen Stier zum Opfer

Figürliches Salbölgefäß (Lekythos) ■ Athen, 400–375 v. Chr. ■ Ton, Kaolinüberzug, zusätzliche Deckfarben (Gelb, Rot, Rosa, Hell- und Dunkelblau, Rot- und Dunkelbraun), Reste von Vergoldung; H 14,4 cm, B 10 cm ■ Inv. Nr. Cg 444 ■ Geschenk des Fördererkreises für die Reiss-Engelhorn-Museen

Figuren- oder Statuettengefäße entstanden in Athen während des letzten Viertels des 5. Jahrhunderts v. Chr. Sie wurden fast 100 Jahre lang hergestellt. Wegen ihrer fragilen und aufwendigen Gestaltung waren sie für den täglichen Gebrauch weniger geeignet. Sie finden sich vor allem in Gräbern von Frauen und Mädchen sowie als Weihgeschenke in Heiligtümern.

■ Abb. 50
Oberkörper von der Statuette
einer Göttin

Unteritalien, Ende 6. Jh. v. Chr.   ■ Ton, bemalt;
H 9,7 cm, B 5,9 cm, T 4,3 cm   ■ Inv. Nr. Ta 1

An einigen Stellen ist noch die rote Farbe des
Gewandes zu erkennen.

Statuetten aus Ton, Stein oder Metall bzw. Edelmetall deponierten sie rings um die Altäre, größere Votive (von lat. *vovere*, geloben) wie lebensgroße Statuen aus Marmor oder Bronze wurden im ganzen heiligen Bezirk aufgestellt und dienten gleichermaßen der repräsentativen Selbstdarstellung der Stifter. Vor Ort gab es vermutlich auch eine Art Markt für Votivgaben, sodass sich die Gläubigen mit kleineren Weihegaben vor Ort versorgen konnten. Votive waren auf ewig Besitz der Gottheit und mussten im heiligen Bezirk verbleiben. Wurde es an den Aufstellungsorten eng, weil immer Neues dazukam, deponierte man die älteren in eigens angelegten Gruben innerhalb des Heiligtums.

Stadtstaaten brachten Weihegeschenke in Form riesiger Statuen, goldener Gerätschaften oder ganzer Bauwerke dar. Dazu zählten die ›Schatzhäuser‹, welche die wertvolleren Weihegaben oder die abzuliefernde Kriegsbeute enthielten. Sie waren auch Depots für staatliches oder privates Vermögen, da es dort so sicher wie nirgendwo sonst war.

In der Frühzeit waren Tierfiguren aus Ton oder Bronze als Votive sehr beliebt, da Herden in der bäuerlichen Gesellschaft Wohlstand bedeuteten. Tonstatuetten von Menschen wurden nicht nur

■ Abb. 51
Frauenkopf

Tarent, um 340 v. Chr.   ■ Ton; H 22,5 cm,
B 16,5 cm, T 9 cm   ■ Inv. Nr. Ca 20

Der Kopf gehörte zu einer sogenannten Schulterbüste, die als Verkörperung von Demeter oder Persephone in deren Heiligtümern geweiht wurde. Diese Votivform war seit dem Ende des 6. Jahrhunderts v. Chr. bis in frühhellenistische Zeit insbesondere auf Sizilien und später in Süd- und Mittelitalien beliebt.

■ Abb. 52
Der Apollontempel in Delphi
In seiner heutigen Gestalt stammt er aus dem 4. Jh. v. Chr. Die Seherin Pythia saß in seinem Allerheiligsten, dem Adyton.

den Toten mit ins Grab gegeben oder dort als Gabe für sie aufgestellt, sondern auch in großen Mengen in den Heiligtümern den Göttern geweiht (Abb. 50–51). In der Regel wurden die Tonfiguren seit dem 6. Jahrhundert v. Chr. aus Negativformen gezogen und konnten daher kostengünstig serienmäßig hergestellt werden, was sie für eine große Käuferschicht erschwinglich machte. Daneben gab es vollständig handgeformte und solche, bei denen Körper und Kopf auf jeweils unterschiedliche Weise angefertigt wurden. Nach dem Brand wurden sie bemalt.

Sprechende Götter

Den Willen der Götter versuchten die Menschen aus Zeichen, Weissagungen und Träumen zu erkunden, Priester sollten diese deuten und die Anweisungen der Unsterblichen aus ihnen lesen. Daraus erklärt sich die prominente Stellung von Orakelstätten. Als älteste galt das bereits in der *Ilias* erwähnte Zeus-Heiligtum bei Dodona in Epirus. Dort glaubte man im Rauschen der Blätter der heiligen Eiche die Stimme des Gottes zu hören.

Das berühmteste und am besten besuchte Orakel befand sich im Apollon-Heiligtum in Delphi am Südhang des

63

Parnass in der Landschaft Phokis, im kultischen Mittelpunkt der antiken Welt (Abb. 52). Seit dem 8. Jahrhundert v. Chr. war es eine heilige Stätte, wo der Gott durch seine Priesterin Pythia in rätselhaften Orakelsprüchen zu den Menschen sprach. Das Medium war eine Frau aus der Umgebung, anfangs sollte sie eine Jungfrau sein, in späteren Zeiten galt ein Mindestalter von 50 Jahren für sie. Auch die Häufigkeit der Befragungen änderte sich: Erst konnte die Pythia nach dem Darbringen eines Opfers und einer (freiwilligen) Abgabe nur jeweils einmal im Jahr befragt werden, später stieg die Nachfrage so stark an, dass das Orakel mit Ausnahme der Winterzeit einmal im Monat aktiv wurde.

Verborgen im Allerheiligsten des Tempels saß Pythia über einer Erdspalte, fiel – vermutlich durch aus dem Erdinneren aufsteigende Dämpfe – in Trance und verkündete die Antworten des Gottes, welche die Priester in Verse fassten. Rund 600 Sprüche sind überliefert. Selten waren sie eindeutig, sie bedurften meist der Interpretation bzw. Übersetzung. War ein Vorhaben trotz des vermeintlichen positiven Orakelspruchs misslungen, so lag dies natürlich an der fehlerhaften Deutung des Fragestellers, nicht am unfehlbaren Götterwort.

Unter den Ratsuchenden waren nicht nur Privatleute, sondern auch Heerführer, Könige und Politiker aus Griechenland und aus allen Ländern der damals bekannten Welt. Die ›Kundschaft‹ in Delphi war international und die Anwesenheit von Diplomaten förderte darüber hinaus den Abschluss von politischen oder militärischen Bündnissen und Handelsver-

trägen. Das Heiligtum war daher nicht nur ein geweihter Ort, sondern auch eine Informationsbörse oder – wie im Falle der Koloniegründungen – ein Koordinationszentrum. Die äußerst lukrative Orakelstätte wurde jedenfalls bis in die Spätantike aufgesucht.

SCHATTEN IN DER UNTERWELT

Im antiken Griechenland gehörte häufig eine Münze zu den Grabbeigaben. Ohne diese Bezahlung für Charon, den Fährmann in der Unterwelt, konnten die Verstorbenen die Grenze zwischen der Welt der Lebenden und der der Toten nicht überqueren. Vom Jenseits hatten die Griechen unterschiedliche Vorstellungen, die teilweise ältere Elemente aus dem Vorderen Orient einschlossen. Überliefert sind nur die Schilderungen aus den literarischen Quellen, weshalb sie die Welt der Oberschicht und deren Glaubensideen widerspiegeln. Bei Homer wird das unter der Erde liegende Totenreich als Land jenseits des Okeanos beschrieben, in dem drei Flüsse zusammentreffen: Acheron, Lethe und Styx. Dort halten sich die Seelen als Schatten in der feuchten und finsteren Unterwelt auf, beherrscht von Hades und seiner Gemahlin Persephone. Dieses Los trifft alle Sterblichen, unabhängig von ihrer sozialen Stellung oder einer moralisch guten oder schlechten Lebensführung.

Daneben stand die Vorstellung vom Elysion am äußersten Westrand der Erde, einer paradiesähnlichen Insel der Seligen mit Blumenwiesen und immerwährendem Frühling. Es war der Platz für jene

Helden, denen die Götter Untersterblichkeit verliehen hatten.

Ein schönes Leben in sonnenüberfluteten Blumengefilden erhofften sich auch die Anhänger der Mysterienkulte für die Zeit nach dem Tod. Die ewige Glückseligkeit errang jedoch nur, wer die Regeln des Kultes befolgt und vor allem über die Rituale geschwiegen hatte, andernfalls drohten drastische Strafen im Jenseits.

In Eleusis gab es seit dem 8. Jahrhundert v. Chr. ein Heiligtum, in dem Demeter im Zentrum der Mysterien (von griech. *mysterion*, Kultausübung in einer geschlossenen Gruppe) stand, zusammen mit Persephone und Dionysos-Bakchos. Wer zum exklusiven Kreis der Eingeweihten zählte, den erwarteten Auferstehung und Unsterblichkeit, wie sie auch Persephone zuteilwurden, erscheint diese doch mit dem Sprießen der Ähren wieder auf der Erde. Wie bei den Pflanzen liegt im Vergehen und immer neuen Werden ein ewiges Leben. Die Anziehungskraft der Mysterienkulte blieb über mehr als 1000 Jahre ungebrochen.

Auf andere Art als die Mysterienkulte versuchte die Philosophie, den Menschen die Angst vor dem Tod zu nehmen. Zum einen mit dem Hinweis, dass alle Lebenden gewissermaßen Helden seien, die sich durch ihre Taten ewiges und ruhmvolles Andenken sichern könnten, zum anderen mit einem gewissen Fatalismus: Besser, man füge sich ins Unvermeidliche, denn das diesseitige Leben sei in jedem Falle schlechter als ein mögliches jenseitiges. Philosophen wie Pythagoras von Samos (570–510 v. Chr.) und Platon (428/7–348/7 v. Chr.) hielten die Seele für etwas Unsterbliches und knüpften an sie die Hoffnung auf ein Weiterleben jedes Einzelnen im Jenseits.

Später kam noch die Vorstellung von einem Totengericht hinzu. Hades entscheidet zusammen mit drei Totenrichtern über das Schicksal der Seele. Wer als gerecht und edel beurteilt wird, darf in die elysischen Gefilde wechseln, andere bekommen über die Ausführung von Reinigungsritualen eine Chance fürs Elysion, Sünder aber bleiben für immer verdammt.

Die Toten zum Grab geleiten

Beerdigung und Totenkult zelebrierten die Griechen nach festgelegten strengen Riten. Diese verschafften den Verstorbenen den Eintritt in die Unterwelt, sicherten ihnen ihr Ansehen bei den Lebenden und halfen den Hinterbliebenen, den Verlust zu bewältigen sowie Rollen und Aufgaben innerhalb der Familie neu zu ordnen. Ohne ordnungsgemäße Bestattung irrten die Seelen ruhelos zwischen Diesseits und Jenseits umher und die Nachkommen verwirkten ihr Recht auf das Erbe.

Einen Tag lang wurde der gewaschene, gesalbte und gekleidete Leichnam aufgebahrt, für den Abschied und die Totenklage. Am dritten Tag noch vor Sonnenaufgang geleitete der engste Familienkreis den Leichenzug zum Friedhof (griech. *nekropolis*) vor der Stadt, wo der Körper begraben oder verbrannt wurde. Das Totenmahl im Trauerhaus beendete die Beerdigungsfeier. Neun Tage danach versammelten sich die Angehörigen wieder am Grab, um den Verstorbenen ein Speise- und Trankopfer darzubringen sowie ein Bankett abzuhalten. Im Ab-

■ Abb. 53
Sirene mit Vogelkörper und Frauenkopf
(unten), Schwan, Sphinx, Löwe
Gefäßdeckel ■ Athen, um 530 v. Chr. ■ Ton,
schwarzfigurige Maltechnik, rote und weiße
Deckfarbe; H 5,8 cm, Dm 11 cm ■ Inv. Nr. Cg
133

Dahingegangenen, damit diese nicht als
böse Geister das Leben der Hinterbliebenen störten.

Über dem Grab erhob sich in der Regel ein Hügel, gekennzeichnet je nach
Reichtum oder Ansehen der Familie
mit einer schlichten Platte, einer Stele,
einem Grabmal mit Reliefs oder Statuen oder auch mit einer großen Vase.
Ab dem 6. Jahrhundert errichtete man
Grabmonumente, später ganze Grabbezirke mit prächtiger Ausstattung. Bis
um 500 v. Chr. war der Aufwand um die
Gräber aber so groß geworden, dass es
erste Gesetze zur Einschränkung des
Grabluxus gab. Ab dem letzten Viertel
des 5. Jahrhunderts entstanden erneut
aufwendige Grabmäler – besonders beliebt waren Reliefs mit Abschiedsszenen
und Trauernden – und im 4. Jahrhundert
mussten nochmals per Gesetz bescheidenere Formen vorgeschrieben werden. Die
Androhung von Strafen und Bußgeldern
führte nun dazu, dass Gräber nur noch
mit kleinen Säulen oder Altären geschmückt waren.

Das Grab selbst – eine durchlässige
Stelle zur Totenwelt – war den Griechen
unheimlich, hausten an solchen Orten
doch dämonische Wesen. Vielleicht trieben sich Sirenen (Abb. 53) dort herum,
deren Geschichte Homer in der *Odyssee*
erzählte. Nachdem Odysseus ihrem todbringenden Gesang widerstanden und
so ihre Macht gebrochen hatte, geleiteten die geflügelten Sirenen nun mit ihren
Liedern die Toten ins Jenseits, trauernd
sangen und wachten sie auch an den
Gräbern. Wie die Vorstellung von vielen anderen Fabelwesen stammte auch
die von den Sirenen ursprünglich aus

stand von dreißig Tagen folgten weitere
Zeremonien, anschließend wurden das
Trauerhaus und seine Bewohner rituell
gereinigt. Während der Trauerzeit galten
die Hinterbliebenen als unrein, da sie mit
dem Tod in Berührung gekommen waren.

Zu den Pflichten der Angehörigen
gehörte neben der Grabpflege – das
Schmücken der Grabmäler mit Blumen,
Bändern oder Kränzen und das Salben
mit Duftölen – die Wiederholung der Totenopfer aus Speise und Trank (Wasser,
Wein, Milch und Honig) zu festgelegten
Zeiten. Durch einen kleinen Schacht
konnte die Nahrung ins Grab geschüttet
werden. Meist gehörte der Totenkult zu
den Aufgaben der Frauen. Die ganze Familie traf sich außerdem an besonderen
Tagen zu einem Gedenkmahl am Grab
und vollzog Riten zur Besänftigung der

■ Abb. 54a
Totenklage

Salbölgefäß (Lekythos) des Sabouroff-Malers ■
Athen, um 440–430 v. Chr. ■ Ton, weißgrun-
dige Maltechnik, rote, schwarze und braune
Bemalung; H 35,8 cm, Dm 10,2 cm ■ Inv. Nr.
Cg 195

■ Abb. 55
Nike mit Viergespann

Weinkanne (Oinochoe) der Stuttgart-Gruppe ■
Apulien, 330–300 v. Chr. ■ Ton, rotfigurige
Maltechnik, weiße, rote und gelbe Deckfarbe;
H 46,8 cm, Dm 18,1 cm ■ Inv. Nr. Cg 445 ■
Geschenk des Fördererkreises für die Reiss-
Engelhorn-Museen

Die Nike mit dem Viergespann erinnert daran,
dass der Tod den Menschen so schnell wie sie
aus dem Leben reißen und in die andere Welt
entführen kann. Sie steht so für das Geleit der
Verstorbenen ins Jenseits.

■ Abb. 54b
Umzeichnung des Vasenbildes

■ Abb. 56
Todesdämonen und Skylla
Askos des Mignot-Malers ■ Apulien, um
300 v. Chr. ■ Ton, rotfigurige Maltechnik,
weiße, rote und gelbe Deckfarbe; H 31,7 cm,
L 25 cm, Dm 27,6 cm ■ Inv. Nr. Cg 230

Gefäßen (Hydrien) gebracht. Für die Trankopfer standen spezielle Kannen bereit wie die Weinkanne aus Apulien mit der Darstellung der Nike auf einem Viergespann (Abb. 55). Sie hat keinen Boden, damit der Trank für den Verstorbenen direkt ins Grab floss. Außerdem füllte sie sich so nicht mit ›profanem‹ Regenwasser, wenn sie am Grab stand.

Viele in Unteritalien gefertigte Gefäße waren nie für eine Verwendung im Alltag vorgesehen. Mal fehlt jegliche Gebrauchsspur, mal sind die Henkel zu filigran und daher untauglich. Übergroße, ja geradezu monumentale Gefäße waren kaum mehr handhabbar und dienten lediglich als Statussymbol.

Der mit Todesdämonen bemalte Askos, dessen Form sich von einem Schlauch aus Tierhaut ableitet, war ebenfalls von vornherein unbrauchbar, weil eine Hundefigur über den Ausguss modelliert wurde. Wichtig waren an dem Gefäß wohl hauptsächlich die Bilder: Seetiere sowie das Seeungeheuer Skylla als Griff verweisen auf die Totenwelt jenseits des Meeres (Abb. 56).

Den Dienst an den Toten zeigen die Bemalungen einer unteritalischen Schale (Abb. 57) und die eines Weinmischgefäßes (Krater) aus Apulien (Abb. 58). Im Innenbild der Schale begegnet Elektra ihrem trauernden Bruder Orest am Grab des Vaters Agamemnon, an dem sie mit einem Wassergefäß im Arm steht. Kränze und Bänder schmücken das Grab.

Im Hauptbild des Kraters sieht man die Verstorbene in ihrem monumentalen tempelartigen und weißen Grabbau (Naiskos) sitzen. Ihre ebenfalls weiße Haut zeigt an, dass sie keine reale Per-

dem Orient und wurde im 7. Jahrhundert v. Chr. in den griechischen Kulturkreis aufgenommen.

Ausschließlich für den Grabkult gab es ganz bestimmte Formen von Tongefäßen. In weißgrundig bemalten Lekythen stand kostbares Salböl als Opfergabe am Grabmal (Abb. 54). Die Bilder darauf zeigen oft Szenen von Sterben und Tod: die Bestattung, das Wehklagen, den Besuch der Angehörigen am Grab oder den Aufenthalt des Verstorbenen in der Unterwelt.

Zum Reinigen des Grabmals war Wasser notwendig, es wurde in besonderen

■ Abb. 57

Orest und Elektra am Grab von Agamemnon

Schale des Malers von Neapel 2585 ■ Paestum (Unteritalien), um 320–310 v. Chr. ■ Ton, rotfigurige Maltechnik, weiße, rote und gelbe Deckfarbe; H 10,9 cm, Dm 41 cm ■ Inv. Nr. Cg 361

■ Abb. 58

Verstorbene im Naiskos

Weinmischgefäß (Volutenkrater) ■ Apulien, um 350–300 v. Chr. ■ Ton, rotfigurige Maltechnik, weiße, rote und gelbe Deckfarbe; H 51,2 cm, Dm 28 cm ■ Inv. Nr. Cg 198

Die Darstellung des Eros über dem Grabbau hängt mit der Vorstellung zusammen, er verkörpere eine schöpferische Macht, durch die man sich Unsterblichkeit erhoffen könne.

69

son ist, sondern nur ein Abbild der Toten. Zwei Frauen bringen Opfergaben für sie herbei. Die Kluft zwischen Lebenden und Toten bleibt aber unüberwindlich, denn viele solcher Vasenbilder mit Verstorbenen in einem Grabbau erwecken den Anschein, als ob diese von den kultischen Ehren keine Notiz nehmen.

KRIEG IST ALLTAG

Im antiken Griechenland waren Friedenszeiten die Ausnahme, meist herrschte irgendwo Krieg. Einzelne, Interessengruppen und Städte stritten sich ständig um Ehre, Geld, Macht, Land, Einfluss und Kontrolle über Bodenschätze oder andere Ressourcen der Natur. In Städten mit Bürgerarmeen konnten die Männer ab 18 Jahren mehrmals zum Kriegsdienst eingezogen werden. Wohlhabende vermieden oft den Militärdienst, indem sie an eigener Stelle Sklaven entsandten.

Zahlreiche Bilder von Kampfhandlungen und Kriegern, die sich von ihren Familien verabschieden (Abb. 59), sich gerade rüsten oder den Streitwagen besteigen, bezeugen die Allgegenwart des Krieges. Tapferkeit im Kampf galt als höchste männliche Tugend, auf dem Schlachtfeld brachte sie ewigen Ruhm. Der Sport in der Palästra oder im Gymnasion diente daher hauptsächlich dem Training für das Militär.

Die Ausrüstung der Krieger

Kampftechniken und Ausrüstung der Krieger veränderten sich im Laufe der Zeit. Seit der Bronzezeit schützten Helme mit hohem Busch und Schilde in unter-

■ Abb. 59

Abschiedsopfer eines Kriegers im Beisein der Siegesgöttin Nike

Detail von einem Vorratsgefäß (Stamnos) des Hermonax ■ Aus einem Kammergrab in Petrignano, Italien; Athen, um 460–450 v. Chr. ■ Ton, rotfigurige Maltechnik; H 37,2 cm, Dm 39,3 cm ■ Inv. Nr. Cg 59

schiedlichen Formen Kopf und Körper, während Speere und Schwerter die Angriffswaffen waren. Die großen Epen berichten von kriegsentscheidenden Zweikämpfen zwischen Einzelnen (Abb. 60). Die historisch fassbare Kriegsführung sah seit dem späten 7. Jahrhundert v. Chr. jedoch anders aus: Auf jeder Seite kämpfte eine Phalanx, eine breite, geschlossene Formation von gleichartig bewaffneten Soldaten. In sie reihten sich alle ein, der Adlige schlug sich neben dem Bauern, so wuchs in der gemeinsamen Verteidigung der Heimatstadt das Zusammengehörigkeitsgefühl. Neben der schweren Rüstung aus Bronze, bestehend aus Helm, Brustpanzer und Beinschienen, schützte

■ Abb. 60

Zweikampfszene und skythischer Bogenschütze

Detail von einer Schale aus dem Umkreis des Bonner Malers ■ Athen, um 500–490 v. Chr. ■
Ton, rotfigurige Maltechnik, rote Deckfarbe; H 10,2 cm, Dm 33,4 cm ■ Inv. Nr. Cg 360

Im realen Leben kämpften Krieger niemals nackt. Derartige Vasenbilder illustrieren die Vorstellung
der Griechen von der *Kalokagathia*, der Einheit von Ethik und Ästhetik: Was schön ist, ist auch gut.
Ein schöner, trainierter Körper galt als Garant auch der inneren Werte wie Tapferkeit und Ehrbarkeit.

■ Abb. 61

Krieger zwischen Reitern

Detail von einer Trinkschale (Siana-Schale) des Taras-Malers ■ Athen, 560–550 v. Chr. ■ Ton,
schwarzfigurige Maltechnik, rote und weiße Deckfarbe; H 12,5 cm, Dm 34,3 cm ■ Inv. Nr. Cg 352

71

■ Abb. 62
Wendendes Viergespann
Detail von einem Vorratsgefäß (Amphora) der Gruppe E ■ Athen, um 540 v. Chr. ■ Ton, schwarz-
figurige Maltechnik, weiße und rote Deckfarbe; H 39,6 cm, Dm 27,5 cm ■ Inv. Nr. Cg 347

Darstellungen von Viergespannen waren auf Amphoren aus der Zeit um 540 – 510 v. Chr. sehr beliebt.
Die Amphora in Mannheim zeigt ungewöhnliche Ansichten: auf Seite A eine Frontalansicht des ruhig
stehenden Gespanns, auf Seite B das Gespann beim Wenden. Wagenrennen waren nicht nur sportliche Wettkämpfe, sondern auch Training für die Feldzüge.

noch ein massiver hölzerner Rundschild
(griech. *hoplon*) die Kämpfer, nach ihm
wurden sie Hopliten genannt. Mit langen Lanzen und Speeren zogen sie in die
Schlacht, unterstützt von Steinschleude-
rern und Bogenschützen sowie der Reiterei (Abb. 61).

Für die Verteidigungswaffen verwendeten die Hersteller Bronze, Leder und
Textilien. Den Oberkörper bedeckte ein
kurzer Panzer aus Bronze oder – deutlich
leichter, aber nicht weniger effektiv – aus
mehrlagigem, miteinander verklebtem
Leinen. Um die Hüfte wurde als Schutz
eine Art Rock aus Lederstreifen (griech.

zoma) gebunden. Den bronzenen Beinschienen (Abb. 63) verlieh ein Futter aus
weichem Leder oder Filz Tragekomfort.

Auch die Helme waren auf diese Art
gefüttert. Der sogenannte korinthische,
in einem Stück geschmiedete Helm
umschloss mit Wangenklappen und
Nasenschutz fast vollständig den Kopf
des Kriegers. Für die Sicht blieben nur
kleine Öffnungen in Augenhöhe. Während dieser Typus in Griechenland ab
dem 5. Jahrhundert v. Chr. nicht mehr
gebräuchlich war, hielt er sich in den
griechischen Kolonien in Süditalien noch
längere Zeit. Dort wurden die Öffnun-

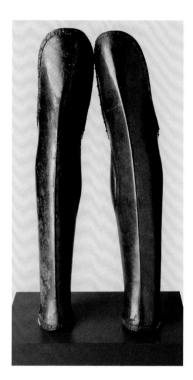

■ Abb. 64
Helm vom apulisch-korinthischen Typus
Unteritalien, spätes 6. oder 5. Jh. v. Chr. ■
Bronze; H 15,7 cm, L 27,8 cm, B 17,6 cm ■
Inv. Nr. Ce 9 (N)

■ Abb. 63
Beinschienenpaar
Unteritalien oder Sizilien, Ende 6. Jh. v. Chr. ■
Bronze; H 11,2 / 11,5 cm, L 46,3 / 46,5 cm ■
Inv. Nr. rem 13856

Die plastisch modellierten Klemmschienen umschlossen den gesamten Unterschenkel. Ritzlinien bildeten die Wadenmuskulatur nach. Die Bohrungen am Rand verweisen auf die ursprüngliche Polsterung.

gen für Augen, Nase und Mund allmählich so klein, dass die Helme ihre Funktion als Kopfschutz verloren (Abb. 64). Offenbar kamen Helme dieses Typus dann nur noch bei Zeremonien, als Weihgeschenk oder als Grabbeigabe zum Einsatz.

Angriffswaffen waren Speere, Lanzen und Schwerter. Dolche waren dagegen eher Rangabzeichen. Im makedonischen Heer, das Alexander im 4. Jahrhundert v. Chr. zu seinen Siegen führte, kämpften neben einer schnellen Reiterei Soldaten mit einer charakteristischen Waffe: der Sarissa, einer bis zu sechs Meter langen, von einer Eisenspitze gekrönten Lanze aus dem leichten, aber festen Holz der Kornelkirsche. Mit dem Dorn am unteren Ende, dem Lanzenschuh, konnte sie schräg in den Boden gerammt werden, um angreifende Reiter abzuwehren. Der Dorn war außerdem die Ersatzwaffe, falls die Lanze brach.

Daneben waren Pfeil und Bogen sowie Schleudergeschosse aus Blei (Abb. 65) im Einsatz. Sie ähneln Pflaumen- oder Olivenkernen und haben sich

zu Tausenden erhalten. Schleuderbleie waren eine effektive Waffe von hoher Reichweite (bis zu 300 m) und Aufschlagenergie, die schwere Verletzungen verursachten. Die kleinen Geschosse flogen geräuschlos und waren kaum zu sehen, man konnte sie schlecht einschätzen, geschweige denn sich gegen sie schützen.

Außerdem konnten sie schnell vor Ort und in gewünschter Menge hergestellt werden. Zum Gießen nutzte man eine zweischalige Form, wie die Naht zeigt. Einige Bleie tragen mitgegossene Inschriften oder Symbole wie Blitzbündel und Heroldsstab (griech. *kerykeion*). Der Blitz verweist auf Zeus, er sollte die Treffsicherheit erhöhen. Es finden sich aber auch Namen und Schmähungen des Gegners. Die Römer übernahmen diese Waffenart in hellenistischer Zeit; sie änderten die Formen, die Geschosse wurden länger und schwerer.

DACH ÜBER DEM KOPF

Ein geordnetes Ganzes

Enge, gewundene Gassen mit unregelmäßigen Häuserformen prägten das Stadtbild Athens und anderer griechischer Städte, die auf älteren Vorgängersiedlungen gewachsen waren. Neugründungen wie Selinunt auf Sizilien unterschieden sich davon deutlich. Die Grundfläche der griechischen Koloniestädte des 7. und 6. Jahrhunderts v. Chr. gliederte ein Straßennetz mit Hauptachsen und Seitenstraßen in gleich breite Streifen, die wiederum in Parzellen unterschiedlicher Größe unterteilt waren. Auf ihnen entstanden die privaten, öffentlichen und religiösen Bauten. Ein derartiges Rastersystem weist Vorteile auf: Die Vermessung des zur Verfügung stehenden Landes und die Einteilung in Parzellen sowie deren Be-

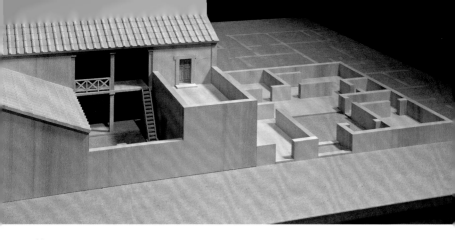

■ Abb. 66

Rekonstruktion eines Wohnhauses (nach dem Befund in Olynth)
Maßstab 1:50; Modell: Werkplan, Karlsruhe (2006) ■ Birnbaum; H 18 cm, 100 x 100 cm ■
Inv. Nr. Mo 1

bauung werden vereinfacht. Die geraden Straßenzüge sorgen außerdem für eine gute Durchlüftung. Nicht nur im griechischen Raum, auch im Vorderen Orient, in Ägypten und Etrurien sind regelmäßig angelegte Städte bereits aus archaischer Zeit bekannt. Die von griechischen Autoren wie Aristoteles vertretene Meinung, Hippodamos von Milet (5. Jahrhundert v. Chr.) sei der Begründer der neuen Form des Städtebaus mit vollständig orthogonalem Plan (»Schachbrettmuster«), trifft daher nicht ganz zu.

Unter den Planstädten ist insbesondere Olynth in Nordgriechenland zu erwähnen, das 432 v. Chr. erheblich erweitert wurde, indem man neue Stadtbezirke als Quadrate mit rechtwinkligem Straßengrundriss wie bei einem Baukastensystem anfügte. In der Forschung noch immer umstritten ist die Bebauung dieser Quadrate mit sogenannten Typen-

häusern, also in Reihen angeordneten Häusern mit immer gleichem Grund- und Aufriss (Abb. 66). Die Ausgrabungen stoßen bekanntlich immer nur auf den Endzustand, der das Ergebnis von Überbauungen oder Ausweitungen ist. Die ursprüngliche Form der Häuser ist daher kaum zu erschließen. Ein normierter Typus kann infolgedessen nicht als gesichert gelten.

Schöner wohnen

Am Beginn der griechischen Wohnarchitektur stand im 1. Jahrtausend v. Chr. das Haus mit integrierter Herdstelle (daher heißt dieser Haustyp ›Herdhaus‹), es wurde später mit weiteren Räumen ergänzt. In geometrischer und archaischer Zeit kamen Apsidenhäuser, Ovalhäuser und rechteckige Bauten hinzu.

Nachdem der Innenhof als Raumelement an Bedeutung gewonnen hatte, entstanden in klassischer Zeit zwei neue Grundtypen: das Pastashaus, bei dem eine Halle quer zwischen dem Innenhof mit seinen seitlichen Wirtschaftsräumen und den oft zweigeschossig angelegten Wohnräumen lag, und das Prostashaus, bei dem die Querhalle nur noch ein schmaler Eingangsbereich zu den Wohnräumen ist.

Der Pastastyp wandelte sich im 4. Jahrhundert zum Peristylhaus, indem sich die Querhalle zu einem von Säulen getragenen Umgang um alle vier Seiten des Innenhofes entwickelte. Diese nun sehr repräsentative Freifläche (griech. *peristylion*) war häufig als Garten gestaltet. Bei entsprechender Vergrößerung war dieser Haustyp als Königsresidenz nutzbar und wurde später zum Vorbild für die Villen der Römer.

Für das richtige Bauen gab es durchaus Theorien. So legte der Athener Politiker und Schriftsteller Xenophon (ca. 430–355 v. Chr.) in seiner Dialogschrift *Oikonomikos* (Über die Haushaltsführung; 9,3) die Gedanken über Licht und Wärme dar: Häuser sollten demnach nach Süden offen und so ausgerichtet sein, dass sie im Winter von der Sonne beleuchtet und gewärmt würden, im Sommer jedoch genügend Schatten böten.

Möglich war dies natürlich nur denjenigen, die sich den Platz und die Gestaltung für ihr Haus aussuchen konnten, denn Wohnen spiegelte auch in der Antike den sozialen Status wider. In Athen lehnten sich Bretterverschläge für die Allerärmsten an die Stadtmauern, in den ärmeren Vierteln gab es überwiegend Häuser aus Stroh und Lehm mit nur zwei bis drei kleinen, ebenerdigen Zimmern. Die Fußböden waren aus Lehm oder gestampfter Erde. Stabiler gebaut waren mehrstöckige Mietshäuser mit Zwei- bis Dreizimmerwohnungen, zu denen jeweils eine Außentreppe führte. Sie wurden seit dem 4. Jahrhundert v. Chr. errichtet.

Bei den vielräumigen, meist zweistöckigen Häusern der Wohlhabenden erhoben sich die Wände aus luftgetrockneten und verputzten Lehmziegeln oft auf Steinfundamenten. Holzbalken verstärkten die Wände, Türen und Treppen waren ebenfalls aus Holz. Die Böden waren hier gepflastert oder sogar mit Mosaiken geschmückt (Abb. 67).

Der offene Innenhof ließ Licht und Luft herein. Hier wurde gekocht, gearbeitet oder am Hausaltar gebetet. In reich ausgestatteten Privathäusern gab es bereits seit dem 7. Jahrhundert v. Chr. nur für die Männer das Andron (von griech. *aner,* Mann*),* einen Empfangs-, Speise- und Repräsentationsraum nahe am Eingang bzw. dem Innenhof. Die Wohnräume der Frauen (griech. *gynaikonitis*) lagen weit weg davon, oft im Obergeschoss, in das kein Fremder kam.

Zur Straße hin wirkten die Häuser mit ihren nur wenigen Fenstern verschlossen und abweisend. Holzläden hielten die Sommerhitze ab, Gitter aus Metall und Holz unliebsame Gäste. Die Privatsphäre war somit geschützt, Hab und Gut sicher.

Gedeckt waren die schrägen Dächer mit flachen und bogen- oder giebelförmigen Ziegeln, auf denen das Regenwasser gut ablief. Zum Schutz der Wände vor Feuchtigkeit leiteten Wasserspeier am Dachrand das Wasser möglichst weit vom Gebäude ab (Abb. 68). Sie waren

■ Abb. 67

Pella (Makedonien), Fußbodenmosaik aus Kieselsteinen mit Rautenmuster

Im 5. und 4. Jahrhundert v. Chr. legte man Mosaiken aus farbigen Kieselsteinen, entweder in geometrischen Mustern oder als figürliche Szenen.

häufig als Löwenköpfe geformt, durch deren Maul das herabrinnende Wasser abfloss. Solche Wasserspeier fanden sich an allen Gebäuden, an Privathäusern wie an Tempeln.

Vor allem in den westgriechischen Koloniestädten bildete jeweils eine halbkreisförmige Platte (Antefix) den unteren Abschluss der Ziegelreihen. Oft trug diese das Relief eines Löwen-, Satyr-, Mänaden- oder auch Gorgonenkopfs. Denn die von Perseus enthauptete Gorgo galt als Sinnbild des Schreckens und sollte mit ihrem Blick das Haus vor Unheil schützen. Wohl ebenfalls als dämonenartige Gestalt ist der Stirnziegel mit dem geflügelten und von einer Löwenfell-Kappe bedeckten Kopf zu deuten (Abb. 69).

In den Häusern wurde gelebt und zugleich gearbeitet, neben Werkstätten für Handwerker fanden sich manchmal außerdem kleine Kultstätten. Schriftquellen erzählen von Immobiliengeschäften wie Vermietung und Verkauf. Wegziehende Besitzer oder Bewohner nahmen allerdings schon mal Türen und Dachziegel mit, um diese teuren Materialien an anderer Stelle wieder zu verwenden.

Die Möblierung bestand aus hölzernen Liegen oder Betten, Tischen und Stühlen, Truhen und Textilien. Holz und Fasern erhalten sich nur selten, deshalb kann man das Aussehen der Möbel oft nur aus Darstellungen auf Vasen, in Reliefs und Wandmalereien erschließen. Neben dem Bett als wichtigstem Ein-

■ Abb. 68
Wasserspeier in Form eines Löwenkopfs
Selinunt (Sizilien), 4. Jh. v. Chr. ■ Ton;
H 17,8 cm, B 16,2 cm, L 18,7 cm ■ Inv. Nr. Ca
23 (N) ■ Geschenk des Fördererkreises für die
Reiss-Engelhorn-Museen

■ Abb. 69
Stirnziegel mit geflügeltem Kopf, der
eine Kappe aus Löwenfell trägt
Tarent (Unteritalien), spätes 4. Jh. v. Chr. ■
Ton; H 20,3 cm, L 19,2 cm, B 12 cm ■ Inv.
Nr. Ca 13

richtungsstück gab es Fußbänkchen und Tische (Abb. 41a) sowie Truhen und Kisten zur Aufbewahrung der Besitztümer. Sie waren manchmal verziert und hatten meist einen flachen Deckel mit Scharnieren aus Holz. Schränke für Kleider oder Geschirr waren selten und wurden erst in römischer Zeit in größerer Zahl angefertigt. Zu den Sitzmöbeln gehörten Schemel, Klappstühle und Lehnstühle (Abb. 36, 39, 72, 73, 177, 189). In reicheren Haushalten waren Teppiche auf Böden und Wänden anzutreffen oder Stoffe an Türen und Fenstern, als Schmuck und zugleich Isolierung.

Geheizt wurde mit wenig Rauch erzeugender Holzkohle in Metallbecken. Dies war umso wichtiger, als es kaum Rauchabzüge oder gemauerte Kamine gab. Der Rauch entwich oft nur unter einem lockeren Dachziegel, der dafür mit einer langen Stange angehoben wurde.

Die wichtigste Lichtquelle war Sonnenschein, in den dunkleren Stunden behalf man sich seit dem 8. Jahrhundert v. Chr. mit Öllampen aus Ton, wieder einmal ein Import aus dem Vorderen Orient. In der Frühzeit lagen die Dochte in einer Ausbuchtung in handgeformten, oben offenen Schalen. Da Brennstoff noch teuer war, wurden erst ab 500 v. Chr. Lampen auch vermehrt im privaten Bereich genutzt. Man drehte sie jetzt auf der Töpferscheibe und gab ihnen eine neue, geschlossene Form. Als sich in hellenistischer Zeit zweiteilige Model für die Herstellung durchsetzten, wurden Tonlampen zur Massenware. Sie hatten nun meist zwei Öffnungen: eine für das Befüllen, eine für den Docht.

Die Hausbewohner, vor allem die männlichen, wuschen sich im Hof, für ein Badezimmer mit Sitzbadewanne aus Ton musste man wohlhabend sein. Seit dem

■ Abb. 70
Pella (Makedonien), öffentliches Bad mit Sitzbadewannen

5. Jahrhundert v. Chr. gab es öffentliche Bäder mit Reihen von Sitzbadewannen entlang der Wände (Abb. 70). Sie kosteten wenig Eintritt und standen Männern und Frauen offen, unterschiedliche Nutzungszeiten oder getrennte Räumlichkeiten sorgten dafür, dass sich die Geschlechter nicht begegneten.

Das Wasser kam aus Quellen, Regenwassersammelgefäßen und Zisternen über teils unterirdisch verlegte Ton- oder Bleirohre in die Häuser, außerdem gab es Brunnen in den Innenhöfen. Wem all dies nicht zur Verfügung stand, musste Wasser aus den öffentlichen Brunnen holen.

Mit dem Abfall ging man sorglos um. Fäkalien und Müll häuften sich in den Straßen, durch die auch das Abwasser floss. Die hygienischen Verhältnisse

waren – vorsichtig formuliert – problematisch. Erst im 4. Jahrhundert v. Chr. erhielten einige Städte eine Kanalisation. Die Notdurft zuhause verrichtete man in Nachttöpfe, deren Inhalt dann auf den Straßen landete – ein deutlicher Rückschritt, denn die Minoer hatten bereits im 2. Jahrtausend v. Chr. Sanitäranlagen mit Wasserspülung gekannt!

Wiederaufgreifen der Antike

Aus der Antike überlieferte Prinzipien für die Neuanlage von Städten übernahmen auch die Baumeister der Renaissance. Dem Entwurf für eine derartige Idealstadt folgte der Grundriss der 1606 von Kurfürst Friedrich IV. von der Pfalz (1574– 1610) gegründeten Stadt und Festung Mannheim. Die Zitadelle Friedrichsburg

■ Abb. 71
Die Residenzstadt Carl Theodors aus der Vogelschau
Joseph Anton Baertels, 1758 ■ Radierung/Kupferstich; 65 x 79 cm ■ Inv. Nr. A 35

Die Ansicht zeigt Mannheim vom Neckar her und präsentiert die Stadt als architektonischen Rahmen für die Schlossanlage, die wie eine Bekrönung wirkt.

war durch breite, von einem zentralen siebeneckigen Platz ausgehende Straßen gegliedert, die zugehörige Bürgerstadt von rechtwinklig sich kreuzenden Straßen und dem Marktplatz in der Mitte bestimmt. Aus der damaligen Zeit sind außerdem Bauvorschriften mit der Vorgabe von Modellhäusern überliefert. Unter Kurfürst Carl Philipp (1661–1742) begann seit 1709 die Vereinigung von Stadt und Festung, 1720 wurde der Grundstein zum Schloss gelegt. Das geometrische Raster bestimmte nun das gesamte Stadtgebiet (Abb. 71).

■ Abb. 72
Frauengemachszene
Innenbild einer Schale des Sabouroff-Malers ■ Athen, um 460 v. Chr. ■ Ton, rotfigurige Maltechnik, weiße Deckfarbe; H 7,4 cm, Dm 27,2 cm ■ Inv. Nr. Cg 182

Eine Frau hält ein Salbölgefäß und ein gemustertes Tuch in ihren Händen. Stuhl und Korb verweisen darauf, dass sie sich im Inneren eines Haus aufhält.

Bescheiden, still und unauffällig

Kunstwerke und literarische Quellen überliefern das altgriechische Idealbild der ehrbaren bürgerlichen Frau: schön, gehorsam, besonnen, fleißig und tugendhaft. Einige Intellektuelle verbreiteten zudem die Überzeugung, dass Männer gewisse Charakterzüge mit den Göttern teilen, Frauen dagegen viele Eigenschaften mit den Tieren – inzwischen kaum noch vorstellbar, geschweige denn nachzuvollziehen!

Männer bestimmten das öffentliche und politische Leben, Frauen waren davon ausgeschlossen, nur bei besonderen Anlässen wie Götterfesten und dann auch nur in Begleitung eines Mannes durften sie in der Stadt erscheinen. Sie hatten zwar das Bürgerrecht, aber politische Ämter waren ihnen verwehrt, und niemand kam auch nur auf die Idee, ihnen das Wahlrecht zu gewähren. Sie waren rechtlich unmündig und rechtsunfähig, somit grundsätzlich von Vater oder Ehemann, dem Haushaltsvorstand (griech. *despotes*), abhängig.

Sozialer Status und finanzielle Verhältnisse bestimmten den Handlungsspielraum einer Frau, allerdings umgekehrt proportional: Adlige und reiche Athener hielten ihre Gemahlinnen und

■ Abb. 73
Frau mit Spindel
Salbölgefäß (Lekythos) des Karlsruher Malers ■
Athen, um 450 v. Chr. ■ Ton, rotfigurige
Maltechnik, weiße Deckfarbe; H 21 cm,
Dm 6,6 cm ■ Inv. Nr. Cg 190

Die mit Chiton, Mantel und Haube bekleidete
Frau steht neben einem Stuhl mit hoher Rücken-
lehne und hält in der linken Hand eine Spindel.
Vor ihr steht ein hoher, mit Wolle gefüllter Korb.

Töchter sozusagen unter Verschluss und
verachteten die Männer, deren weibliche
Familienmitglieder aus finanziellen Gründen aushäusig arbeiten mussten, sei es
auf dem Markt als Händlerin, im Handwerk oder in anderen Berufszweigen.
Frauen von niederem Rang hatten damit
die größeren Freiräume.

Nur im religiösen Bereich waren die
Frauen den Männern ebenbürtig: Als
Priesterinnen leiteten sie Kult- und Op-
ferhandlungen, nahmen Weihungen vor
und richteten Feiern für die Gottheiten
aus. Ebenso große Bedeutung kam den
Frauen im Totenkult zu, weil sie den
Leichnam für die Bestattung vorbereite-
ten, die Gräber pflegten und die vorgeschriebenen Opfer vornahmen.

Das profane Frauenleben spielte sich
vor allem im Haus ab, in den separier-
ten Räumen (griech. *gynaikonitis*) im
Obergeschoss oder im hinteren Teil des
Gebäudes (Abb. 72). Nur dort durften sie
im Rahmen ihrer Fürsorge für Haushalt
(griech. *oikos*) und Kinder selbständig
handeln, natürlich immer unter der Aufsicht des Familienoberhauptes.

Zum ›Haushaltsmanagement‹ gehörten Zuteilung und Überwachung der
Arbeiten für die Sklaven und die Vorrats-
planung sowie als ›weibliche‹ Tätigkeit
die Herstellung von Textilien. Wert und
Ruf einer Frau bemaßen sich geradezu
nach ihrer Hingabe an diese manchmal
mythisch überhöhten Arbeiten. Sie reichten vom Spinnen des Fadens (Abb. 73)
über das Weben der Stoffbahnen bis zum
Nähen der Kleidungsstücke und der Anfertigung von Kissen, Überwürfen und
sonstiger im Haus benötigter Textilwa-
ren. Für ihre Pflege musste viel Wasser

■ Abb. 74

Wassergefäß (Hydria) des Baltimore-Malers

Angeblich in Canosa gefunden; Apulien, um 340–320 v. Chr. ■ Ton, rotfigurige Maltechnik,
weiße und gelbe Deckfarbe; H 33 cm, Dm 24,5 cm ■ Inv. Nr. Cg 358

vom öffentlichen Brunnen geholt oder
die Wäsche selbst dorthin gebracht werden – eine der seltenen Gelegenheiten,
der männlichen Aufsicht zu entkommen.

Liebe war für die Eheschließung un-
erheblich, denn allein die Männer einer
Familie bestimmten, für welchen Bräutigam ein heiratsfähiges Mädchen auser-

sehen wurde. Es ging um das Knüpfen von wirtschaftlich, politisch oder sozial vorteilhaften Verbindungen sowie um das Sichern von Ruhm und Fortbestand der Familien durch Nachkommen. Die Väter des künftigen Paares beschlossen eine förmliche Verlobung, und bei der Heirat gingen die 13- bis 15-jährigen Mädchen aus der Vormundschaft des Vaters in die ihres meist viel älteren Ehemannes über. Das wichtigste Element der Hochzeitszeremonie war daher die Überführung der Braut in das Haus des Gatten, in neue Verhältnisse und eine fremde Umgebung. Mehr als eine Braut dürfte wohl traumatischen Erfahrungen ausgesetzt gewesen sein. Erst mit der Geburt eines Kindes bewies sie ihre Tauglichkeit und wurde zur richtigen Ehefrau (griech. *gyne*). Kinderlosigkeit galt als Scheidungsgrund. Die Väter, nicht die Mütter gaben Leben, denn der Vater eines Neugeborenen entschied, ob es angenommen oder wegen eines Makels – oder auch nur eines ungünstigen Orakelspruchs – in der Nähe eines Tempels, an einer Straßenecke oder gar in der Wildnis ausgesetzt wurde. Die Mutter hatte sich dem Urteil zu fügen.

So war die Hochzeit das eine große Ereignis im Leben der Frauen, das alles Künftige bestimmte. Die Darstellungen auf Gefäßen für die Hochzeitsriten beschwören deshalb ein schönes Bild: Eros selbst überreicht der Frau einen Kranz oder andere Geschenke, zeichnet damit ihre Schönheit aus und steht für den Wunsch nach einer glücklichen und harmonischen Ehe (Abb. 74). Eros vertritt in diesen Bildern sozusagen den Bräutigam, eine schöne Illusion, um die sicher

oft unangenehme Wirklichkeit zu verschleiern.

Zu den Gefäßarten, die mit der Hochzeitszeremonie verbunden waren, gehörte in Unteritalien ein Kessel mit mehrteiligem Deckel, der *lebes gamikos* (Abb. 75), der vermutlich zum rituellen Brautbad gehörte. Derartige Deckelgefäße wurden später auch als Grabbeigaben hergestellt. Unser Beispiel war wohl ebenfalls dafür vorgesehen, die Darstellung der Sphinx lässt diesen Schluss zu, denn sie galt als Todesdämon oder Grabwächterin. Die funktionale Zweideutigkeit der Hochzeitskessel unterstreicht die Bedeutung der Heirat in der Antike, denn Hochzeit und Tod waren damals die wichtigsten Veränderungen im Leben, weshalb ihnen gleichartige Übergangsrituale zukamen.

Emanzipierte Etruskerinnen?

Der in zahlreichen Bildwerken und in einigen, allerdings nicht-etruskischen Schriftquellen geschilderte Lebenswandel der Etruskerinnen sorgte bei Griechen und Römern für Stirnrunzeln und Empörung – zu gegensätzlich waren deren Vorstellungen von einer ›ehrbaren‹ Frau. Allein die Darstellungen liebevoll verbundener Ehepaare, die sich etwa auf Aschenurnen finden, wirkten auf die Griechen geradezu schockierend. Und diese Etruskerinnen lagen sogar mit ihren Männern beim Bankett und bewegten sich frei in der Stadt!

Frauen sind auch als Zuschauerinnen bei sportlichen Wettkämpfen bildlich bezeugt. Dies beweist jedoch nicht, dass sie immer daran teilnehmen durften, es könnten auch Ausnahmen anlässlich der

Spiele zu Ehren von Verstorbenen oder es könnten ranghohe weibliche Mitglieder einer der Adelsfamilien sein.

Die Untersuchung der Bildquellen ergibt jedenfalls, dass die öffentliche Sichtbarkeit von Frauen in der Frühzeit (spätes 8. bis frühes 6. Jahrhundert v. Chr.) durchaus üblich war, was aber zunächst nur für Angehörige des Adels und später auch der bürgerlichen Schicht galt. Die archaische etruskische Bilderwelt gibt wie in anderen Kulturkreisen eine von Männern bestimmte Gesellschaft wieder, die Frauen lediglich als Mitgliedern von führenden Familien Platz und Rang zugestand, der hohe Status setzte hier die Einschränkungen der Geschlechterrolle außer Kraft. Die politische und wirtschaftliche Macht lag ausschließlich in den Händen der Männer, sie hatten Magistrats- und Priesterämter inne, nur sie waren die Erben von Haus und Besitz. Möglicherweise blieben die Frauen auch in Etrurien immer unter der Vormundschaft von Vater oder Ehemann, sie sollten wie in anderen antiken Kulturen gute Ehefrauen und Mütter sein und den Haushalt bestmöglich organisieren.

Die sozialen Veränderungen im 6. Jahrhundert v. Chr. führten offenkundig dazu, dass Frauen zunehmend aus dem öffentlichen Raum verdrängt wurden. An den Banketten nahmen sie jedoch weiterhin teil, wie die Wandmalereien in den Kammergräbern bezeugen.

Ein bedeutsamer Unterschied gegenüber griechischen und römischen Sitten bestand seit dem 4. Jahrhundert in der Namensgebung: Bei den Kindern wurde häufig auch der Name der Mutter angegeben. Auch wenn es nur eine begrenzte

■ Abb. 75
Deckelgefäß (Lebes gamikos) des Primato-Malers
Lukanien, 350–325 v. Chr. ■ Ton, rotfigurige Maltechnik; H 41,3 cm, Dm 21 cm ■ Inv. Nr. Cg 44

Zahl weiblicher Vornamen gab, können dadurch die Heiratsbeziehungen zwischen einzelnen Familien besser nachvollzogen werden.

Bei objektiver Prüfung stützen die Quellen jedenfalls nicht die bis ins frühe 20. Jahrhundert verbreitete These, dass die Etruskerinnen im Gegensatz zu den Frauen in Griechenland und Rom eine besonders gehobene Stellung innehatten – von Gleichberechtigung sollte erst recht nicht gesprochen werden!

85

Das Oberhaupt der römischen Familie war der Vater oder Vorstand der Familie, der *pater familias*, der bis zu seinem Tod über alle und alles entschied. Zur *familia* gehörten nicht nur engere Verwandte und alle Sklaven, sondern auch die Freigelassenen – ehemalige Sklaven der *familia* – und Gefolgsleute oder Klienten, die sich unter den Schutz eines einflussreichen Mannes (lat. *patronus*) stellten, sowie der gesamte materielle Besitz.

Wie in Athen konnten Frauen in Rom weder wählen noch ein Amt übernehmen. Sie standen unter der Vormundschaft von Vater, Ehemann oder einem anderen männlichen Verwandten, da ihr Geschlecht als schwach und leichtsinnig galt. Sie konnten kein Testament aufsetzen und keine Geschäfte abschließen. Letzteres änderte sich jedoch in der Umbruchzeit zwischen Republik und Kaiserzeit, weil die Bürgerkriege viele Männer zum Militär zwangen und die Ehefrauen während deren Abwesenheit alle Angelegenheiten regeln mussten, was mehr Freiheiten – zumindest bis zu einem gewissen Grad – mit sich brachte. In der Kaiserzeit konnten Frauen, die mindestens drei Kinder geboren hatten, sogar ein eigenes Vermögen erwirtschaften und damit Geschäfte tätigen. Sie ließen öffentliche Bauten errichten oder sponserten Feste und Spiele. Auch war es ihnen nun möglich, ihre Ehe scheiden zu lassen.

Entscheidend waren wieder einmal die Besitzverhältnisse, denn von diesen neuen Rechten profitierten vor allem die Frauen aus reichen Familien. In diesen Kreisen wurde Mädchen über die Einweisung ins Haushaltsmanagement hinaus eine Schulbildung zuteil, sie genossen Unterricht in Literatur, Naturwissenschaften und Mathematik.

Auch in Rom steuerten gesellschaftliche, finanzielle und politische Erwägungen die Wahl der Ehepartner. Die Verlobung (lat. *sponsalia*) war der wichtigste Teil der diesbezüglichen Verträge. Auch wenn eine Eheschließung bereits in sehr jungem Alter möglich war, mit zwölf Jahren für Mädchen und 14 Jahren für die Jungen, heiratete man in der Regel mit 20 respektive 30 Jahren. Die Ehe diente vorrangig dazu, den Fortbestand der Familie durch legitime Söhne abzusichern. Die Hochzeitszeremonien entsprachen weitgehend den griechischen: gemeinsames Opfer der Brautleute und Überführung der Braut in das Haus ihres Ehemannes. Ebenso glichen sich die Aufgaben einer Ehefrau (lat. *matrona*): Haushaltsführung und die Erziehung der Kinder. Innerhalb des Hauses war die Position der Römerinnen etwas besser als die der Griechinnen, denn sie galten dort als Mittelpunkt des sozialen Lebens und lebten nicht in abgeschiedenen Frauentrakten. Sie durften sich frei in der Öffentlichkeit bewegen, das Theater und die Veranstaltungen im Circus sowie die Thermen besuchen, sie konnten ihre Männer zu Einladungen in anderen Häusern begleiten oder am Abendessen im eigenen teilnehmen.

Das Leben der Kinder

Wohlhabende griechische Familien überließen ihre Säuglinge gleich nach der Geburt einer Amme, die das Kind in den ersten Jahren stillte und für sein

Wohlergehen sorgte. Bis sie sieben Jahre alt waren, lernten Jungen und Mädchen gemeinsam Lesen, Schreiben und Rechnen. Danach gingen die Knaben in eine privat finanzierte weiterführende Schule. Ab dem Alter von 18 Jahren konnten die Söhne griechischer Bürger für den Militärdienst herangezogen werden, auf den sie eine jahrelange sportliche Ausbildung vorbereitet hatte. Die Mädchen blieben bis zu ihrer Hochzeit im Haus des Vaters und erlernten die häuslichen Arbeiten und die Führung eines Haushalts. Zur Steigerung ihres Wertes auf dem Heiratsmarkt brachte man ihnen zudem bei, sich anmutig zu bewegen, zu singen und ein Musikinstrument zu spielen.

Dass auch die Kinder an religiösen Festen teilnahmen, belegen die bemalten Choenkännchen, die in großer Zahl in griechischen Kindergräbern und Siedlungen gefunden wurden (Abb. 76). Sie sind verkleinerte Versionen eines Kannentypus mit kleeblattförmiger Mündung, wurden nur vom Ende des 5. bis zum Anfang des 4. Jahrhunderts v. Chr. produziert und zeigen Kleinkinder bei verschiedenen Tätigkeiten und Spielen. Beim Choenfest am zweiten Tag der Anthesterien, einem Fest zu Ehren des Dionysos am Frühlingsanfang, erhielten alle dreijährigen Knaben ein derartiges Kännchen als Geschenk, gefüllt mit Wein und Wasser. Jetzt wurden auch die Namen der Kinder in die Bürgerliste eingetragen.

Die Erwachsenen feierten Dionysos an diesem Tag mit einem Wetttrinken, wobei ihre wesentlich größeren Kannen ungefähr drei Liter fassten. Kinder sind mannigfaltigen Gefahren ausgesetzt, die frühe Einweisung in die Götterfeste sollte

■ Abb. 76

Choenkännchen mit krabbelndem Kind
Athen, um 420 v. Chr. ■ Ton, rotfigurige Maltechnik, weiße Deckfarbe; H 6,5 cm, Dm 4,9 cm ■ Inv. Nr. Cg 201

wohl den göttlichen Schutz für die nächsten Lebensjahre sichern.

Eine andere Art, Kinder unter göttliche Obhut zu stellen, bildeten Votivgaben. Man stiftete im Heiligtum Statuetten und bat um Schutz vor Krankheiten und Unglück. Auch nach einer Genesung wurden Votive geweiht, in diesem Falle als Dankesgabe. Die Figur des laufenden Knaben mit den spielerisch erhobenen Armen (Abb. 77) war eine solche Votivgabe.

Im Alter von acht oder neun Tagen erhielten die Kinder der römischen Oberschicht ihren offiziellen dreiteiligen Namen, bestehend aus dem Vornamen (zum Beispiel Caius), dem Sippennamen

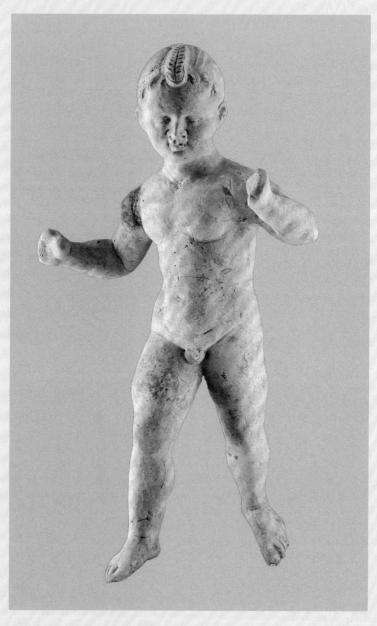

■ Abb. 77

Statuette eines laufenden Knaben

Wohl aus Sizilien, 2. Jh. v. Chr. ■ Ton; H 46 cm, B 23 cm, T 22 cm ■ Inv. Nr. Cc 196

(Julius) und dem Beinamen (Caesar). Bei dieser Zeremonie, den *nominalia,* erhielt das neue Familienmitglied eine Kapsel mit einem Amulett, die *bulla,* als Zeichen seiner freien Geburt. Es trug sie, bis mit 14 Jahren das Erwachsenenalter erreicht war. Ab da galten die Nachkommen als vollwertige Mitglieder der Gesellschaft, die Knaben wurden in die Liste der römischen Bürger eingetragen.

In Rom gab es keine Schulpflicht, aber gegen Schulgeld ließen gut gestellte Familien ihre Söhne und Töchter vom sechsten bis zum zwölften Lebensjahr in Lesen, Schreiben und Rechnen unterrichten. Eine höhere Bildung erhielten die Söhne danach in der Grammatikerschule und der Rhetorenschule, wo auf Latein und Griechisch gelehrt wurde. Die weitaus meisten Kinder aber stammten aus armen Verhältnissen und erhielten überhaupt keinen Unterricht. Sie mussten sobald als möglich arbeiten und ihre Familien unterstützen.

Spiel-Sachen

Spielzeug gab es für die Kinder nicht nur zum Zeitvertreib, sondern vor allem zum Einüben der Verhaltensweisen, die bei Erwachsenen gesellschaftlich erwünscht waren. Schon Platon befürwortete die gezielte Förderung natürlicher Begabungen durch richtiges Spielzeug und gelenkte Spiele – ein ausgesprochen moderner Ansatz!

Tierfiguren aller Art – Raubkatzen, Hähne, Pferde, Schweine, Widder und vieles mehr – waren zu allen Zeiten sehr beliebt. Oft waren die Figuren aus Holz oder gebranntem Ton zum Ziehen oder Schieben auf Räder montiert (Abb. 78).

Spielen konnten die Kinder auch mit Haustieren. Am beliebtesten waren Hunde – als Schoßhunde vor allem weiße Malteser, welche die Phönizier aus dem Spitz gezüchtet hatten – und Hasen. Katzen, heute nach Maßgabe der Zahlen das beliebteste Haustier überhaupt, waren außerhalb Ägyptens in der Antike noch wenig verbreitet. Sie sind in Griechenland und Rom erst spät anzutreffen und dann eher als Mäusefänger geschätzt. Dass Kinder sie jedoch als Spielgefährten mochten, zeigen römische Grabsteine, auf denen ihr Abbild zusammen mit dem der Kinder zu sehen ist. Unter den Vögeln sind vor allem Singvögel wie Nachtigallen belegt, andere zutrauliche Arten fanden ebenfalls Freunde. Das Steinhuhn (*Alectoris graeca*) beispielsweise wurde wie ein Haustier gehalten. Auf Grabreliefs und in den Händen von Weihestatuen ist es häufig abgebildet, ebenso auf Vasen.

Nachgewiesen ist die Existenz von Puppen im gesamten Mittelmeerraum seit dem 7. Jahrhundert v. Chr. Die meisten waren aus vergänglichen Materialien wie Textilien (›Lumpenpuppen‹), Holz oder Wachs gefertigt und sind daher im Gegensatz zu den tönernen Exemplaren kaum erhalten. Aus Elfenbein oder Bein geschnitzte Stücke stammen hauptsächlich aus römischer Zeit. Die beweglichen Glieder, die vielen Puppen Lebendigkeit verliehen, sind seit dem 5. Jahrhundert v. Chr. bezeugt. Natürlich findet man Puppen und andere Spielsachen auch in Gräbern, damit die verstorbenen Kinder im Jenseits etwas Vertrautes bei sich hatten.

Puppen hatten in Griechenland und Rom aber auch kultische Bedeutung:

■ Abb. 78

Pferd als Ziehtier

300–100 v. Chr. ■ Ton, bemalt; H 12,2 cm, B 5,6 cm, L 15,5 cm ■ Schenkung Dr. E. Homsy (Nr. 70)

Die Löcher knapp über dem Boden der Figur enthielten einst die Achsen für die Räder.

Junge Frauen stifteten sie vor ihrer Hochzeit als Weihegaben in Heiligtümern. Knaben, die mit Beginn der Pubertät ins Erwachsenenleben eintraten, weihten ihre Spielsachen einer Gottheit. Bei den Römern war es Brauch, den Kindern oder auch anderen Erwachsenen beim Fest der Sigillaria am 20./21. Dezember Puppen aus Ton (lat. *sigilla*) zu schenken.

Aus Bein geschnitzte Frauenfiguren, für die römische Zeit vor allem im östlichen Mittelmeergebiet überliefert, sehen zwar aus wie Gliederpuppen (Abb. 79), doch ist ungeklärt, ob sie wirklich als Spielgeräte zu deuten sind. In der Forschung hält man hauptsächlich wegen ihrer an frühe Idole erinnernden Form eine Verbindung zu Aphrodite bzw. Ve-nus oder einer Lokalgottheit für möglich. Die Statuetten dienten daher wohl als Votiv- oder Grabbeigaben.

Männliche Puppen entstanden im Laufe der zweiten Hälfte des 4. Jahrhunderts v. Chr. in Athen und waren bis ins 1. Jahrhundert n. Chr. verbreitet (Abb. 80). Vielleicht waren sie Spielzeuge für kleine Jungen, denn es gibt Exemplare, die wie Krieger bewaffnet sind.

Alter ist nicht schön

Die Welt der griechischen Antike ist jung. Die Götter genießen ewige Jugend, höchstens mächtige Vaterfiguren wie Zeus erscheinen in den Bildwerken als reife Männer mit Bart. Auch in der irdischen Welt waren junge, gutaussehende

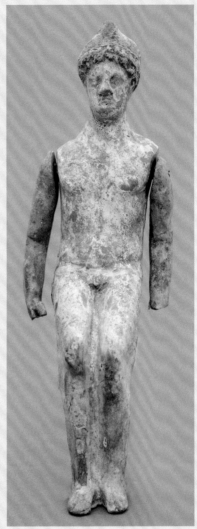

■ Abb. 79

Puppe (?)

Östlicher Mittelmeerraum, 3. Jh. n. Chr. ■
Bein; H 17,3 cm, B 4,6 cm, T 2,8 cm ■
Schenkung Dr. E. Homsy (Nr. 66)

Die beweglichen Arme der röhrenförmigen
Figur waren separat gearbeitet.

■ Abb. 80

Sitzende männliche Gliederpuppe

Tarent (Unteritalien), 4. Jh. v. Chr. ■ Ton; H 18,1 cm,
B 5,7 cm, T 5,9 cm ■ Inv. Nr. Ta 31 (Tü 281)

Die beweglich montierten Arme sind in sich starr
und leicht angewinkelt. Im Gegensatz zum Körper
und zum Kopf sind sie handgeformt.

Männer und Frauen das Ideal. Dem entsprach das demographische Bild: Sofern das Säuglings- und Kleinkindalter heil überstanden war, erwarteten die Menschen noch durchschnittlich 30 Lebensjahre. Deshalb betrug der Anteil der alten Menschen an der Bevölkerung nur zehn Prozent, wenig im Vergleich zur modernen Welt. Wer wohlhabend war, durfte sich ein etwas längeres Leben erhoffen, weil er sich eine bessere medizinische Versorgung und Hygiene leisten konnte.

Nur selten waren die Alten geschätzt und einflussreich wie in Sparta, wo der Ältestenrat, die Gerousie, die politischen Entscheidungen traf. In der Regel achtete die Gesellschaft alte Menschen nur wenig, denn sie hatten im politischen und militärischen System keine Funktion mehr. Literatur und Kunst setzten sie in ein schlechtes Licht – Komödiendichter kritisierten und verspotteten sie und Bildhauer präsentierten sie vor allem in der hellenistischen Zeit schonungslos realistisch (Abb. 6). Klagen über Mühen und Gebrechen finden sich in allen schriftlichen Quellen, sobald vom Alter die Rede ist.

In Rom dagegen genoss das Alter mit seiner Weisheit und Erfahrung große Hochachtung. Dieser Respekt vor den Alten hatte eine soziale und rechtliche Grundlage, denn das Familienoberhaupt, der *pater familias*, behielt lebenslang die Verfügungsgewalt über Haus, Vermögen und Familienangehörige und damit seine Macht. Auch im politischen System bedeuteten mehr Lebensjahre einen Zuwachs an Einfluss. Im Senat (von lat. *senex*, der Greis), dem Entscheidungsgremium in Rom, saßen nur ehemalige Amtsträger, und die älteren Mitglieder gaben dank ihrer Erfahrung die Richtung der Politik vor. Dies änderte sich erst unter Augustus, als die Einführung einer Altersgrenze für Senatoren die politische Autorität der Alten nach und nach begrenzte.

Griechische Vasen als archäologische Quelle

Bereits im 18. Jahrhundert wurden in Sizilien und Kampanien zahlreiche antike Gräber von griechischen Siedlern entdeckt. Sie enthielten als Beigaben aus Attika importierte Tongefäße aus dem 6. und 5. Jahrhundert v. Chr. Deren wissenschaftliche Erforschung setzte dann im frühen 19. Jahrhundert ein, seit damals hießen sie ›Vasen‹, abgeleitet vom italienischen Wort *vaso* für Gefäß. Ausschlaggebend für das wachsende Interesse an antiker Keramik (von griech. *keramos*, Ton) war die Entdeckung der etruskischen Nekropole von Vulci, wo allein zwischen 1828 und 1830 rund 3000 Gefäße geborgen wurden. Eine Vielzahl von griechischen Vasen fand sich auch in anderen Gräbern in Etrurien, sodass man damals die Etrusker für ihre Schöpfer hielt.

Diese Vasen, von denen schätzungsweise hunderttausend erhalten sind, tragen Bilder aus den Götter- und Heldensagen und von Festen und Kulthandlungen, seit dem 6. Jahrhundert v. Chr. auch Szenen aus dem täglichen Leben. Die neuere Forschung weist jedoch darauf hin, dass diejenigen aus der Mythologie und diejenigen aus dem Alltag häufig nicht eindeutig voneinander zu unterscheiden sind. Diskutiert wird auch die Realitätstreue der Alltagsszenen, bei einigen liegt zumindest der Verdacht auf Idealisierung nahe. Dennoch stellen die Vasen eine der aussagereichsten Quellengruppen zur Kultur-, Wirtschafts- und Sozialgeschichte dar.

Von bunt bemalt bis plastisch verziert

Von ca. 900 v. Chr. bis ins späte 8. Jahrhundert v. Chr. verzierten die Griechen ihre Tongefäße mit geometrischen Mustern wie Halbkreisen, Mäandern, Zickzackreihen oder Dreiecken (Abb. 81),

■ Abb. 81
Steilrandschüssel
Athen, Mitte 8. Jh. v. Chr. ■ Ton, hellbrauner Überzug, dunkelbrauner Malschlicker; H 10,5 cm, Dm 22,2 cm ■ Inv. Nr. Cg 125

■ Abb. 82

Fragmente von sogenannten Dipylonvasen

Athen, Mitte 8. Jh. v. Chr. ■ Ton, hellbrauner Überzug, dunkelbrauner bis schwarzer Malschlicker ■ Links: Klagefrauen, die sich die Haare raufen ■ H 6,3 cm, B 9 cm ■ Inv. Nr. Cg 69 ■ Rechts: Mann zwischen Swastika-Symbolen ■ H 8 cm, B 6,5 cm ■ Inv. Nr. Cg 68

daher heißt diese Epoche die ›geometrische‹. Neu ist die Beziehung zwischen Form und Dekor: Lineare Motive wurden nicht wahllos angebracht, sondern betonen den Aufbau der Gefäße. Darstellungen von Tieren und Menschen kamen erst um 800 v. Chr. auf, zuerst nur als Silhouetten, wobei Ober- und Unterkörper jeweils als Dreiecke gebildet sind (Abb. 82). Gemalt wurde mit Malschlicker, einem mit Wasser angesetzten und besonders fein geschlämmten Ton, der sich nur in der Partikelgröße vom Material für das ganze Gefäß unterschied.

Besonders beliebt waren Darstellungen von Pferden, die auch als plastisch geformte Deckelgriffe von Büchsen (Pyxiden) vorkamen (Abb. 83). Pferdepyxiden wurden in reich ausgestatteten Männer- und Frauengräbern gefunden und belegen den hohen Rang der Verstorbenen, da sich nur wohlhabende Familien Pferde allein als Reittiere oder Rennpferde halten konnten.

In Korinth, dem damals führenden Produktionszentrum für Keramik, begannen die Töpfer im späten 8. und im 7. Jahrhundert v. Chr. aus dem lokalen, sehr feincremigen und gelblich-grünen Ton Gefäße herzustellen und sie mit Friesen von fremdartigen Tieren wie Löwen oder Mischwesen wie Sphingen oder Greifen und dazwischen gesetzten charakteristischen Rosetten zu verzieren. Derartige Friese tauchen hauptsächlich in der sogenannten orientalisierenden Epoche der griechischen Kunst auf, als sich die Kontakte zum Nahen Osten intensivierten. Vermutlich waren diese Kompositionen von Stoffmustern oder Zierfriesen auf Elfenbein- und Metallobjekten inspiriert, die dann dem griechischen Geschmack angepasst wurden.

■ Abb. 83
Büchse (Pyxis) mit Pferdegriff-Deckel aus der Werkstatt von Kerameikos 3627
Athen, 775–750 v. Chr. ■ Ton, hellbrauner Überzug, schwarzbrauner Malschlicker; H 23,5 cm, Dm 26 cm ■ Inv. Nr. Cg 67

Den neuen Motiven entsprach eine neue Maltechnik (Abb. 84): Figuren und Ornamente wurden mit einem schwarz brennenden, eisenhaltigen Tonschlicker (auch Glanzton genannt) aufgemalt, ergänzt von Deckfarben wie Orange, dunklem Rot oder Weiß. Diese Erdfarben trug man nach dem Antrocknen auf den Glanzton auf. Ritzungen, die vor dem dunklen Hintergrund hell aufleuchten, bildeten Binnenlinien und Konturen, was vermutlich von Gravuren auf Metallgefäßen und in der Elfenbein- und Holzschnitzkunst beeinflusst war.

Die korinthischen Töpfer schufen in der Zeit von 700 bis 550 v. Chr. vor allem Gefäße, die für den Weingenuss notwendig waren: Kannen mit bauchigem Körper und weiter Mündung, Trinkgefäße, Amphoren und Mischgefäße wie der sogenannte Kolonettenkrater. Ergänzt

wurde das Formenspektrum durch rundliche oder eiförmige Salbölgefäße und Deckelgefäße (Pyxiden). Diese Produkte wurden zu gefragten Exportgütern der Stadt, vor allem die Gefäße für kostbare Salböle entwickelten sich zum Verkaufsschlager. Die korinthischen Vasenformen waren so erfolgreich, dass zahlreiche lokale Werkstätten in Etrurien und Süditalien sie nachahmten.

Unter dem Begriff ›Ostgriechenland‹ werden ein schmaler Gebietsstreifen an der Westküste Kleinasiens und die ihr vorgelagerten Inseln zusammengefasst, dort siedelten bereits seit der späten Bronzezeit, seit ca. 1100 v. Chr., Aeolier, Ionier und Dorer. Ihre Keramikwerkstätten standen hauptsächlich unter attischem Einfluss, sie ließen sich aber auch von Elementen aus dem Orient inspirieren. Dabei entwickelte sich in den einzelnen Regionen ein durchaus eigenständiges Kunstschaffen. Ein Ergebnis war der Wildziegen-Stil, dessen Name auf die auffallend häufigen Darstellungen dieser Tiere zurückgeht (Abb. 85). Vor allem im 7. und 6. Jahrhundert v. Chr. war diese Keramik in Ostgriechenland besonders gefragt.

Eine eigene Gruppe bilden die aus Modeln als Menschen, Tiere oder mythologische Mischwesen geformten Gefäße, die zuerst in Ostgriechenland während des ausgehenden 8. Jahrhunderts v. Chr. auftauchten und seit 650 v. Chr. im gesamten Mittelmeerraum besonders beliebt waren, vermutlich dank der Handelsaktivitäten der Phönizier. Rhodos und Korinth gehörten zu den Hauptzentren der Produktion. Sie waren wahrscheinlich für medizinische oder teure kosmetische Flüssigkeiten bestimmt.

95

■ Abb. 84

Weinkanne (Oinochoe) des Malers von Toronto 919.5.110

Korinth, um 630–620 v. Chr. ■ Ton, heller Überzug, schwarzbrauner Glanzton, rote, gelbe und weiße Deckfarbe; H 29,3 cm, Dm 20 cm ■ Inv. Nr. Cg 351

Die Kanne mit dem kleeblattförmigen Ausguss zeigt einen Fries mit Steinböcken, einem Löwen, Panthern, einem Stier und einem Damhirsch.

■ Abb. 85

Weinkanne (Oinochoe) der Kamirosgattung

Ostgriechenland, spätes 7./frühes 6. Jh. v. Chr. ■ Ton, heller Überzug, brauner Malschlicker; H 32 cm, Dm 21,5 cm ■ Inv. Nr. Cg 197

Auf der Schulter lauert ein Greif zwischen Wildziegen, im unteren Teil des Gefäßkörpers sitzen alternierend geöffnete Lotosblüten und -knospen. Die Bildmotive erinnern an Textilien, während die Kannenform mit der Kleeblattmündung und den Rotellen am Ansatz des dreifachen Stabhenkels Beispielen aus Bronze entspricht.

Um 630 v. Chr. übernahmen die Maler in Athen (Abb. 86) die schwarzfigurige Maltechnik aus Korinth und perfektionierten sie. Damit brachen sie einige Jahrzehnte später das Monopol der korinthischen Werkstätten und übernahmen den Vasenexport, insbesondere nach Etrurien, nicht ohne gewisse aggressive handelspolitische Strategien. Die attischen Produkte überzeugten allerdings allein durch ihre Qualität, den besseren Ton und das Farbenspiel von schwarz glänzenden und leuchtend orangeroten Flächen.

Die Erforschung des Kundengeschmacks tat ein Übriges. So entlehnte man aus Etrurien die Form des Kyathos, eines Schöpf- und vielleicht auch Trinkgefäßes, ursprünglich in der etruskischen Bucchero-Keramik entwickelt. Die attischen Hersteller verwendeten das Vorbild für ein neues, speziell für den et-

■ Abb. 86

Trinkschale (Kleinmeisterschale) des ›Ellenbogen nach außen-Malers‹

Athen, 540–530 v. Chr. ■ Ton, schwarzfigurige Maltechnik, rote und weiße Deckfarbe; H 13 cm, Dm 27,6 cm ■ Inv. Nr. Cg 418

Auf Seite A steht eine Sirene zwischen Hähnen und Schwänen, Seite B zeigt Hennen und Schwäne im Wechsel.

ruskischen Markt entworfenes schwarzfiguriges Gefäß (Abb. 87).

Die Innengliederung der Figuren betonten wie in Korinth vor dem Brand eingeritzte, hell bleibende Linien. Zusätzliche Details trug man in Deckfarben wie Rot, Weiß oder Violett auf den Tonschlicker auf. Weiß waren die unbedeckten Hautpartien weiblicher Figuren, während Rot- und Violetttöne häufig Gewänder oder Rüstungen akzentuierten. Die Blütezeit dieses Stils endete nach der Mitte des 6. Jahrhunderts v. Chr.

In vielen Regionen kopierten die Töpfer die Vasen aus Athen, so in Böo-

■ Abb. 87

Schöpfgefäß (Kyathos) des Philon-Malers

Aus einem Grab in Vulci; Athen, um 510–500 v. Chr. ■ Ton, schwarzfigurige Maltechnik, rote und weiße Deckfarbe; H 15,3 cm, Dm 14,6 cm ■ Inv. Nr. Cg 43

Flankiert von zwei mächtigen Hähnen sind zwei Kampfgruppen aus jeweils einem Reiter und einem Hopliten zu erkennen.

■ Abb. 88 a–b
Fußschale mit vier Ösenhenkeln
(›Vogelschale‹)
Böotien, 570–530 v.Chr. ▪ Ton, cremefarbe-
ner Überzug, braunschwarzer Malschlicker;
H 10 cm, Dm 29,2 cm ▪ Inv. Nr. Cg 75

Schalen mit Vogeldarstellungen wurden häufig
in Gräbern gefunden, manchmal dienten sie als
Deckel von großen Gefäßen für Bestattungen.
Deshalb sind die Vogeldarstellungen auf diese
Ansicht ausgerichtet.

ausgespart, die Binnendetails der differenziert wiedergegebenen Körper und
Gewänder gestalteten jetzt Linien aus
verdünntem Tonschlicker (Abb. 89).

In einer Übergangsphase bis ca.
490 v.Chr. gab es Vasen in beiden Maltechniken, die Forschung nennt sie Bi-
linguen, ›zweisprachig‹ (Abb. 90a–b).
Danach verdrängte die rotfigurige Technik die ältere endgültig und hielt sich bis
ins späte 5. Jahrhundert, anschließend
kamen andere Keramikarten wie die
Schwarzglanztonware oder reliefverzier-
te Gefäße in Mode.

Eine Sondergruppe bildeten seit dem
späten 6. Jahrhundert v.Chr. Gefäße
(Abb. 54) mit weißer Grundierung, für
die ein kaolin- und calcithaltiger Tonschlicker aufgetragen wurde und auf
den man mehrfarbige Figuren und Ornamente malte. Der helle Überzug sollte
wohl an kostbare Produkte aus Marmor,
Straußenei oder Elfenbein erinnern. Solche Grundierungen waren bereits zwei
Jahrhunderte vorher vor allem im ostgrie-
chischen Raum bekannt, nun kombinier-
ten die Vasenmaler in Athen den weißen
Grund zunächst mit der schwarzfigurigen

tiennördlich von Attika (Abb. 88). Dort
orientierte man sich allerdings nur im
Malstil an Athen, die Formen leiteten sich
von korinthischen Gefäßen ab.

Die rotfigurige Maltechnik löste in
Athen um 530 v.Chr. die schwarzfigurige
ab. Nun wurden Figuren und Ornamente hellrot aus dem dunklen Bildgrund

■ Abb. 89
Weinkanne (Oinochoe) des Mannheimer Malers mit Amazonen
Aus einem Grab in Orvieto; Athen, 460 – 450 v. Chr. ■ Ton, rotfigurige Maltechnik, rote Deckfarbe; H 19,5 cm, Dm 11,6 cm ■ Inv. Nr. Cg 61

■ Abb. 90a–b

Trinkschale (Kylix) des Töpfers Nikosthenes und
des Malers der Gruppe von Louvre F 125

Athen, 520–510 v. Chr. ■ Ton, schwarz- und rotfigurige Maltechnik, rote und weiße Deckfarbe;
H 14,5 cm, Dm 39,7 cm ■ Inv. Nr. Cg 453 ■ Geschenk des Fördererkreises für die Reiss-Engelhorn-
Museen

Die innen schwarzfigurig und außen rotfigurig bemalte Schale wird wegen der beiden verwendeten
Maltechniken als Bilingue bezeichnet. Die Signatur des Töpfers: *Nikosthenes epoiesen* (Nikosthenes
hat es gemacht) steht links neben dem Reiter.

■ Abb. 91
Trinkgefäß (Kantharos)
Apulien; letztes Drittel 4. Jh. v. Chr. ■ Ton, rotfigurige Maltechnik, weiße und gelbe Deckfarbe;
H 28,5 cm, Dm 26,1 cm ■ Inv. Nr. Cg 46

Malweise, später gestalteten sie die Bin-
nenzeichnung der Figuren wie in der rotfigurigen Technik.

Weißgrundige Salbölgefäße wurden
meist im Totenkult verwendet, bis sie um
420 v. Chr. wieder verschwanden. Andere
weißgrundige Gefäße wie Trinkschalen,
Weinkannen und Pyxiden wurden gerne
zu Hochzeiten verschenkt. Da das Weiß
aber nicht gut haftete und schnell ab-
blätterte, war es eigentlich nur für Vasen
geeignet, die wenig in Gebrauch waren.

In Apulien, Lukanien, Kampanien,
Paestum und auf Sizilien wurde zwischen
450 und 300 v. Chr. ebenfalls eine rotfi-

gurige Keramik hergestellt, bis heute sind
über 20000 Vasen aus diesen Regionen
bekannt. Zunächst wurden die traditionellen attischen Formen und Dekore bei-
behalten, vielleicht weil die Töpfer und
Maler aus Athen eingewandert waren.
Später übernahmen einheimische, vielleicht aber in Athen ausgebildete Handwerker die Produktion. Die Werkstätten
lösten sich schließlich vom Vorbild und
ihre Erzeugnisse schwankten in der Qualität mehr oder weniger deutlich.

Besonders qualitätvolle Vasen kamen
bis ins beginnende 3. Jahrhundert aus
Apulien (Abb. 91). Charakteristisch sind

■ Abb. 92
Becher (Kantharos) der sogenannten Cales-Gattung
Unteritalien, Mitte 4. – Mitte 3. Jh. v. Chr. ■ Ton, Schwarzglanzton-Keramik; H 13 cm,
Dm 21,5 cm ■ Inv. Nr. Cg 51

große Formate und eine Bemalung mit mehreren, die räumliche Darstellung verstärkenden Zusatzfarben. Die Bilder beziehen sich auf die Mythologie oder auf Theaterstücke. Viele der unteritalischen Gefäße waren ausschließlich Grabbeigaben, worauf nicht nur die Bildthemen hinweisen. Ihr in vielen Fällen offener Boden oder ihre Übergröße schließen einen Gebrauch im Alltag aus.

Seit dem 6. Jahrhundert v. Chr., der spätarchaischen Zeit, verbreitete sich neben den aufwendig bemalten Vasen eine neue Keramikart, die Schwarzglanztonware (Abb. 92). Hergestellt war sie mit Hilfe der Drehscheibe oder Formschüsseln, die Form und Dekor als Negativ vorgaben. Vor dem Brand überzog man das ganze Gefäß innen und außen mit eisenhaltigem Tonschlicker, der im Ofen

zu einer glänzend schwarzen Oberfläche oxidierte. Offensichtlich sollte der spiegelnde Glanzton an Silbergeschirr erinnern. Dass Vorbilder aus einem anderen Material dieser Dekortechnik zugrunde lagen, zeigt sich häufig auch auf der Unterseite des Gefäßfußes: Es finden sich dort die gleichen Spuren wie auf Gefäßen aus Metall oder Holz, die auf einer Drehbank bearbeitet wurden. Auf die schwarze Oberfläche wurden zusätzlich kleine Friese mit floralen oder anderen Elementen aufgetragen, sie konnten vergoldet sein. Seit der Mitte des 5. Jahrhunderts finden sich Zierstempel, hauptsächlich auf der Innenseite von Schalen. Gestempelt wurde vor dem Überziehen mit Glanzton, zuerst mit reichem Formenrepertoire, später nur noch mit Palmetten in unterschiedlicher Anordnung.

■ Abb. 93

Trinkbecher (Skyphos) des Rosen-Malers

Unteritalien, 325–300 v. Chr. ■ Ton, Gnathia-Keramik, rote, weiße und gelbe Deckfarbe; H 7,5 cm,
Dm 15,4 cm ■ Inv. Nr. Cg 355

Der Rosen-Maler war um 350–330 v. Chr. tätig und gilt als Schlüsselfigur für die Entwicklung dieser
Keramikgattung.

Diese Keramik entstand zuerst in Griechenland, wo sie in Attika ihren Höhepunkt im 4. Jahrhundert v. Chr. erreichte, und sie wurde bis nach Südrussland, Italien und Nordafrika exportiert. In Apulien, Kampanien und in Mittelitalien ahmten später zahlreiche Werkstätten diese Erzeugnisse nach und fanden für sie einen weit gestreuten Markt. Allerdings bestanden die ›Kopien‹ aus hellerem Ton und erreichten nicht die Qualität des Vorbildes. Im Westen produzierten Werkstätten im Süden Frankreichs und auf der iberischen Halbinsel diese Keramik, für den östlichen Mittelmeerraum ist ihre Herstellung in Makedonien, Syrien und Kleinasien belegt. Die Produktion lief bis in hellenistische bzw. römisch-repu-blikanische Zeit, danach wird die Glanztonkeramik, deren Formenspektrum sich inzwischen auf Teller und Schüsseln reduziert hatte, von anderen Waren wie der aus Modeln gezogenen Reliefkeramik oder der Terra Sigillata verdrängt.

In Unteritalien kam um die Mitte des 4. Jahrhunderts v. Chr. die sogenannte Gnathia-Keramik auf, bei der die Erdfarben Weiß, Gelb, Braun, Rot, Orange, Rosa und Violett (Abb. 93) bereits vor dem Brand auf den schwarzen Glanzton aufgetragen wurden. Der Name leitet sich von der antiken Stadt Gnathia (heute Torre d'Egnazia) in Apulien ab, weil man dort die ersten Stücke fand. Die Werkstätten sind aber hauptsächlich in Tarent anzusiedeln, dort fertigte man um

■ Abb. 94

Fußschale aus dem weiteren Umkreis der Konnakis-Gruppe

In der Umgebung von Bari gefunden; Unteritalien, 330–320 v. Chr. ■ Ton, Gnathia-Keramik, weiße und gelbe Deckfarbe; H 9,1 cm, Dm 14,8 cm ■ Inv. Nr. Cg 371

370 v. Chr. die ersten derartigen Gefäße. Wenige Jahrzehnte später stellte man diese Keramik auch an anderen Orten in Apulien, im übrigen Süditalien sowie in Etrurien her und exportierte sie bis nach Spanien, Griechenland, Kleinasien, Südrussland und Ägypten. Um 200 v. Chr. endete die Produktion. Im Bilddekor der eleganten Gefäße verschwanden Figuren zugunsten von meist aus der Welt des Dionysos stammenden Ornamenten, Vegetabilem, Geräten oder Masken und Köpfen, als Vignetten gestaltet und von Ranken umrahmt.

In der gesamten Antike lehnten sich Keramikformen an Metallvorbilder an und übernahmen soweit möglich deren Details wie scharfe Grate und Kanten, Stempeldekor, geriefelte Wandungen oder Reliefschmuck. Allerdings konnten

die beweglichen Henkel der Metallgefäße auf den tönernen nur aufgemalt sein (Abb. 94).

In hellenistischer Zeit (300 bis 50 v. Chr.) wich die Bemalung einer Reliefverzierung. Eine neue Herstellungstechnik mittels Formen erlaubte die serienmäßige Produktion – eine Zäsur in der griechischen Vasenkunst, denn bisher war jedes Gefäß ein Unikat gewesen.

Eine Leitform der hellenistischen Keramik war der henkellose, halbkugelige Trinkbecher mit Reliefdekor, dessen Form von Metallvorbildern aus Ägypten oder Syrien abgeleitet ist. Während die frühen Exemplare schwarz überzogen sind, zeigen die späteren einen roten oder braunen Tonschlicker auf der Oberfläche. Die sogenannten Formschüsseln enthielten das Negativ der Reliefbilder, meist mit

■ Abb. 95

Reliefbecher, sogenannter homerischer Becher

Gefunden in Amphipolis; Thessalien-Makedonien, 200 – 160 v. Chr. ■
Ton, dunkelbrauner Überzug; H 7,5 cm, Dm 12,6 cm ■ Inv. Nr. Cg 349

Der Reliefdekor zeigt den Zweikampf von Achill und Hektor sowie die anschließende
Schleifung von Hektors Leichnam.

Szenen aus der Mythologie, darunter auch solche aus dem trojanischen Sagenkreis (Abb. 95). Teile der Reliefs konnten auch mit Stempeln in die Formen gedrückt werden, ein weiteres Mittel zur Erleichterung der serienmäßigen Herstellung. Werkstätten sind in Attika, auf der Peloponnes oder in Makedonien, aber auch im westlichen Kleinasien und in Syrien bezeugt; sie arbeiteten zwischen der

zweiten Hälfte des 3. Jahrhunderts und dem 1. Jahrhundert v. Chr.

Die zweite Leitform war die Lagynos, eine Weinkanne oder -flasche mit linsenförmig flachem oder doppelkonischem Gefäßkörper und hohem röhrenförmigem Hals (Abb. 96). Sie wurde bis in die römische Kaiserzeit hinein gefertigt und war vor allem im östlichen Mittelmeerraum verbreitet. Bemalte Exemplare trugen

■ Abb. 96
Flasche (Lagynos)
Griechenland, 2.-1. Jh. v. Chr. ■ Ton, gelblich patinierte, weiße Grundierung, hell- bis dunkelbrauner
Malschlicker; H 12,5 cm, Dm 10,6 cm ■ Inv. Nr. Cg 165

über einem dick aufgetragenen, weißen oder gelblichen Überzug verschiedene Motive in Brauntönen auf der Schulter. Gemäß den Schriftquellen waren diese Gefäße bei religiösen Festmahlen zu Ehren des Dionysos in Alexandria in Gebrauch.

Offenkundig waren die Töpfer in jener Zeit mehr an der Funktion als am Dekor interessiert. Es setzte sich nicht eine Art der Verzierung allein durch, sondern es herrschte ein Nebeneinander von Bemalung, Reliefschmuck oder Stempeldekor. Das Ende der Malkunst auf Tongefäßen hängt wohl damit zusammen, dass nun wesentlich mehr Edelmetall für die Herstellung von hochwertigen Gefäßen zur Verfügung stand. Ein weiteres Charakteristikum der hellenistischen Keramik bildete das gleichzeitige Auftreten verschiedener Gattungen in mehreren Regionen des östlichen Mittelmeerraums, sie waren nicht mehr wie in früheren Epochen auf einzelne Landschaften begrenzt.

Die Fähigkeit, aus Erde, Wasser und Feuer ein Kunstwerk zu schaffen, sicherte den Töpfern die Bewunderung ihrer Zeitgenossen. Anfangs bemalten die Töpfer selbst ihre Produkte. Ab dem 6. Jahrhundert v. Chr. finden sich jedoch separate Signaturen von Malern auf den Gefäßen, neben dem *epoiesen* (hat gemacht) beim Töpfernamen steht nun noch ein zweiter Name, verbunden mit *egraphsen* (hat gemalt). Aber immer noch war die Wertschätzung für den Töpfer (griech. *kerameus*) größer als die für den Maler; nur die Signatur des Erstgenannten garantierte die Qualität.

Weil nur wenige Signaturen von Vasenmalern und -töpfern überliefert sind, nutzt die Forschung auf Anregung des englischen Archäologen John Davidson Beazley für die Zuordnung der Vasen Behelfsnamen, die auf charakteristischen Bildelementen oder Malweisen basieren oder den Aufbewahrungsort des bedeutendsten Werkes eines Malers oder Töpfers, die Inventarnummer oder auch einen Sammlernamen anführen.

Dem Töpfer gehörte die meist als Familienbetrieb geführte Werkstatt, er stellte dann die Maler und weitere Kräfte ein. Offenkundig gab es eine Aufgabenteilung: Gehilfen, wohl auch weibliche, führten die kleineren Arbeiten aus, während sich Töpfer und Maler auf Form und Dekor konzentrierten, wobei es Maler für die Ornamente und solche für die Figuren gab.

Die Überlegenheit der griechischen Keramik im Mittelmeerraum ist auf die ausgefeilte Technik der Brennöfen und des Brennens zurückzuführen. Im 7. Jahrhundert v. Chr. experimentierten die Töpfer in Korinth mit der Luftzufuhr, durch den Wechsel von Steigerung und Drosselung entstanden attraktive Farbeffekte auf dem Brenngut.

In Athen wurde das Verfahren bis zu dem bekannten Ergebnis der kunstvollen rotfigurigen Vasen perfektioniert. Der Brand solcher Gefäße dauerte viele Stunden, geheizt wurde mit Holz und Reisig. Er begann mit dem Vorfeuer, das die Restfeuchtigkeit im Ton als Dampf entweichen ließ. Damit die Gefäße dabei keine Risse bekamen, wurde die Temperatur nur allmählich auf maximal 300 – 400 °C erhöht. In der ersten Phase des eigentlichen Brandes bei 800 °C und mit ausreichender Luftzufuhr färbten sich die Gefäße insgesamt rot oder orange, weil das Eisenoxid im Ton mit dem Sauerstoff reagierte (Oxidation).

In der zweiten Phase kam feuchtes, deshalb stark rauchendes Brennmaterial hinzu, wobei gleichzeitig das Schließen von Abzug und Schürkanal die Luftzufuhr unterband. Nun wurden die Gefäße vollständig schwarz (Reduktion) und der als Malfarbe genutzte, dünnflüssige Tonschlicker verwandelte sich bei Temperaturen um 950 °C in eine undurchlässige, harte Sinterschicht. Erst in der dritten und letzten Phase, wenn wieder Sauerstoff zugeführt (Reoxidation) und die Temperatur langsam auf ungefähr 880 °C gesenkt wurde, verfärbten sich die unbemalten Stellen wieder rötlich, während die bemalten infolge der Versinterung schwarz blieben.

Im Gegensatz zu den korinthischen Vasen sind die attischen durch den höheren Eisenoxid-Anteil im Ton und dank

■ Abb. 97
Detail von einer Augenschale
Aus einem Grab in Vulci; Athen, um 525–500 v. Chr. ■ Ton, schwarzfigurige Maltechnik;
H 11,8 cm, Dm 36,7 cm ■ Inv. Nr. Cg 38

eines dünnen Überzugs aus rotem Ocker unter der eigentlichen Bemalung kräftig orangerot. Außerdem härtet der attische Ton stärker aus als der weichere, der in Korinth verwendet wurde.

Zu Bruch gegangen
Die Bildervasen waren hoch geschätzt und deshalb einer aufwendigen Reparatur wert – schließlich war jedes Stück eine Einzelanfertigung! Zahlreiche bereits in der Antike vorgenommene Flickungen bezeugen dies. Neben die

Bruchkanten der zusammengehörenden Scherben wurden mit einem Drillbohrer Löcher gebohrt. Dann wurden die Stücke wohl behelfsmäßig zusammengeklebt und die Bruchstelle mit einer in die Löcher gesteckten Klammer aus Bronzedraht verbunden, sie konnte auch aus Bronze oder Blei gegossen sein. Häufig findet sich eine Einkerbung für die Klammern zwischen den Bohrlöchern, damit sie fester griffen (Abb. 97). Allerdings dürften die derartig geflickten Gefäße nicht mehr wasserdicht gewesen sein.

Griechen, Etrusker und Römer ernährten sich hauptsächlich von Getreide, vor allem von Gerste, Weizen und Emmer (Abb. 98). Es konnte als in Wasser und Salz gekochter, mehr oder weniger dicker Brei (lat. *puls*), als Fladen, Brot oder Kuchen zubereitet werden.

Wichtige Grundnahrungsmittel waren auch eiweißhaltige Hülsenfrüchte wie Linsen, Bohnen, Erbsen und Kichererbsen, die als Pürees oder Suppen auf den Tisch kamen. Die Etrusker schätzten auch Ackerbohnen und Rüben. Frisches Gemüse (unter anderem Sellerie und Fenchel) sowie Käse und Eier waren vor allem auf dem Land eine wertvolle Ergänzung des Speiseplans. Dazu kamen Obst wie Feigen, Granatäpfel, Birnen, Melonen und Beeren sowie Nüsse. Zahlreiche Gewürze und Kräuter (unter anderem Koriander, Kümmel, Minze, Salbei und Anis) verfeinerten die Gerichte. Zum Süßen diente Honig. Oliven und Olivenöl spielten im gesamten Mittelmeerraum in der Ernährung eine große Rolle.

Fische jeglicher Art und Meeresfrüchte aß man ebenfalls gerne (Abb. 99). Fleisch, in erster Linie von den Haustieren Rind, Schaf und Schwein, wurde meist auf dem Rost gegrillt. Für die meisten Menschen kam es jedoch nur an Festtagen oder bei Opferzeremonien, bei denen ein Tier aufgeteilt wurde, auf den Teller. Auf dem Land konnte man außerdem mit der Jagd das Bedürfnis nach Fleisch stillen.

Gegen den Durst half vor allem Wasser, manchmal mit Essig gemischt. Man kannte auch Traubensaft und Most sowie

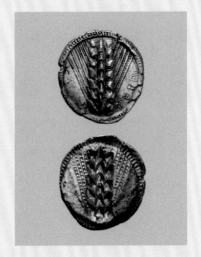

■ Abb. 98
Stater mit Ähre
Metapont (Unteritalien), 520/500 v. Chr. ■
Silber; Dm 25,5 mm, 7,92 g ■ Inv. Nr. 998:8562

Met aus gegorenem Honig. Feste Vorgaben regelten die Herstellung und den Genuss von Wein (Abb. 100), so trank man ihn nie allein, sondern immer in geselliger Runde (siehe Gastmahl, S.111 ff.). Kuh-, Ziegen- oder Schafsmilch wurde nur zu Käse verarbeitet und wenig getrunken, da viele antike Griechen und Römer keine Milch vertrugen. Noch heute liegt im Mittelmeerraum die Milchunverträglichkeit bei beinahe 50 %. Da es keine Kühlmöglichkeiten gab, stand Milch sowieso nur den Landbewohnern zur Verfügung. Milchtrinken wurde jedenfalls in der griechischen und römischen Literatur auch als barbarische Sitte verunglimpft.

Üblicherweise nahmen Griechen und Römer drei Mahlzeiten am Tag zu sich, allerdings bestand das ›Frühstück‹ aus nur wenig mehr als einem Stück Brot mit

■ Abb. 99

**Schriftbarsche oder Streifenbarben
sowie Jakobsmuscheln**

Sogenannter Fischteller, aus dem Umkreis der
Gruppe von Karlsruhe 66/140 ■ Apulien, um
350–300 v. Chr. ■ Ton, rotfigurige Maltechnik,
weiße, rote und gelbe Deckfarbe; Dm 21,5 cm,
H 7,3 cm ■ Inv. Nr. Cg 421

Mit Meeresbewohnern bemalte Teller mit einer
Vertiefung in der Mitte und einem überhängen-
dem Rand wurden zuerst im frühen 4. Jahrhundert v. Chr. hergestellt. Sie waren in Griechenland, aber insbesondere auf Sizilien und in
Süditalien beliebt. Ihre Funktion ist bisher nicht
endgültig geklärt, sie könnten als Ess- oder Ser-
viergeschirr oder als Kultgefäß gedient haben.

Olivenöl, dazu etwas Käse oder Honig,
sofern man sich das leisten konnte. Die
zweite Mahlzeit entsprach eher einem
Imbiss mit kalten Speisen.

Die Etrusker allerdings, die den anderen Völkern als allzu lebensfreudig oder
gar genusssüchtig galten, kamen zwei-
mal täglich zu einem mehrgängigen, üp-
pigen Essen zusammen. Bei dem sie sich
auch noch auf blumenbestickten Decken
räkelten, wie der Philosoph Poseidonios
von Apameia am Ende des 2. Jahrhunderts v. Chr. mit leichtem Tadel anmerkt.

■ Abb. 100

Satyrn bei der Weinlese

Detail von einem Vorratsgefäß (Halsamphora)
aus dem Umkreis des Lysippides-Malers ■
Athen, um 520–510 v. Chr. ■ Ton, schwarz-
figurige Maltechnik, weiße und rote Deckfarbe;
H 31 cm, Dm 22 cm ■ Inv. Nr. Cg 343 ■
Geschenk des Fördererkreises für die Reiss-
Engelhorn-Museen

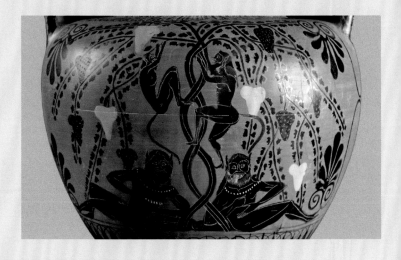

DAS GASTMAHL

Fröhliche Herrenabende in Griechenland

Die Männer der höheren Gesellschaft trafen sich abends zu einem besonderen Vergnügen, dem gemeinsamen Trinkgelage, Symposion (griech. gemeinsames Trinken) genannt. Sie lagen im Herrenzimmer (*andron*) auf gepolsterten Ruhebetten (Abb. 101), den Klinen, sie aßen und tranken, unterhielten sich über Neuigkeiten aus Gesellschaft und Politik, trafen Absprachen über Heiraten oder Geschäfte und erörterten philosophische Themen.

Die Sitte des Liegens beim Essen oder Trinken in großer oder kleiner Runde hatten die Griechen im 6. Jahrhundert v. Chr. aus dem Orient übernommen, sie setzte sich aber nur bei Adel und Bürgertum durch. Die anderen saßen weiterhin bei ihren Mahlzeiten.

Der Symposiarch, der zu Beginn des Gastmahls gewählte Vorsitzende, bestimmte den Ablauf des Abends, vor allem das Mischungsverhältnis von Wein und Wasser (meist 1:2 oder 2:5). Zur Unterhaltung traten Musikanten, Tänzer oder Akrobaten auf, auch literarische Lesungen erfreuten die Zecher.

Gespielt wurde ebenfalls. Besonders viel Spaß hatte man beim offenbar aus Sizilien stammenden Kottabos-Spiel, das im 5. Jahrhundert v. Chr. in ganz Griechenland in Mode kam. Dabei musste mit dem aus einer Trinkschale geschleuderten Weinrest eine lose auf einem Ständer liegende Metallplatte so getroffen werden, dass sie auf einen größeren, fest am Ständer montierten Teller hinunter und dann klirrend zu Boden fiel. Zum Schleudern ließ man die Trinkschale am Henkel um den Zeigefinger kreisen und die Zentrifugalkraft ließ die Flüssigkeit durch die Luft fliegen (Abb. 102). Der Geschickteste gewann bei diesem Spiel

■ Abb. 102

Junger Mann beim Kottabos-Spiel

Detail von einer Trinkschale (Kylix) des Hund-und-Katze-Malers ■ In einem Grab in Orvieto
gefunden; Athen, um 460 v. Chr. ■ Ton, rotfigurige Maltechnik, rote Deckfarbe; H 10 cm,
Dm 31 cm ■ Inv. Nr. Cg 62

Süßigkeiten oder erotische Dienste; auch
als Liebesorakel soll es genutzt worden
sein.

Hetären, in Konversation geschul-
te Frauen, die – im Gegensatz zu den
ehrbaren Ehefrauen – an den Gelagen
teilnehmen durften, sorgten für Unterhaltung und verwöhnten die Herren
manchmal auch in sexueller Hinsicht. Sie
waren außerdem ausgebildete Tänzerin-
nen und Musikantinnen, was ihnen besonderen Ruhm einbringen konnte.

Nach dem Ende des Symposions zogen die Zecher zu Ehren des Dionysos,
aber nicht immer zur Freude der Anwoh-
ner in einem ausgelassenen Umzug, dem

komos, durch die nächtlichen Gassen
nach Hause, singend, tanzend und natürlich weiter trinkend (Abb. 103).

Gelage in Etrurien und Rom

Die Etrusker genossen ebenfalls üppige
Gastmähler und richteten sich dabei nach
griechischen und orientalischen Sitten,
sie lagen also bequem auf Ruhebetten.
Die große Zahl der Funde von Symposi-
ongerätschaften in den Gräbern belegt
die Beliebtheit von Banketten, aber auch
den zunehmenden Weinanbau in Etruri-
en. Spätestens im 6. Jahrhundert v. Chr.
gehörten sie nicht nur zum repräsentativen Leben der Aristokraten, sondern

■ Abb. 103

Umzug der Zecher (Komos)

Details von einer Schale aus der Schule des Brygos-Malers ■ Athen, um 480 v. Chr. ■
Ton, rotfigurige Maltechnik; H 10,5 cm, Dm 31 cm ■ Inv. Nr. Cg 183

Die Zecher führen Trinkgefäße und eine Amphora mit sich, es wird musiziert und getanzt.
Der eine oder andere Teilnehmer ist nicht mehr so ganz sicher auf den Beinen.

gewannen auch Freunde im bürgerlichen Mittelstand. Die Anwesenheit der etruskischen Frauen beim Gastmahl war den griechischen Zeitgenossen ein Dorn im Auge, keiner der entsprechenden Berichte kam ohne Tadel dieser Sittenlosigkeit aus. Etruskerinnen durften sogar die Wein-Wasser-Mischung zubereiten, eine Aufgabe, die in Griechenland allein den Männern vorbehalten war!

Im Gegensatz zum griechischen Symposion nahmen beim römischen Gastmahl (lat. *convivium*) auch die Ehefrauen teil. Die Römer übernahmen diese bei Griechen und Etruskern etablierte Formen der Geselligkeit allerdings erst spät, da bei ihnen noch bis ins 1. Jahrhundert v. Chr. strenge bäuerliche Traditionen galten. In höheren Kreisen war es später durchaus üblich, dass Frauen die Gastgeberinnen waren oder mit ihren Ehemännern Einladungen ins Haus von Freunden oder Verwandten folgten. Selbst ohne männliche Begleitung konnten sie an Gastmählern teilnehmen.

Das Geschenk des Dionysos

Der mit Konservierungsmitteln wie Harz oder mit Gewürzen vermengte Wein hatte einen hohen Alkoholgehalt und war

113

Weinsieb mit schlangenförmigem Griff, der in einem Wasservogelkopf ausläuft
Etrurien, 4. Jh. v. Chr. ■ Bronze; L 28,2 cm, Dm 13 cm ■ Inv. Nr. rem 15971

nur mit Wasser verdünnt zu genießen. Ihn pur zu trinken galt als barbarische Sitte. Damit Rückstände der Herstellung und Zusätze wie Kräuter ihn nicht trübten, lief der Wein beim Umfüllen aus dem Vorratsgefäß ins Mischgefäß (Krater) durch ein Sieb (Abb. 104) oder ein Leintuch. Aus dem Krater wurde er dann mittels einer Kelle in kleinere Kannen (Abb. 105) gefüllt. Mit diesen ging der Mundschenk den ganzen Abend herum und achtete darauf, dass die Trinkschalen der Gäste nicht leer blieben.

■ Abb. 105
Weinkanne (Oinochoe) aus dem Umkreis des Schuwalow-Malers
Athen, um 425 v. Chr. ■ Ton, rotfigurige Maltechnik, weiße Deckfarbe; H 25,7 cm, Dm 13,3 cm ■ Inv. Nr. Cg 426

3. DIE WELT DER ETRUSKER UND ITALIKER

Die Etrusker gelten immer noch als geheimnisvoll oder rätselhaft. Dies mag daran liegen, dass sie sich in Sprache und Kultur deutlich von den anderen Völkern auf der italischen Halbinsel abhoben, wie bereits antike griechische Geschichtsschreiber vermerkten. Hesiod oder Herodot sahen in ihnen Fremde, eingewandert gegen 1200 v. Chr. aus dem Osten. Andere antike Autoren gaben an, dass sie sich aus einer einheimischen Gemeinschaft in Mittelitalien entwickelt hätten. Historisch fassbar sind die Etrusker jedenfalls vom späten 8. bis zum 1. Jahrhundert v. Chr.

Auch die neuere Forschung kann die Herkunftsfrage nicht endgültig beantworten. Manche Wissenschaftler glauben, dass Angehörige einer Oberschicht im ägäisch-anatolischen Raum nach Mittelitalien eingewandert waren, deren Integration in die einheimischen Kulturen dann die Initialzündung für die etruskische Kultur gewesen sei. Andere vertreten die Theorie, die Etrusker als ethnische Einheit hätten sich allmählich aus einheimischen italischen und solchen Stämmen entwickelt, die aus Zentraleuropa und dem östlichen Mittelmeerraum eingewandert waren. Dieser Prozess hätte Jahrhunderte gedauert und um 700 v. Chr. seinen Abschluss gefunden. Untersuchungen der DNA von Knochenmaterial aus etruskischen Gräbern brachten auch keine Gewissheit über die Herkunft der Etrusker. Der Genpool mittelitalischer Völker enthält nämlich schon lange vor dem Beginn der etruskischen Kultur orientalische Elemente, sodass seine Zusammensetzung keine schlüssigen Argumente in dieser Diskussion liefert.

Der Redner und Historiker Dionysios von Halikarnassos (1. Jahrhundert v. Chr.) berichtete, dass sich die Etrusker selbst als *Rasna* oder *Rasenna* bezeichneten. Neuere Forschungen sehen hier eher ein Missverständnis: Während die Griechen von den *Tyrsenoi* oder *Tyrrhenoi* und die Römer von den *Tusci* sprachen, nannten sie sich selbst wohl eher *Tursa*. Zur Klärung tragen die fragmentarisch erhaltenen etruskischen Schriftzeugnisse ebenfalls nicht bei. Wir verdanken die meisten Informationen über die Etrusker somit den Griechen und vor allem den Römern, die jedoch ein von ihren eigenen Wertvorstellungen geprägtes Bild zeichneten.

Unmittelbar berichten nur die vielfältigen archäologischen Zeugnisse von den Etruskern, sie erzählen von ihrem Reichtum, ihren Handelsbeziehungen und der Sozialstruktur, von Religion und Kunst.

Das antike Etrurien lag im westlichen Mittelitalien, im Norden vom Tal des Arno und den ersten Ausläufern des Apennins begrenzt, im Osten und Süden vom Tiber und im Westen vom Tyrrhenischen Meer. Ein einheitlicher Staat war es nie. In der Zeit seiner größten Ausdehnung waren auch Kampanien, Korsika und die Po-Ebene etruskisch. Zu seinen reichen Bodenschätzen gehörten Kupfer, Zinn, Blei, Silber und vor allem Eisenerz, das bereits seit der frühen Bronzezeit (2000–1250 v. Chr.) abgebaut wurde.

Große Teile der italischen Halbinsel standen in der frühen Eisenzeit (900–725 v. Chr.) unter dem Einfluss der so-

■ Abb. 106
Blick vom Areal der Stadt Populonia auf den Golf von Baratti

genannten Villanova-Kultur, die eng mit den Etruskern verbunden ist. Der Name leitet sich von der Fundstelle Villanova di Castenaso bei Bologna ab und bezeichnet eine Kulturstufe, die von der Po-Ebene über den Apennin und von Mittelitalien bis zur Westküste fassbar ist. Aus dem Ostalpenbereich und vom Balkan drangen damals noch weitere Stämme nach Italien ein, deren indogermanische Sprache sie von den Etruskern abgrenzte. Zu ihnen gehörten auch die Latiner, Sabiner und Falisker sowie die Römer. Weitere Nachbarn waren im Osten die Umbrer und Picener, im Süden die Osker, Aurunker und Messapier sowie im Norden die Ligurer und Veneter. Die ganze italische Halbinsel war somit von ethnischen Gruppen mit jeweils unterschiedlichen Kulturen besiedelt.

Der Kontakt mit dem östlichen Mittelmeerraum im 8. Jahrhundert v. Chr.

beflügelte die kulturelle und ökonomische Entwicklung in Etrurien. Einige Orte entwickelten sich zu Zentren, im dichter besiedelten Süden etwas rascher, denn dort gab es engere Beziehungen zur griechischen Welt, sichtbar an einem umfangreichen Import griechischer Keramik (Abb. 107).

Gegen Ende dieses Jahrhunderts gab es die ersten Stadtstaaten unterschiedlicher Größe und unterschiedlichen Charakters. Zu ihnen gehörten unter anderem: im Süden Caere/Cerveteri, Tarquinia und Vulci zur Küste hin, Veji und Volsinii/Orvieto in der Tiberregion, nördlich davon und ebenfalls im Landesinneren gelegen Chiusi sowie Populonia (Abb. 106) an der Küste im Norden. Sie schlossen sich später zum sogenannten Zwölfstädtebund – eine auch im griechischen Kleinasien bekannte Institution – zusammen, den gemeinsame Religion und

Trinkbecher (Skyphos)

In Vulci gefunden; Korinth, Ende 8./ Anf. 7. Jh. v. Chr. ■ Ton, dunkelbrauner Malschlicker; H 9,8 cm, Dm 16,5 cm ■ Inv. Nr. Cg 26

Sprache einen. Die Mitglieder wechselten je nach ihrer Position im Machtgefüge Etruriens. Beim jährlichen Zusammentreffen im Bundesheiligtum von *Fanum Voltumnae* (vermutlich beim heutigen Orvieto) trafen die Abgesandten der Zwölf Entscheidungen für gemeinsame Politik und gemeinsamen Handel. Kunst, Kultur und Kunsthandwerk blieben davon jedoch unberührt, jede Stadt war darin eigenständig.

Die Etrusker weiteten ihren Machtbereich bis nach Latium und Kampanien in Süditalien aus und wurden dank ihres Handelsnetzwerks in der sogenannten orientalisierenden Phase (725–575 v. Chr.) wichtige Vermittler zwischen Ägypten, dem Vorderen Orient, Griechenland, Italien und den nordalpinen Gebieten. Selbst mit den Regionen an der Ostsee trieben sie Handel, denn von dort stammte der auch im Mittelmeerraum geschätzte Bernstein.

Als Einzige auf der italischen Halbinsel übernahmen die Etrusker technische Errungenschaften und künstlerische Stilelemente von anderen Völkern und entwickelten sie weiter. Maßgeblich für die Verarbeitung solcher Einflüsse war die sich herausbildende adlige Führungsschicht mit Einfluss auf Politik und Religion. Zu den aus dem Osten eingeführten Waren, die zu Statussymbolen wurden, zählten unter anderem parfümierte Öle und Salben in speziell entworfenen Gefäßen. Die wie Unternehmer handelnden Adelsfamilien, deren Oberhäupter die Forschung ›Fürsten‹ nennt, pflegten einen luxuriösen Lebensstil, der sich auch in der Ausstattung ihrer Gräber niederschlug.

Vor allem wegen des ertragreichen Erzabbaus, der Salzgewinnung und der bereits in der Antike gerühmten Fruchtbarkeit des Bodens wurden die Etrusker wichtige Akteure im Mittelmeerhandel. Gegen Ende des 7. Jahrhunderts v. Chr. hatten sie sich als erfolgreiche Wein- und Olivenölproduzenten durchgesetzt und belieferten vor allem die Gebiete rund ums westliche Mittelmeer. In den Heiligtümern etablierten sich große Märkte, was deren Position stärkte. Nachdem die Etrusker von den Griechen und Phönikern Kenntnisse der Navigation übernommen hatten, kontrollierten sie das Tyrrhenische Meer und sicherten die Wege ihrer Handelsschiffe. Griechische Autoren beschuldigten sie immer wieder der Piraterie – in der Antike war die Grenze zwischen Seehandel und Piratentum allerdings fließend.

Um die Wende vom 7. zum 6. Jahrhundert änderte sich die etruskische Sozialstruktur tiefgreifend: Neben der aristokratischen Oberschicht und der von ihr abhängigen bäuerlichen Bevölkerung entstand eine Mittelschicht aus Handwerkern, Händlern und Kaufleuten. Sie hatten lange für die sogenannten Fürsten gearbeitet und erlangten nun Unabhängigkeit. Die wirtschaftliche Produktion beherrschten nun vermehrt Arbeitskräfte, die sich auf einzelne, eigene Gewerbe spezialisiert und so Wohlstand und Selbstbewusstsein errungen hatten. Reichtum war nicht länger ein Privileg der Aristokraten, er verteilte sich breiter. Die neuen Wohlhabenden orientierten sich an der adligen Lebensweise, eigneten sich aristokratische Bildthemen wie Jagd und Gelage an und veränderten sie nach ihren Bedürfnissen. Politisch bestimmend blieb jedoch der Adel, auch weil er weiterhin über den größten Grundbesitz verfügte.

Die blühenden Städte der archaischen Zeit (575 – 450 v. Chr.) verband ein gut funktionierendes Straßennetz, dessen Trassen später noch die Römer nutzten. Die Siedlungen hatten ein ausgefeiltes Wasserversorgungs- und Abwassersystem, Aquädukte waren somit eine etruskische Entwicklung, welche die Römer ebenfalls gerne übernahmen. Gezielte Maßnahmen wie die Austrocknung von Sümpfen oder die Bewässerung durch Kanäle nutzten die Wasserressourcen effizient und trugen zu den reichen Erträgen in der Landwirtschaft bei. Die Getreideproduktion war beispielsweise so ergiebig, dass umfangreiche Exporte möglich waren, unter anderem nach Athen. Um die Mitte des 6. Jahrhunderts besiedelten die Etrusker Teile der Po-Ebene, sodass sie die Handelswege nach Norden zu den Kelten und die Häfen an der Adria kontrollierten.

Die Etrusker waren zudem Meister in der Metallverarbeitung geworden, wie lebensgroße Statuen, kleine Statuetten sowie hochwertige Geräte und Gefäße aus Bronze bezeugen. Die erforderlichen Techniken hatten sie bereits im 8. Jahrhundert von orientalischen Handwerkern erlernt und dann vervollkommnet. Dank der Qualität ihrer in Treib- und in Gusstechnik hergestellten Erzeugnisse bauten die Etrusker einen weitreichenden Export auf und konnten sogar Kelten in Mitteleuropa als Abnehmer gewinnen. Die Werkstätten lagen weitgehend im Landesinneren, zu den Produktionszentren gehörten vor allem Vulci, Chiusi, Arezzo und Caere/Cerveteri.

Die Städte erhielten in jener Zeit monumentale öffentliche Gebäude und Tempel, und die reich ausgestatteten Gräber aus dem 6. und 5. Jahrhundert bekunden Genussfreude und Wohlstand. Der griechische Einfluss, schon früher spürbar in der Übernahme des Weinanbaus und der Sitte des Symposions, wuchs in dieser Zeit noch stärker an.

Im Mittelmeerraum gewannen die Etrusker als politische Partner oder auch Gegner an Gewicht. Um 540 v. Chr., in der Schlacht von Alalia vor Korsika, beendeten sie gemeinsam mit den Karthagern die Jahrhunderte lange griechische Expansion im westlichen Mittelmeerraum. Die Niederlage von Cumae (474 v. Chr.) gegen Hieron von Syrakus schädigte dagegen den etruskischen Handel, da nun die Syrakusaner das westliche Mittelmeer kontrollierten und die Ausfuhr von Waren über die Häfen von Cerveteri/ Caere oder Tarquinia behinderten. Diese Schwächung führte zu einem Machtvakuum in Mittelitalien und die etruskische Dominanz über die latinischen Dörfer des späteren römischen Gebietes begann zu bröckeln.

Bereits im 6. Jahrhundert waren außerdem die ersten keltischen Stämme in Norditalien eingefallen und hatten die Etrusker in der Po-Ebene bedrängt. Seit dem späten 5. Jahrhundert setzten sie sich dauerhaft dort fest, vor allem an der Adria südlich des Po. Sie drangen nun auch weiter nach Süden vor, wobei sie die innenpolitischen Verhältnisse auf der italienischen Halbinsel für sich nutzten.

Im weiteren Verlauf des 4. Jahrhunderts wurden die Etrusker in zahlreichen Schlachten von italischen Stämmen wie den Samniten sowie von den griechischen Kolonien besiegt. Zudem waren die südetruskischen Häfen weiterhin aufgrund der politischen Verhältnisse für den internationalen Handelsverkehr geschlossen, weshalb ein Großteil des Handels über die Häfen an der Adria lief. Die Städte im Binnenland blühten auf, die an der Südküste erlebten einen Rückgang. Dennoch entstand dort eine neue Adelsschicht, die mehr Einkünfte aus Landbesitz und Landwirtschaft als aus dem Handel bezog.

Das späte 4. Jahrhundert brachte große Veränderungen in der demographischen, politischen und sozialen Ordnung. Die Etrusker erlitten 396 v. Chr. eine Niederlage gegen Rom und es begann das Eindringen der neuen Macht am Tiber nach Etrurien. Da die etruskischen Städte keine militärische Einheit bildeten, griffen die Römer sie einzeln an und besiegten sie. Rom zwang ihnen Bündnisverträge auf, in denen sie die Oberhoheit des Siegers anerkannten und sich zu hohen Tributzahlungen und Gebietsabtretungen verpflichteten. Teilweise kam es auch zu Zwangsumsiedlungen der Besiegten. Mit Roms Aufstieg zur führenden Macht auf der gesamten italischen Halbinsel war der politische Einfluss der Etrusker endgültig verschwunden. Dass diese bis 509 v. Chr. auch über Rom geherrscht hatten, war damals lange vergangen und vergessen.

Im 1. Jahrhundert v. Chr. gliederte Rom die Etrusker seinem Staatsverband ein. Ihre Städte wurden zu römischen Munizipien, alle Etrusker erhielten das römische Bürgerrecht. Einige der Familien aus der Oberschicht siedelten nach Rom über und machten politisch Karriere. Bei der Neuaufteilung der italischen Halbinsel unter Augustus (27 v. Chr.) wurde Etrurien schließlich zum Verwaltungsbezirk (lat. *regio*) VII. Allmählich ging die etruskische in der römischen Kultur auf, in Religion und Kunst verschwanden ihre Charakteristika. Zu Beginn der römischen Kaiserzeit im 1. Jahrhundert n. Chr. starb sogar die etruskische Sprache aus, da nur noch Latein als Amtssprache gültig war. Doch Roms Aufstieg verdankte sich in vielerlei Hinsicht den etruskischen Errungenschaften in Politik, Architektur, Kultur und Kunst.

ZORNIGE GÖTTER

Den Zeitgenossen galten die Etrusker als außerordentlich religiös, den frühchristlichen Autoren jedoch als die Urheber allen Aberglaubens. Dies lag daran, dass für die Etrusker die Welt vollkommen von göttlichen Mächten durchdrungen und Jegliches allein deren Willen unterworfen war. Jedes Ding und jedes Ereignis war ein Zeichen, vielleicht zur Warnung gesandt, aber immer voller Bedeutung. Die Götter waren nicht zu beeinflussen und beschränkten im Übrigen das Leben eines Menschen auf sieben Jahrzehnte.

Die etruskische Religion verlangte das minutiöse Befolgen der vorgeschriebenen Rituale und das genaue Einhalten der Festtage. Über allem lag die Angst, den göttlichen Geboten nicht zu genügen. Das Verhältnis zwischen Menschen und Göttern unterschied sich dabei von dem der Römer. Letztere glaubten, sie könnten nach dem Prinzip »ich gebe, damit du gibst« einen Vertrag mit den Unsterblichen schließen und dadurch einen gewissen Einfluss auf deren Handeln erlangen.

Auch wenn wir zahlreiche Namen etruskischer Gottheiten kennen, so lässt sich das Pantheon nicht genau rekonstruieren, denn diese Wesen waren zwar übermenschlich, aber ursprünglich kaum menschengestaltig. Meist wurden sie wohl in freier Natur verehrt, denn insbesondere an Seen und Quellen sind große Mengen von Opfergaben zu Tage gekommen. Später übernahmen die Etrusker Göttervorstellungen und deren Abbilder von den Völkern in Mittelitalien und aus Griechenland, allerdings nicht die olympische Hierarchie. Auch variierten die jeweiligen Wirkungsbereiche. So entspricht

Götternamen

Griechisch	etruskisch	römisch
Zeus	Tin (Tinia)	Jupiter
Hera	Uni	Iuno
Hades	Aita	Pluto
Poseidon	Nethuns	Neptun
Demeter	Vei	Ceres
Persephone	Phersipnai	Proserpina
Athena	Men(e)rva	Minerva
Hephaistos	Sethlans	Vulcanus
Aphrodite	Turan	Venus
Ares	Maris /Laran	Mars
Apollon	Aplu (Apulu)	Apollo
Artemis	Aritimi	Diana
Hermes	Turms	Mercur(ius)
Eos	Thesan	Aurora
Dionysos	Fufluns	Bacchus

die Darstellung des höchsten Gottes Tin (Tinia) zwar der des griechischen Zeus, aber im etruskischen Glauben hatte Tin auch Einfluss in der Unterwelt und war zusätzlich eine Vegetationsgottheit. Die Namen der Götter übernahmen die Etrusker teils aus Griechenland, teils von italischen Gottheiten.

Neben diesen, den olympischen Göttern weitgehend entsprechenden Hauptgottheiten gab es weiterhin zahlreiche Geisterwesen, männliche und weibliche, geheimnisvolle und dunkle, von denen teilweise weder die Namen noch ein Mythos oder gar eine Ikonographie bekannt sind.

Zeichen des Himmels

Für die Etrusker lebten die Götter in dem durch ein rechtwinkliges Achsenkreuz in sechzehn Felder eingeteilten Himmel und wirkten von dort auf das irdische Leben ein. Die Gliederung entsprach den vier Himmelsrichtungen: Im Nordwesten saßen die Götter der Unterwelt und des Schicksals, sie konnten Unglück und Gefahren schicken. Im Südwesten hausten die Götter der Erde, im Nordosten die gütigen des Himmels und im Südosten die der Natur. Diese grundsätzliche Einteilung spiegelte sich auf Erden in der Anlage von Städten, Gräbern und Heiligtümern wider. Tempel wandten ihre Fassade der aufgehenden Sonne zu, das Kultbild war auf das Himmelsfeld der entsprechenden Gottheit ausgerichtet.

Die religiösen Schriften der Etrusker, die *disciplina etrusca*, enthielten alle Regeln für das Verhalten der Menschen den Göttern gegenüber und wurden von den Priestern streng gehütet. Die Priesterschaft entstammte der Aristokratie und hatte das Monopol der direkten Verbindung zu den Göttern, was ihr große Macht in der Gesellschaft sicherte. Priesterliches Wissen ging vom Vater auf den Sohn über, für Außenstehende blieb es so geheim wie die Kultpraxis undurchschaubar. In den heiligen Büchern war die wichtigste Disziplin wohl die Deutung der Blitze nach Farbe, Form und Richtung. Dazu kamen die Leber- bzw. Eingeweideschau (lat. *haruspicina*) und offenbar auch die Deutung des Verhaltens der Vögel, ihres Fluges und ihrer Laute (Abb. 108a–c).

In all diesen Naturerscheinungen offenbarten sich die göttlichen Mächte und signalisierten Zustimmung oder Ablehnung ebenso wie Ratschläge. Waren diese Zeichen von den Priestern entschlüsselt, hatten festgelegte Opfer oder das Überbringen von Weihegaben zu folgen. So dankten die Menschen, festigten ihre Beziehungen zu den Göttern oder leisteten Sühne.

Für die komplizierte Praxis der Leberschau nach einem Tieropfer gibt es eine aufschlussreiche Quelle aus dem späten 2. Jahrhundert v. Chr.: die Leber von Piacenza, das 1877 gefundene, bronzene Modell einer Schafleber. Es diente wohl der Ausbildung der auf die Eingeweideschau spezialisierten Priester (lat. *haruspici*). Auf ihm sind in 40 klar umrissenen

■ Abb. 108a–c
Künstlerische Darstellungen der priesterlichen Aufgaben: Deutung von Blitzen, Leberschau, Beobachtung des Vogelflugs

123

Feldern Götternamen in etruskischer Schrift angegeben wie Fuflus, Uni oder Tin(ia), wobei in manchen Feldern mehrere Namen stehen. Die 16 Felder am äußeren Rand der Bronzeleber entsprechen der Einteilung des Himmels.

Zeigte nun die Leber eines geopferten Tieres eine krankhafte Veränderung oder Verfärbung in einem bestimmten Feld, deuteten die Priester dies als Willensäußerung des dort vermerkten Gottes. Zugrunde lag die Vorstellung, dass auch der Körper eines Opfertieres sowie seine Organe die Ordnung des gesamten Universums abbildeten.

Gaben für die Götter

Wie bei Griechen und Römern gehörten zur Kultpraxis der Etrusker Gebete, Tieropfer und Opfergaben unterschiedlichster Art. Archäologisch fassbar sind hauptsächlich letztere, beispielsweise in Bronzestatuetten von Gottheiten und mythischen Figuren, meist im Wachsausschmelzverfahren hergestellt. Sie wurden zu Hunderten in mittel- und südetruskischen Heiligtümern gefunden und stammen aus dem 7. bis 2. Jahrhundert v. Chr. Unter ihnen erfreute sich der Typus des angreifenden Herakles (etruskisch *Hercle*) mit Löwenfell und Keule großer Beliebtheit. Sein Kult war von Großgriechenland nach Etrurien und ganz Mittelitalien gelangt, wo er vom bloßen Heros zum Gott aufstieg. Bei den Etruskern bildete sich ein über die bekannten Zwölf Aufgaben hinausgehender Sagenkreis um Herakles, der ihm weitere tapfere Taten zuschrieb. Zahlreiche Kultstätten belegen seine weit gestreute Verehrung. Die Bronzefigürchen zeigen einen meist bartlosen Herakles, wie er weit ausschreitet und mit seiner Keule zum Schlag ausholt (Abb. 109). Das Löwenfell ist üblicherweise über den Kopf gezogen und auf der Brust verknotet. Bei weniger ausgefeilten Exemplaren blieb von diesem Fell nur noch ein Fortsatz am Unterarm übrig.

Kriegerstatuetten waren im 6. und 5. Jahrhundert v. Chr. weit verbreitet (Abb. 110–111). Die Krieger in kurzem Gewand, Brustpanzer, Beinschienen und Helm trugen Schild und Lanze, letztere sind selten erhalten. Bei vielen Kriegerfiguren, die mit erhobenem Arm eine Lanze schleudern, fällt die Reduktion auf das Wesentliche von Gestalt und Bewegung besonders ins Auge. Ob diese Statuetten den Kriegsgott Laran darstellen, ist ungeklärt.

Seit dem späten 3. Jahrhundert und vor allem im 2. Jahrhundert v. Chr. entstanden Votivstatuetten von häufig bekränzten jungen Männern und Mädchen mit einer Opferschale in der Rechten (Abb. 112), offenbar sind damit Priester und Priesterinnen gemeint.

Die etruskischen Kunsthandwerker zeigten ihre Meisterschaft im Umgang mit ›gebrannter Erde‹ (ital. *terracotta*) nicht nur beim Architekturschmuck, auch lebens- oder unterlebensgroße Statuen für die Heiligtümer gehörten zu ihren sehr qualitätvollen Erzeugnissen. Für die Produktion solch großformatiger Objekte war die präzise Steuerung der Brennvorgänge im Ofen unumgänglich.

Ton war auch das Material für preiswertere Weihegaben, mit denen wie in Griechenland weniger wohlhabende Schichten ihre Frömmigkeit bezeugten.

■ Abb. 109
Statuette des Herakles
4.–2. Jh. v. Chr. ■ Bronze;
H 9,9 cm ■ Inv. Nr. Cd 88

■ Abb. 110
Statuette eines Kriegers
6.–5. Jh. v. Chr. ■ Bronze;
H 9,3 cm ■ Inv. Nr. Cd 207 (N)

■ Abb. 111
Statuette eines Kriegers
5. Jh. v. Chr. ■ Bronze;
H 17,4 cm ■ Inv. Nr. Cd 115

■ Abb. 112
Statuette eines Priesters
beim Opfer
2. Jh. v. Chr. ■ Bronze; H 8,3 cm
(ohne Gusszapfen), B 6,3 cm,
T 1,2 cm ■ Inv. Nr. Cd 57

Der mit einem Mantel und knö-
chelhohen Schuhen bekleidete
Mann hält in der Rechten eine
Schale, in der Linken eine Dose
(Pyxis). Auf dem Kopf sitzt ein
Kranz aus fünf breiten Blättern.

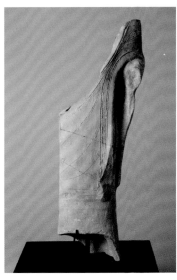

■ Abb. 113
Kopf eines jungen Mannes
Etrurien, Ende 6. bis Anfang 5.
Jh. v. Chr. ■ Ton, bemalt; H 20,1 cm, B 11,5 cm,
T 13,6 cm ■ Inv. Nr. Cc 222/2018

Die Vorderseite des leicht unterlebensgroßen
Kopfes ist mit Hilfe eines Models geformt, die
Rückseite wurde von Hand modelliert. Auffällig
sind die spitz zulaufende Kopfbedeckung und
die großen scheibenförmigen Ohrringe. Unklar
bleibt, ob es sich um den Kopf eines Gottes
handelt.

■ Abb. 114
Fragment einer männlichen Statue
Etrurien, Ende 6. bis Anfang 5.
Jh. v. Chr. ■ Ton, bemalt; H 33,5 cm, B 12 cm,
T 7,3 cm ■ Inv. Nr. Cc 223/2018

Das Fragment gehörte zur Figur eines Mannes
in einem eng anliegenden Mantel, dessen Falten
durch Ritzung angegeben sind. Farbreste zeigen, dass die Statuette ursprünglich bemalt war.
Die Beine sind nicht ausgeführt, der Körper ist
als Röhre gestaltet.

Kleine Figuren und Objekte entstanden
seit dem 4. Jahrhundert v. Chr. mittels
Matrizen auch in Serienfertigung, was
wiederum die Preise senkte. In den Heiligtümern wurden Tonvotive zu Tausenden gestiftet. Auch in Etrurien galten
Votive für immer als Eigentum der Götter,
deswegen wurden sie in regelmäßigen
Abständen ›abgeräumt‹ und in Gruben
verwahrt, wenn Platz für neue Weihegaben nötig war.

Unter den zahlreichen Arten von
tönernen Votivgaben sind neben Statuetten (Abb. 113–114) und Körperteilen
vor allem Köpfe und Halbköpfe bekannt.
Sie waren über Etrurien hinaus bis in die
Gebiete der Falisker, Sabiner und Latiner
sowie nach Kampanien verbreitet. Die
Köpfe symbolisierten vermutlich die opfernden Personen, wobei das Haupt als
wichtigster Körperteil für den ganzen
Menschen steht. Diese Votive waren be-

■ Abb. 115
Männlicher Votivkopf
Wohl aus Veji, 4. bis 3. Jh. v. Chr. ■ Ton;
H 27,5 cm, B 19 cm, T 14 cm ■ Inv. Nr. Ca 16

Die Darstellung ist vom römischen Frömmig-
keitsgestus des ›capite velato‹ abgeleitet: Nur
mit bedecktem Kopf durfte man Göttern gegenüber treten. Dazu wurde das Gewand über den
Kopf gezogen.

sonders im 4. und 3. Jahrhundert v. Chr.
gebräuchlich und offenbar vor allem bei
Kleinbauern und Handwerkern beliebt.

Die Köpfe sind nicht individuell gestaltet, sondern entstammen einer serienmäßigen Produktion aus Modeln
(Abb. 115). Dennoch zeigt sich in einem
Detail das Bemühen um Variantenreich-
tum: Die Frisuren sind unterschiedlich
ausgearbeitet.

URNEN, GRÄBER UND DÄMONEN

Die Etrusker hielten die menschliche
Lebensdauer für vorherbestimmt, mit
priesterlicher Vermittlung war eine Bitte
an den höchsten Gott Tin(ia) um eine Zugabe von höchstens zehn Tagen möglich.
Die Schicksalsbücher, die *libri fatales*,
lehrten aber auch, dass die Seele durch
bestimmte Tieropfer am Grab unsterblich
werden könne.

Der Tod riss ein Loch in das Gefüge
einer Familie, Rituale sollten daher die
gestörte Ordnung in ihr und in der Gesellschaft wiederherstellen. Zum Totenkult,
der sowohl den Verstorbenen ehrt als
auch die Götter der Unterwelt besänftigt,
gehörten die Salbung der Toten, die Aufbahrung, die Klage um sie und schließlich die Bestattung oder Verbrennung
des Körpers. Ihre letzte Stätte fanden
sie in Grabanlagen, an deren Größe und
Ausstattung mit Beigaben Macht und
Reichtum einer Familie sowie der soziale
Status der Bestatteten abzulesen waren.

Leichenspiele zu Ehren des Verstorbenen und zum Ruhm der Angehörigen boten athletische Wettkämpfe wie Laufen,
Weitspringen, Diskuswerfen, Ring- und
Boxkämpfe sowie Pferderennen, begleitet von Musik und Tanz. Bei bewaffneten
Zweikämpfen floss Blut, das seit dem
4. Jahrhundert v. Chr. bezeugte *Phersu*-
Spiel konnte tödlich enden: Ein Mann mit
einem Sack über dem Kopf war chancen-
los den Attacken eines großen Hundes
oder einer Raubkatze ausgeliefert, das
Tier hielt der maskierte *Phersu* an einer Leine. Das Leben des Unterlegenen,
meist ein Sklave oder Kriegsgefangener,

galt gewissermaßen als ein Opfer für den Verstorbenen. Der *Phersu* dürfte einen Todesdämon verkörpert haben. Ein Bankett am Grab beschloss die Bestattungsfeierlichkeiten.

Damit war die Pflicht der Lebenden aber nicht erfüllt, sie hatten auch weiterhin dafür zu sorgen, dass es den Toten im Jenseits an nichts mangelte. Das Grab galt als Haus für die Verstorbenen und zugleich als Altar für die Opfer beim Totenkult. Denn die Ahnen blieben wichtig und präsent, in der Frühzeit als teils lebensgroße Statuen in den Gräbern. Sie erwarteten die neu Verstorbenen nach ihrer gefahrvollen Reise in die Unterwelt mit einem Festmahl, wie es an die Grabwände gemalt war, und dort lebten sie dann alle, beschützt von Gottheiten und Dämonen. Es ist daher wenig erstaunlich, dass überall Trink- und Essgeschirr als Beigaben in den Gräbern auftauchte.

Wie in anderen antiken Kulturen sind unterschiedliche, teils widersprüchlich erscheinende Auffassungen vom Jenseits fassbar. Neben dem Grab als Haus und der Vorstellung von einer unterirdischen Totenwelt glaubten die Etrusker auch an eine Reise der Seele ins Jenseits, das sie sich ähnlich wie die Griechen als eine abgelegene Insel vorstellten. Die Seele konnte auf einem Pferd, einem Wagen oder auch in einem Boot dahin gelangen, sogar der Ritt auf einem Meerwesen war möglich. Bildliche Darstellungen aus dem 5. und 4. Jahrhundert v. Chr. zeigen eine weitere Möglichkeit: Dämonenhafte geflügelte Wesen tragen den Leichnam in die Jenseitswelt.

Im Laufe der Zeit änderte sich das Bild, aus der Totenwelt als Fortsetzung des irdischen Lebens mit heiteren Gelagen wurde ein zutiefst trauriger Ort ohne ewige Glückseligkeit. Außerdem setzte sich allmählich die Vorstellung von Bestrafungen und einem Totengericht durch. Die Grabmalereien zeigten jetzt Bilder von grausamen, Furcht erregenden Todesboten, Totengeleitern und Grabwächtern. Das unausweichliche Schicksal verkündete Vanth, eine junge Frau in kurzem Gewand mit ausgebreiteten Flügeln und Schlangen in Händen und Haar. Der blauhäutige Charun war der Führer in den Hades und öffnete mit seinem mächtigen Hammer dessen Eingang. Sein Aussehen als alter und hässlicher Mann beeinflusste übrigens nachantike Darstellungen des Teufels. Der Dämon Tuchulcha schließlich, ein Geier mit Eselsohren und Schlangenhaar, bewachte die Toten im Reich der Dunkelheit.

Luxus im Jenseits

Brandbestattungen waren in Italien bereits im 12. Jahrhundert v. Chr. verbreitet und hielten sich bis in die Villanova-Zeit (9.–8. Jahrhundert v. Chr.). Man versenkte die in der Regel aus Ton gefertigte Urne mit der Asche des oder der Toten in einer einfachen runden Grube, einem *pozzo* (ital. Brunnen), die in den Fels gehauen oder in der Erde ausgehoben und manchmal mit Kieseln oder Steinen ausgekleidet oder mit Tuffsteinplatten ummantelt war.

Die bikonischen Urnen der Villanova-Kultur (Abb. 116), einer der bekanntesten Keramiktypen der frühen Eisenzeit, wurden von Hand aus grob gemagertem Ton (Impasto-Keramik, siehe unten S. 146ff.) gefertigt. Die Form war nicht nur in Et-

■ Abb. 116

Aschenurne mit Deckelschale

Mittelitalien, 9./8. Jh. v. Chr. ▪ Ton, poliert,
Impasto-Keramik mit Ritzdekor; H 40,5 cm,
Dm 28,6 cm ▪ Inv. Nr. Bg 20 (N)

Die kräftigen Henkel von Urne und Deckelschale
erfüllen nur dekorative Zwecke, da das Ensem-
ble ausschließlich für die Bestattung vorgesehen
war. Einhenklige Schalen als Deckel finden sich
nur in Frauengräbern.

■ Abb. 117

Deckel einer Urne in Helmform

9. Jh. v. Chr. ▪ Ton, Impasto-Keramik; H 70 cm,
Dm 30,8 cm ▪ Inv. Nr. Bg 19

Helme aus Bronze oder wie hier aus Ton waren
als Urnendeckel weit verbreitet und kennzeich-
neten Männergräber. Sie sind ein Indiz für die
Bedeutung des Kriegertums in jener Zeit. Die
Form der Kammhelme stammte ursprünglich aus
Mitteleuropa.

rurien, sondern auch in Kampanien und
nördlich des Apennins verbreitet.

Die auffallend einheitlichen Beigaben
in oder neben den Urnen waren Gerätschaften wie Spinnwirtel und Garnspu-
len, Geschirr aus Impasto-Keramik und
Bronzegegenstände wie Rasiermesser,
Nadeln, Fibeln oder Armreifen. Aus den
Beigaben lassen sich häufig sozialer
Status und Geschlecht der Verstorbenen
erschließen.

Für die Villanova-Zeit sind auch Urnen bezeugt, die Schmuckstücke trugen
oder mit Tüchern umwickelt waren. Daraus schließen einige Forscher, dass sie

den Körper der oder des Verstorbenen
symbolisieren sollten. Gestützt wird
diese Theorie durch menschengestaltige
Urnen, wie sie am Ende des 7. Jahrhunderts v. Chr. in der Gegend von Chiusi
entstanden sind. Sie ähneln den Krügen
für die Organe mumifizierter Toter in
Ägypten und werden deswegen wie diese heute Kanopen genannt (Abb. 118).
Die etruskischen Urnen wurden in sogenannten Ziro-Gräbern beigesetzt, dabei kam die eigentliche Urne in ein sehr
großes, bauchiges und tönernes Vorratsgefäß (ital. *ziro*) mit weiter Öffnung.
Beides zusammen stellte man in einen

■ Abb. 118
Aschenurne in Menschengestalt
(Kanopus)

Aus einem Grab (*tomba a ziro*) in Podere
Dolciano bei Chiusi (1886); um 600 v. Chr. ■
Ton, Impasto-Keramik; H ges. 71,5 cm,
B 39,5 cm (Sessellehne) ■ Inv. Nr. Bg 8 + Bg 9

Die eiförmige Urne steht auf einem runden
Thron mit geschwungener Lehne (hier rekon-
struiert). Seine Form folgt Metallvorbildern,
wie die Nietenköpfe am Unterteil des Sitzes
belegen. Derartige Möbel sind ein Indiz für den
hohen sozialen Rang des Verstorbenen.

An der Urne fallen die Arme mit den auf dem
Bauch liegenden Händen auf. Der als Deckel
dienende Kopf trug ursprünglich Ohrschmuck,
worauf die Bohrungen in den Ohrläppchen
hinweisen. Die mandelförmigen Augen waren
vermutlich mit einem anderen Material ausgefüllt.

Erdschacht, der mit einer Steinplatte ab-
gedeckt wurde. Später konnten Kanopen
auch in Kammergräbern aufgestellt sein.

Im südlichen Etrurien ging die Brandbestattung im 7. Jahrhundert v. Chr. immer mehr zurück zugunsten der Körperbestattung in einfachen rechteckigen,
mit Steinplatten ausgelegten Schacht-
gräbern, den *tombe a fossa*. Nun lagen
die bekleideten Toten ausgestreckt auf
einem Holz- oder Bronzebett in den Gruben, inmitten zahlreicher Beigaben.

Seit dem 7. Jahrhundert v. Chr. schütte-
tete man über den überall in Etrurien
vorhandenen unterirdischen Kammergräbern für Familienbestattungen runde
Erdhügel auf, die Tumuli. Die im 6. Jahrhundert v. Chr. vorherrschende Grabar-
chitektur mit einem Mittelraum, um den
sich die Kammern gruppieren, hielt sich
bis in die Spätzeit. Da die Verbindung
zwischen den toten Ahnen und den Lebenden aufrechterhalten werden sollte
und der Ort dafür das Grab war, konnte
man es für Opfer und Totenrituale betre-
ten. Die Verstorbenen lagen dort in Sarkophagen aus Holz, Stein oder gebranntem Ton, zusammen mit persönlichen
Gegenständen und anderen Beigaben.
Seit der Mitte des 6. Jahrhunderts entstanden auch Würfel- oder Fassaden-
gräber, die wie Wohnhäuser entlang von
rechtwinklig angeordneten Straßen auf-
gereiht waren (Abb. 119).

Eindrucksvoll sind vor allem die Fres-
komalereien, die seit dem 7. Jahrhundert v. Chr. die Kammerwände in den
Gräbern sozial höhergestellter Personen
in Südetrurien schmückten. Sie wurden
bis in hellenistische Zeit angefertigt und
überliefern ein vielseitiges Bild der etruskischen Lebenswelt.

Im 3. Jahrhundert v. Chr. behielt man
im Süden die Körperbestattung noch bei,

■ Abb. 119
Die Nekropole Crocefisso del Tufo von Orvieto mit rechtwinklig angelegten Straßen und würfelförmigen Gräbern aus dem mittleren 6. Jh. v. Chr.

während man in Nord- und Mitteletrurien zur Brandbestattung zurückkehrte. Urnen waren nun kleine Aschenkisten aus Ton, Alabaster, Tuffstein oder Travertin, mit Reliefs geschmückt, bunt bemalt und teilweise vergoldet. Die Figuren auf den Deckeln zeigen die Verstorbenen, allein oder als Paar, als lägen sie bei Tisch. Der Kopf wurde dabei besonders betont. Die Kisten kamen in Kammergräber, in denen ganze Familienverbände ihre letzte Ruhe fanden, wo sie sich zahlreich an den Seitenwänden aufreihten. Gefertigt wurden die Urnen in Werkstätten in Chiusi, Perugia oder Volterra. Da die Urnenkästen vor eine Wand gestellt wurden, verzierte man nur die Vorder- und die beiden Schmalseiten. Besonders beliebt waren

Szenen des Abschieds (Abb. 5) und der Jenseitsreise sowie Abbildungen der Verstorbenen selbst.

Auch die Urnen vollzogen den Wandel in der Ikonographie der Grabkunst mit, der die Bilder adligen Lebensstils aus dem 6. und 5. Jahrhundert v. Chr. mit denen schrecklicher Tötungsszenen ersetzte. Sie hielten sich vom 4. bis zum 1. Jahrhundert v. Chr. Vermutlich empfanden die Etrusker jener Zeit den Übergang vom Dies- ins Jenseits als besonders gefährlich und drückten ihre Ängste in düsteren Bildern aus. Zu ihnen gehörten seit dem 2. Jahrhundert v. Chr. griechisch beeinflusste Szenen aus dem Trojanischen Krieg oder dem thebanischen Sagenkreis. Man illustrierte tödliche Intrigen

■ Abb. 120
Aschenurne mit Gelagertem (Deckel)
und Ermordung des Myrtilos durch Pelops (Kasten)
Aus Volterra; 2. Jh. v. Chr. ■ Alabaster ■ Inv. Nr. Bc 6 [Kriegsverlust]

Myrtilos hatte Pelops geholfen, beim Wagenrennen den Vater der Hippodameia zu besiegen.
Als diese aber von Myrtilos bedrängt wurde, tötete Pelops ihn. Die Aschenurne zeigt den an
einen Altar geflüchteten Myrtilos, den Pelops an den Haaren packt und mit dem Schwert ersticht,
während links Hippodameia dem Opfer ein sechsspeichiges Wagenrad entreißt. Rechts betrachtet ein bärtiger Mann mit Stab entsetzt das Geschehen.

oder das unentrinnbare Schicksal mythi-
scher Gestalten sowie deren tragischen
oder grausamen Tod (Abb. 120).

Die Bestattung in Sarkophagen gab
es in Einzelfällen seit dem 6. Jahrhundert v. Chr., aber in hellenistischer Zeit
verbreitete sie sich zunehmend. Die Deckel der Sarkophage geben die Toten
entweder flach liegend oder wie beim
Gastmahl gelagert mit aufgestütztem
Arm wieder.

Es sollte nicht vergessen werden,
dass es neben den prächtig ausgestatteten Gräbern der Oberschicht immer auch

schlichte Bestattungen für die weniger Wohlhabenden gab. Häufig waren es einfache Gruben in der Erde oder in den Fels eingetiefte Nischen, die archäologisch kaum fassbar sind.

Vulci, eine Stadt und ihre Gräber

Die bereits im 9. Jahrhundert v. Chr. bestehende Siedlung entwickelte sich rund 200 Jahre später zu einer der reichsten und größten Städte Etruriens, zu einem Zentrum der Bronzeindustrie und der Keramikherstellung, aber auch für den Import von griechischen Vasen.

Die 280 v. Chr. von den Römern eroberte Stadt lag westlich des Flusses Fiora auf einem flachen Tuffplateau, ihre großflächig angelegten Nekropolen erstreckten sich zu beiden Seiten des Flusses. Mehrere Brücken verbanden in der Antike die Stadt mit ihren Begräbnisstätten, unter anderem die heutige Ponte dell'Abbadia, deren Pfeilerfundamente noch aus etruskischer Zeit stammen.

Die Nekropolen Vulcis wurden bereits seit den letzten Jahrzehnten des 18. Jahrhunderts geplündert, umfassende ›Grabungen‹ erfolgten auch zu Beginn des 19. Jahrhunderts und in den 1920er Jahren, vor allem aus kommerziellem Interesse. Anstelle von Grabungsberichten gab es Verkaufskataloge, natürlich ohne Angaben zum originalen Fundkontext, die für die Forschung wichtig wären. Mehrere Tausend griechische Vasen, darunter viele von höchster Qualität, wurden damals an Museen und Privatsammlungen in Europa und den USA verkauft. Auch in Mannheim gibt es Funde aus dieser Nekropole, sie wurden bereits 1883 für das Großherzogliche Antiquarium erworben.

Die ersten Bestattungen in den Nekropolen Vulcis im 8. bis 7. Jahrhundert v. Chr. waren mit Erde gefüllte Gruben für Körperbestattungen, sogenannte *tombe a fossa*. Ab der zweiten Hälfte des 7. Jahrhunderts schlug man große Familiengräber unterirdisch aus dem Tuffstein heraus, mit mehreren Kammern und einem langen, in einen großen offenen Vorhof führenden Korridor. Der Vorhof hat die Form eines Kastens (ital. *cassone,*), deswegen lautet der Fachbegriff *tombe a cassone*. Bis zum 5. Jahrhundert waren sie für Vulci und sein Territorium typisch. An den Eingängen wachten große Steinfiguren, Fabelwesen oder Raubtiere.

Bei den Gefäßen aus einem Schachtgrab (*tomba a fossa*) in Vulci vom Anfang des 6. Jahrhunderts v. Chr. handelt es sich um wenige aus Korinth importierte Gefäße und mehrere etruskische Imitationen (Abb. 121), darunter Teller, Räucherkelche und kugelige oder birnenförmige Salbölgefäße (*Aryballoi*). Besonders originell ist das Exemplar in Form eines sitzenden Affen mit dünnen Gliedmaßen. Ergänzt wird das reiche Inventar des Grabes mit Goldschmuck und Gewandfibeln (Abb. 182).

Das nicht ganz vollständige Beigabenensemble aus einem Grab von der Wende des 6. zum 5. Jahrhundert (*tomba a cassone*) besteht aus griechischer Keramik und vielen Bronzeobjekten wie unterschiedlich verzierten Henkeln von Schnabelkannen. Damals hatte sich in Athen bereits der rotfigurige Stil durchgesetzt, schwarzfigurige Keramik kam deswegen meist nur noch als günstigere Exportware in den Handel. Die Wertschätzung derartiger Stücke hielt aller-

■ Abb. 121
Keramik aus dem Fossa-Grab in Vulci mit etruskischen Nachahmungen von Gefäßen aus Korinth
Anfang 6. Jh. v. Chr. ■ Inv. Nr. Cg 28, Cg 29, Cg 25, Cg 21, Cg 32, Cg 33 (von links nach rechts)

dings bis weit ins 5. Jahrhundert v. Chr. an, deswegen wurde auch die qualitätvolle Augenschale noch in der Antike sorgsam geflickt (Abb. 97).

TEMPEL, HÄUSER UND PALÄSTE

Erst seit der Mitte des 20. Jahrhunderts ist das Aussehen der etruskischen Städte mit ihren öffentlichen und privaten Bauten sowie ihren Handwerkervierteln besser bekannt. Man grub nun zunehmend Siedlungen aus, während man sich zuvor meist nur den Nekropolen mit ihren reichen und spektakulären Funden

gewidmet hatte. Allerdings ist von der Siedlungsarchitektur der Frühzeit kaum etwas erhalten, da das aufgehende Mauerwerk der Bauten hauptsächlich aus vergänglichen Materialien bestand. An vielen Orten hat zudem die nachetruskische Überbauung das meiste zerstört.

Fast alle etruskischen Siedlungen und Städte lagen auf hohen Plateaus, die leicht zu verteidigen waren. Weil die Angriffswaffen immer wirkungsvoller wurden und die kriegerischen Auseinandersetzungen zunahmen, errichtete man bald danach Stadtmauern. Die großen Handelsstädte am Tyrrhenischen Meer lagen ein Stück weit im Landesinneren, um sie so vor Angriffen vom Meer her zu schützen.

Umfangreiche Untersuchungen zur Urbanistik und Wohnarchitektur erlauben beispielsweise die Ausgrabungen in Marzabotto in der Nähe von Bologna sowie in San Giovenale und Acquarossa, beide in der Provinz Viterbo gelegen. Hier soll nur kurz auf Marzabotto eingegangen werden.

Die im 6. Jahrhundert v. Chr. an einem der Haupthandelswege Etruriens nach Norden und zu den Adriahäfen gegründete und bereits im 4. Jahrhundert v. Chr. wieder verlassene Stadt lag am Nordabhang des Apennins am Fluss Reno. Es ist die einzige etruskische Siedlung, deren Gesamtstruktur bekannt ist, und sie unterscheidet sich deutlich von den auf Höhenzügen errichteten Städten im südlichen Etrurien mit ihren verschlungenen Wegen und Straßen. Einige Zeit nach der Gründung erhielt Marzabotto ein regelmäßiges Raster als Grundriss. Vermutlich hing dies mit dem Kontakt zu den griechischen Städten in Unteritalien zusammen.

Nach den vier Himmelsrichtungen ausgerichtete und rechtwinklig angeordnete Haupt- und Nebenstraßen trennten die einzelnen Wohnblocks (lat. *insulae*) voneinander. Letztere waren in nahezu gleich große Parzellen eingeteilt. In mindestens einer dieser *insulae* entwickelte sich um die Mitte des 5. Jahrhunderts v. Chr. ein Haustypus, der in römischer Zeit als Atriumhaus bekannt wurde. Neueren Forschungen zufolge entsprach diese Gebäudeform dem großen Platz- und Repräsentationsbedarf einer Oberschicht.

Für die Neugründung einer Stadt gab es bestimmte Regeln und von Priestern überwachte Rituale. So musste sie unbedingt nach der Sonne ausgerichtet sein. Mit einem geweihten Stab wurde eine Linie um das künftige Stadtgebiet gezogen, eine Kuh und ein Stier pflügten danach eine Furche entlang dieser Linie. Eine neue Stadt musste Tore, drei Tempel und drei Hauptstraßen haben. Der Cardo, von Nord nach Süd verlaufend, und der Decumanus, von Ost nach West, bildeten das zentrale Achsenkreuz für das rechtwinklige Straßensystem. Das Schema entsprach der etruskischen Vorstellung von der Einteilung der Welt in vier, von den jeweiligen Gottheiten beherrschte Regionen. Wie vieles andere aus der etruskischen Kultur übernahmen die Römer später dieses Planschema für den Bau ihrer Kastelle und neu angelegten Kolonien und Provinzstädte.

Die im Vergleich zu den Wohnbauten besser erforschten Tempel beurteilte der römische Architekt und Ingenieur Vitruv in seinem um 25 v. Chr. verfassten Werk *Zehn Bücher über die Architektur* (*de architectura* 4,7). als typisch ›etruskisch‹. Der breit rechteckige oder quadratische, streng frontal ausgerichtete etruskische Tempel erhob sich auf einem hohen, gemauerten Podium (Abb. 122). Eine breite Freitreppe führte zu einer offenen Vorhalle mit einer doppelten Säulenreihe, dahinter lag die dreiteilige Cella. Im mittleren Raum stand das Kultbild. Die gedrungen wirkende Grundform kehrt später auch bei römischen Tempeln wieder. Im Unterschied zu griechischen Tempeln ist der etruskische in das Kultgeschehen eingebunden, da sein Inneres zugänglich war. Auffällig ist die Orientierung der Gebäude nach Süden. Neben dieser ›kanonischen‹ Form gab es Varianten mit nur einem Raum, auch die Außengestaltung konnte variieren.

Weil in Etrurien geeignetes Steinbaumaterial fehlte – die Marmorbrüche von Carrara wurden erst gegen Ende des 1. Jahrhunderts v. Chr. in Betrieb genommen –, bestanden die Kultbauten lange nur aus einem gemauerten Sockel und Wänden vorwiegend aus Ziegeln, Holz oder Flechtwerk. Häufig waren die Tempel mit bunt bemalten Bauteilen aus gebranntem Ton geschmückt. Erhalten sind vor allem die Verkleidungen der Dächer: aus Formen gewonnene, ornamental und figürlich gestaltete Stirnziegel sowie Platten zum Schutz der hölzernen Dachstühle vor Witterungseinflüssen. Seit dem 6. Jahrhundert v. Chr. trugen die Tempel darüber hinaus auf dem First und an den Ecken des Giebels Ornamente und große Figuren von Göttern und Helden aus Ton. Da die Giebel im Gegensatz zu den griechischen offen blieben und der Firstbalken somit der Witterung ausgesetzt war, wurden hier ebenfalls bemalte oder figürlich gestaltete Verkleidungsplatten aus Ton befestigt.

Die Hausarchitektur der Frühzeit ist außer durch Grabungsbefunde auch durch Graburnen überliefert, deren Formen die Entwicklung nachzeichnen. Offenkundig wurden diese Aschenbehälter als Wohnstätte der Verstorbenen angesehen und nach realen Vorbildern gestaltet. Demnach hatte das Wohnhaus in den Siedlungen der Villanova-Zeit einen runden, viereckigen oder ovalen Grundriss und bestand aus Holz, Lehm und Flechtwerk aus Ästen (Abb. 124). Es trug ein hohes, spitz zulaufendes Dach aus Stroh und Ried, auf dem Holzbalken auflagen. Um die Häuser verlief ein Graben, um das herabtropfende Regenwasser aufzufangen. Im Inneren waren die mit Pfosten gestützten Häuser gelegentlich durch Trennwände unterteilt und von mehre-

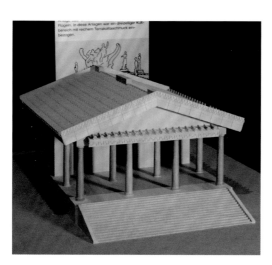

■ Abb. 122
Rekonstruktion eines etruskischen Tempels angelehnt an den Belvedere-Tempel in Orvieto; Maßstab 1:10 ■ Birnbaum; H 30 cm, 77 x 100 cm ■ Modell: Werkplan, Karlsruhe (2006) ■ Inv. Nr. Mo 2

■ Abb. 123
Altar in Pieve di Socana (Arezzo), 5. Jh. v. Chr.
Unter der neben dem Altar errichteten romanischen Kirche wurden die Baureste des dazugehörigen Tempels entdeckt. Wie in Griechenland war der Altar ein wichtiger Teil der heiligen Stätten in Etrurien.

ren Familien bewohnt. Der Lehmverputz schützte vor Wetterschäden, möglicherweise waren die Wände verziert.

Im 8. Jahrhundert v. Chr. entstanden auf der italischen Halbinsel ca. zehn Meter lange Häuser mit dem Eingang an einer der Schmalseiten und hintereinanderliegenden Räumen. Gekreuzte Dachbalken verliehen ihnen Stabilität und boten Platz für geschnitzten Dekor (Abb. 125). Der oft über dem Eingang angebrachte Rauchabzug sorgte auch für Lichteinfall. Der Typus des sogenannten Langhauses hielt sich vereinzelt noch bis in die Zeit um 500 v. Chr.

Möglicherweise unter griechischem Kultureinfluss errichtete man ab dem mittleren 7. Jahrhundert v. Chr. soge-

nannte Breithäuser mit gemauerten Tuffsteinsockeln für die Wände aus lufttrockneten Ziegeln und Holzfachwerk. Sie hatten den Eingang an der Breitseite und waren nun mit Ziegeln gedeckt, was aus bautechnischen Gründen einen rechteckigen Grundriss und einen massiven, aus Holz gezimmerten Dachstuhl voraussetzte. Für den Rauchabzug ließ man im Dach eine Öffnung, die von einer beweglichen Scheibe bedeckt war.

Später entstanden zunehmend komplexere Hausformen mit mehreren nebeneinander- und parallel zur Straße liegenden Räumen. Die Funktionen der Gebäudetrakte differenzierten sich und unterschiedliche Häuserformen existierten gleichzeitig nebeneinander.

■ Abb. 124

Urne in Form einer Hütte mit Tür

Mittelitalien, 10. bis 9. Jh. v. Chr. ■ Ton, poliert, Impasto-Keramik, Bronze (Türriegel); H 29,5 cm, L 33,5 cm, B 26,9 cm ■ Inv. Nr. Bg 18

Die kleinformatigen Hüttenurnen traten vor allem in Südetrurien und in Latium auf. Deutlich erkennbar sind die leicht gewölbten Wände, die rechteckige Türöffnung mit abgerundeten Ecken und die Konstruktion der aus Holz und Stroh bestehenden Dächer. In den Urnen wurde der Leichenbrand von sozial hochgestellten Verstorbenen bestattet, manchmal ergänzt von kleinformatigen Beigaben.

Im 6. Jahrhundert v. Chr. entwickelte sich das Hof- oder Atriumhaus (wie oben für Marzabotto geschildert), mit einer symmetrischen Anordnung der Räume um einen größeren zentralen Innenhof, in dem das Regenwasser in Zisternen ablaufen konnte. Offenbar gab es Häuser mit einem oberen Stockwerk zum Wohnen, während sich im Erdgeschoss

Wirtschafts- und Lagerräume sowie Ställe befanden. Wie die Tempel trugen auch die Privathäuser Dekorelemente aus gebranntem Ton. Vor allem die Dachgestaltung folgte griechischen Vorbildern, wenn auch die Ziegelform unterschiedlich war: Man verwendete flache Unterlegziegel mit hochstehenden Rändern, darüber lagen getrennt gefertigte Deckziegel.

Rückschlüsse auf die Innenausstattung der Häuser erlauben die Grabkammern, die als Wohnungen der Toten galten. Da nur reiche Familien sich solche Grabanlagen leisten konnten, gibt deren Gestaltung auch den Lebensstil der Wohlhabenden wieder. An Möbeln aus Holz hatte man Sessel und Stühle, Betten, Tische und Truhen zur Aufbewahrung von Textilien und Kleidung, dazu kamen zahlreiche Gerätschaften aus Bronze wie Kandelaber, Räuchergefäße, Dreifüße oder Kohlebecken. Bei den Möbeln war das meiste nach griechischen Vorbildern gearbeitet, allerdings mit üppigerem Dekor. Natürlich fehlten in keinem wohlsituierten Haushalt Importwaren, aus Griechenland Vasen und aus dem Orient Elfenbeinarbeiten.

Das palastähnliche Wohn- oder Herrenhaus – auch *regia* genannt, ein herrschaftlicher Amts- und Wohnsitz mit religiöser Funktion – war entweder eine monumentale quadratische Anlage oder ein ausladendes mehrflügeliges Gebäude. Die in der früheren Forschung verbreitete Annahme, hinter diesem Bautypus stünden altorientalische Vorbilder, ist mittlerweile umstritten.

Die ältesten Bauphasen des sogenannten Palastes in Poggio Civitate bei

■ Abb. 125

Murlo im Hinterland von Siena, eines großflächigen (61 x 61 m), vierflügeligen Herrenhauses, und des zweiflügeligen Baus F in Acquarossa bei Viterbo werden ans Ende des 7. Jahrhunderts v. Chr. datiert. Beide hatten einen Wohnbereich, Räume für Feste und Gelage sowie für sakrale Veranstaltungen. Das Religiöse gehörte für die Etrusker ganz selbstverständlich zum täglichen Leben, hierin wurzelt die später bei den Römern so wichtige Verehrung von Haus- und Schutzgottheiten in den privaten Lararien. Säulenhallen dienten der Repräsentation ebenso wie die Bilder von Banketten, Reiterwettkämpfen und anderen Freuden des aristokratischen Lebens, die auf Terrakottaplatten an den Wänden der Prunkräume dargestellt waren.

Bereits in minoischer und mykenischer Zeit (3. Jahrtausend – 12. Jahrhundert v. Chr.) blühte nicht nur ein regionaler, sondern auch ein intensiver überregionaler Handel, der mit dem Zusammenbruch der Palastanlagen um 1100 v. Chr. allerdings deutlich zurückging. In der Eisenzeit, vor allem seit dem 7. Jahrhundert, erholte sich der Fernhandel wieder, hauptsächlich dank der Phönizier, die regionale Handelsnetze durch ihr eigenes Handelssystem miteinander verknüpften. Sie verkauften sowohl Rohstoffe als auch ihr herausragendes handwerkliches Können. Die *Ilias* preist sie als Erzeuger hochwertiger Waren, die *Odyssee* schmäht sie als Händler mit dubiosen Methoden.

Unterwegs waren in der Antike nicht nur Waren und Menschen, sondern auch Ideen, Wissen und Technologien.

Transport zur See

In der Antike galten die Phönizier als ›Erfinder‹ der Seeschifffahrt. Sie bauten immer bessere Schiffe und brachten immer größere Warenmengen aus Ländern wie Assyrien, Iran oder Indien von der Levante an die Küsten rund ums Mittelmeer. Der Warenverkehr auf Schiffen war schnell und effizient, aber nicht ganzjährig möglich, da Stürme und schlechte Sicht die Seefahrt zwischen Oktober/November und März/April weitgehend zum Erliegen brachten. Doch nicht nur vom Wetter, auch vom Agrarkalender – Produkte standen, im Gegensatz zu heute, nur zu bestimmten Jahreszeiten zur Verfügung – war der Seehandel abhängig.

Seit dem 6. Jahrhundert v. Chr. befuhren Schiffe mit kurzem, breitem Rumpf, hohen Bordwänden, großem viereckigem Rahsegel, großem Laderaum und kleiner Ruderbesatzung griechische Gewässer. Reine Segelschiffe waren zwar ökonomischer, da sie ohne Ruderer vorwärtskamen, doch Windstille oder ungünstige Strömungen konnten sie aufhalten. Für verlässliche Transport- und Lieferzeiten für Dokumente und Briefe, Personen und Eilgüter waren also geruderte Schiffe unerlässlich. Die Ladekapazität der Handelsschiffe betrug bis zu 150 Tonnen.

In römischer Zeit gab es größere Schiffstypen, oft mit mehreren Masten und Segeln. Sie transportierten vor allem Getreide, wobei sie durchschnittlich 325 Tonnen fassten. In der Kaiserzeit fuhren sogar Superfrachter (lat. *corbitae*) mit einer Ladekapazität von rund 1.300 Tonnen.

Den ›kleinen‹ Küstenverkehr bestritten zu allen Zeiten kleinere schnelle Boote und kurze Schiffe mit gedrungenem Rumpf.

■ Abb. 126

Segelschiff mit Steuermann

Vorratsgefäß (Halsamphora) aus dem Umkreis des Lysippides-Malers ■ Athen, um 520–510 v. Chr. ■ Ton, schwarzfigurige Maltechnik, weiße und rote Deckfarbe; H 31 cm, Dm 22 cm ■ Inv. Nr. Cg 343 ■ Geschenk des Fördererkreises für die Reiss-Engelhorn-Museen

Der als Eberkopf gestaltete Rammsporn des schlank gebauten Schiffes spricht für die Darstellung eines Kriegsschiffs, allerdings fehlen die charakteristischen Ruder. Vielleicht ist hier doch ein Handelsschiff zu sehen.

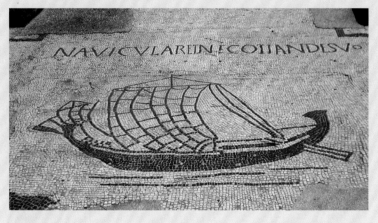

■ Abb. 127

Mosaik am Platz der Korporationen in Ostia

Ende 2. Jh. n. Chr.

Am Platz der Korporationen in Ostia lagen über 60 kleine Räume (lat. *stationes*), die von Reedereien und Handelsgesellschaften aus verschiedenen Städten und Regionen des römischen Reiches genutzt wurden. Vor der Statio 15 liegt das Mosaik mit der Darstellung eines Handelsschiffs und der Beischrift NAVICVLAR ET NEGOTIAN DE SVO (›de suo‹ bedeutet ›auf eigene Rechnung‹).

Transport zu Land

Die frühere Forschung hielt den Transport zur See für deutlich kostengünstiger, denn den Landweg verteuerten und verlangsamten allein schon geographische Hindernisse wie Gebirge oder Feuchtgebiete, außerdem seien ein gutes Straßen- oder Wegenetz und viele Last- oder Zugtiere vonnöten gewesen, was die Kosten ebenfalls in die Höhe getrieben hätte. Heute hält man es für wahrscheinlich, dass manche Waren kombiniert zu Land und zu Wasser transportiert wurden.

Geringere Distanzen auf dem Festland überwand man mit Lasttieren wie Eseln, Pferden oder Kamelen oder auch mit Karren, die Ochsen, Rinder, Esel oder Maultiere zogen. Je nach Wagentyp

konnten bis zu 20 Zentner Transportgut bewegt werden.

Seit mykenischer Zeit verband in Griechenland ein relativ dichtes Netz von Verkehrswegen die Siedlungen, wenn auch weniger gut ausgebaut als später das römische. Die Etrusker kannten bereits um 400 v. Chr. voll gepflasterte Wege und Straßen zwischen ihren Städten und Siedlungen. Für die Überwindung von Höhenunterschieden schlugen sie Trassen ins Gelände, zur Ableitung des Regenwassers hoben sie parallel zu den Straßen Gräben aus, eigens angelegte Fahrrinnen in den Straßenbelägen sorgten für bessere Fahrt auf Gefällstrecken.

All dies übernahmen die römischen Bauingenieure für das Straßennetz des

Imperiums, dessen Hauptstränge zwölf große, von Rom ausgehende Fernwege waren. Effiziente Verbindungen waren wichtig für Handel, aber auch für Militär und Verwaltung. Rasthäuser und Pferdewechselstationen sorgten für bequemes und schnelles Vorankommen.

Auf größeren Flüssen ließen sich Waren ebenfalls transportieren, der Nil, die Rhone, die Donau oder der Po erschlossen ihr jeweiliges Hinterland. Griechenland war hier im Nachteil, weil es nur wenige ganzjährig wasserführende Flüsse besitzt, Italien verfügte noch zusätzlich über Kanäle und Lagunen.

Der Tiber verband den Hafen von Ostia mit der Hauptstadt. Kamen auch flach gehende Seeschiffe nicht flussaufwärts bis nach Rom, lud man die Waren auf bis zu 100 Tonnen tragende Plattbodenschiffe um, die den Tiber hinauf von Ochsen, Maultieren oder auch Menschen getreidelt wurden. Oder Karren brachten die Waren über die gut ausgebaute Verbindungsstraße in die Hauptstadt.

Waren und Wege

Handelsniederlassungen an den Mittelmeerküsten, die Keimzellen späterer Städte, versorgten die gesamte antike Welt mit Gütern: mit Rohstoffen, etwa Metallen oder Hölzern, kunsthandwerklichen Erzeugnissen wie Textilien und Keramiken, Luxusgütern wie Gewürzen, Weihrauch, Parfüms, Kosmetika, Edelsteinen, Elfenbein, Seidenstoffen sowie mit Wein, Getreide und Öl. Säcke voller Getreide waren sowohl für Athen als auch für Rom das wichtigste Importgut. In Rom gab es für die Versorgung der Bevölkerung mit Korn sogar einen eigenen Beamten (*praefectus annonae*), auch wenn Einkauf und Transport in den Händen von Privatleuten lagen und Spekulationsgeschäfte häufig die Preise nach oben trieben.

Flüssigkeiten wurden in Tonamphoren transportiert. Erhalten haben sich Unmengen davon, sie enthielten ehemals Olivenöl, Wein, Most oder die vergorenen, als Würzmittel beliebten Fischsaucen (lat. *garum*). Auch Oliven, Datteln, Feigen und Nüsse füllte man in Amphoren. Auf ihrer Außenseite waren Inhalt, Händlername, Transportweg und Zollkontrollen verzeichnet.

Phönizier und Griechen, später auch Etrusker und schließlich Römer traten als bedeutende Handelsnationen auf. Während die Phönizier sich auf Luxuswaren wie Metallobjekte, Elfenbeine, Textilien und Kosmetika aus dem Orient spezialisiert und ein Monopol auf den Zinnhandel mit Nordeuropa hatten, brachten die Griechen Wein, Öl und hochwertige Keramik in den Handel. Die Etrusker veräußerten vor allem Erze, aber auch Wein, Olivenöl und Salz.

Das wachsende Netz an Umschlagplätzen reichte schließlich bis in die Häfen des Ärmelkanals, des Mittelmeers, des Schwarzen Meers, des Persischen Golfs und des Bengalischen Golfs, wo Kaufleute aus dem Fernen Osten auf Handelskontakte warteten. Nach der Entdeckung der für die Seefahrt hilfreichen Monsunwinde im 2. Jahrhundert v. Chr. blühte der Handel mit Indien auf.

Verschiedene Karawanenwege, manche schon in der Bronzezeit entstanden, kamen vor allem seit dem 5. Jahrhundert v. Chr. aus China, dem Tarim-Becken und aus Innerasien. Später hieß dieses Wegesystem die ›Seidenstraße‹ und führte entweder zum Schwarzen Meer oder zu den Küsten Kleinasiens und Syriens. Nach Westen gelangten Seide, Edelsteine und Gewürze, nach Osten Wolle, Edelmetalle und Glaswaren. Die chinesische Hou Hanshu Chronik aus dem 5. Jahrhundert n. Chr. berichtet sogar von römischen Händlern, die bereits 166 n. Chr. den chinesischen Kaiserhof erreicht hätten. Über die Weihrauchstraße brachten Karawanen seit dem 10. Jahrhundert v. Chr. Weihrauch, Gewürze und Edelsteine von Südarabien bis zum Mittelmeer. Bernstein von der Nord- oder Ostsee kam über verschiedene, voneinander unabhängige Handelswege ans Mittelmeer.

Handelsplätze

Seehandel funktionierte auch in der Frühzeit nicht ohne Häfen, weil die Schiffe sonst zum Schutz und zum Be- und Entladen mühsam an Land gezogen werden mussten. Die ersten großen Hafenanlagen entstanden an der Küste der Levante, später in der Ägäis. Dank der Koloniegründungen seit dem 8. Jahrhundert v. Chr. entwickelte sich ein dichtes Netz an Anlegestellen, ab dem 6. Jahrhundert baute man umschlossene Häfen. Überall gab es Zollämter, Handelsagenturen und riesige Lagerhäuser. Dazu kamen Märkte und Läden, aber auch Heiligtümer, um die Waren direkt zu verkaufen.

Neben Athen mit seinem Hafen Piräus und Alexandria war Korinth an der Landenge zwischen Ägäis und westlichem Mittelmeer einer der wichtigsten Umschlageplätze für Waren aller Art, denn es lag günstig zwischen der Peloponnes und dem übrigen Griechenland sowie auf der Seeroute von Ost nach West. Es war billiger, Waren hier umzuladen, als sie auf den nicht ungefährlichen Weg um die Südspitze der Peloponnes herum zu schicken. Die Einnahmen aus Zöllen und Hafengebühren bereicherten Korinth, dank seiner Kolonien kontrollierte es darüber hinaus den Fernhandel im westlichen Mittelmeer und in der Adria.

Eine bedeutende Mittlerrolle zwischen Westen und Osten spielten die Inseln in der Ägäis, neben Kreta vor allem Zypern. Von hier aus verliefen wichtige Verbindungswege in alle Teile der damals bekannten Welt. Auch Rhodos war in hellenistischer Zeit ein wichtiger Umschlagplatz zwischen Ägypten, Syrien und der Ägäis. Delos, seit 166 v. Chr. Freihandelshafen, wurde zum Handelszentrum der italischen Kaufleute. Hier hatte sich ebenfalls ein Transithandel aus dem Orient angesiedelt. Infolge von Kriegen und organisiertem Menschenraub avancierte die Insel während des 2. und des 1. Jahrhunderts v. Chr. zum Zentrum des Sklavenhandels, da insbesondere auf der italischen Halbinsel die Nachfrage nach Sklaven stetig wuchs.

Die Häfen der Levante verbanden Mesopotamien mit dem Mittelmeer. Hier endeten viele Handelswege aus dem Osten, an denen auch die Oase Palmyra lag. Die Wüstenstadt bildete seit der Zeitenwende als Drehscheibe des Orienthandels eine starke Konkurrenz für Ägypten und seine Häfen am Roten Meer. Über Karawanen wurden Waren an den Euphrat und über diesen bis an den Persischen Golf, von hier aus mit Schiffen nach Indien transportiert.

Den Fernhandel betrieben professionelle Händler (griech. *emporoi*). Sie kauften von den Herstellern und schlossen mit Schiffseignern Verträge über Warentransporte ab, sofern sie nicht selbst über Handelsschiffe verfügten. Dafür brauchten sie Finanzmittel und sie mussten auch die überall erhobenen Steuern auf alle Im- und Exporte einkalkulieren. Ihre Unternehmungen bargen hohe Risiken – lange und gefährliche Wege, widrige Wetterverhältnisse, politische Ereignisse. Den Weiterverkauf an die Verbraucher regelten überall Zwischenhändler und Kleinunternehmer. Ziel war ein hoher Gewinn, um weitere Geschäfte tätigen zu können. Erfolgreich im Fernhandel war, wer viel Erfahrungen und Kenntnisse über Routen, Absatzmöglichkeiten und Käuferwünsche sammelte und vertrauenswürdiges Personal hatte, darunter Agenten oder Bevollmächtigte an den Umladepunkten und am Zielort der Waren.

Seit dem 1. Jahrhundert n. Chr. organisierten sich römische Schiffseigner (lat. *navicularii*) und Handelsgesellschaften (lat. *negotiantes*) in Berufsverbänden. Durch den Zusammenschluss verringerte sich das Risiko für den Einzelnen und die bürokratische Organisation des Transportwesens konnte erleichtert werden.

GERITZT, GESTEMPELT
UND BEMALT

In der Bronze- und Eisenzeit (10.–7. Jahrhundert v. Chr.) war die Impasto-Ware (von *impastare*, ital. kneten, vermengen) die charakteristische Keramikart. Sie bestand aus grobem, mit Mineralien bzw. Magerungsmitteln wie Sand vermischtem, meist grauschwarzem oder rotbraunem Ton. Die häufig dickwandigen Gefäße wurden zuerst von Hand geformt, da sich die Töpferscheibe in Mittelitalien erst in der zweiten Hälfte des 8. Jahrhunderts unter griechischem Einfluss verbreitete. Seit dem Jahrhundertende wurde es üblich, die lederharten Gefäße zu glätten und zu polieren, wodurch sich die feineren Tonbestandteile auf der Außenhaut anreicherten und wie ein Überzug wirkten. Daran schloss sich der Brand bei niedrigen Temperaturen und ohne Regulierung der Luftzufuhr an.

Der Dekor besteht aus Buckeln, Warzen oder Rippen, auch aus eingeritzten oder eingedrückten geometrischen Motiven wie Mäandern und Dreiecken, deren Linien mit heller Farbe ausgefüllt waren. Figürlicher Dekor war noch selten.

Bandhenkel- oder Spiralamphoren unterschiedlicher Größe tauchten zuerst im späten 8. Jahrhundert auf. Vermutlich war Cerveteri eines der Produktionszentren für diese Keramikgattung, die in Südetrurien, Latium und sogar bis nach Kampanien verbreitet war (Abb. 128). Ein bikonischer Gefäßkörper, der in einen steilen Hals übergeht, und eine ungewöhnliche Henkelform sind die Kennzeichen der sogenannten latialen Amphoren, die ausschließlich in Rom und Umgebung gefertigt wurden (Abb. 129).

Während des 7. Jahrhunderts kam es durch die Kultur- und Handelskontakte mit Griechenland zu einer Erweiterung des figürlichen Dekors, der nun der orientalisierenden Ornamentik folgte. Unter den späteren Motiven waren insbesondere stilisierte Vögel, Fische und Mischwesen beliebt. Bei den Figuren entwickelte sich ein neuer, monumentaler Stil und Bildthemen aus griechischen Mythen fanden ihren Weg in die etruskische Kunst.

Aus Ton gefertigte Kessel auf hohen, ebenfalls tönernen Ständern, in denen beim Gelage Wasser mit Wein gemischt wurde, sind vielfach in den Gräbern anzutreffen (Abb. 130). Die fußlosen Kessel tragen auf der Schulter häufig Tierköpfe (Protome). Die Form des Ständers, Holmos genannt, leitet sich von orientalischen Metallgeräten aus dem syrisch-urartäischen Raum ab, die entweder als kostbare Prestigeobjekte direkt aus dem Orient nach Etrurien kamen oder als in Griechenland hergestellte Nachahmungen importiert wurden. Dort diente der Holmos auch als Preis bei Wettkämpfen oder als Weihgeschenk in Heiligtümern. Die Etrusker haben diese Kessel auf hohen Ständern nicht nur nachgeahmt, sondern auch eigene Typen entwickelt. Auch wenn die Herstellung in Ton billiger war als in Bronze, so bleibt sie relativ aufwendig und machte die Stücke zu Statussymbolen.

Spezifisch etruskisch war die Bucchero-Ware, die sich in der Mitte des 7. Jahrhunderts v. Chr. aus der immer dünnwandiger werdenden Impasto-Keramik

■ Abb. 128
Bandhenkelamphora mit Spiraldekor und Vogel
Südetrurien, 670–650 v. Chr. ■ Ton, Impasto-Keramik; H 28,6 cm, Dm 26 cm ■ Inv. Nr. Cg 458

Doppelspiralen sind typisch für die orientalisierende Keramik in Südetrurien und Latium. Auch Vögel gehören zu den gängigen Motiven.

entwickelte. Der moderne Name ist von dem spanischen Wort *bucaro* für Tonkrug oder -gefäß abgeleitet, das ursprünglich für Imitationen von schwarz-grauen prä-kolumbischen Keramiken aus Südamerika verwendet wurde. Diese Nachahmungen waren gegen Ende des 19. Jahrhunderts, zur Zeit der Entdeckung der etruskischen Nekropolen, in Italien sehr beliebt und ihr Name wurde auf die etruskische Keramik übertragen.

Die durchgehend dunkelgraue bis schwarze Färbung der Drehscheibenware aus fein geschlämmtem Ton entstand

■ Abb. 129
Bikonische Stachelhenkelamphora mit
dornartigen Fortsätzen, plastischen
Rippen und Kreisaugendekor
Latium, 650–625 v. Chr. ■ Ton, poliert,
Impasto-Keramik; H 30,6 cm, Dm 29,6 cm ■
Inv. Nr. Cg 455

durch mehrtägiges Brennen bei etwa
600 °C ohne Sauerstoffzufuhr und unter
Zugabe von organischem Material. Die
eleganten Gefäße dienten meist dem
Weinkonsum und imitierten mit ihrer
polierten Oberfläche kostbares Metall-
geschirr aus dem Orient. Bucchero wurde
zu einer im gesamten Mittelmeerraum
begehrten Handelsware.

Die bis weit ins 5. Jahrhundert v. Chr.
produzierte Keramik gliedert sich in
mehrere Arten: Am Beginn (650–
620/610 v. Chr.) stand der sehr dünnwan-
dige, hart gebrannte *Bucchero sottile* mit
scharfkantigen, wie getrieben wirkenden
Formen und hauptsächlich eingeritztem
Dekor. Der Einfluss von Metallgefäßen ist
unverkennbar. Die Herstellung erfolgte
zumeist in Südetrurien, beispielsweise in
Caere/Cerveteri (Abb. 131a–b).

Ihm folgte seit dem frühen 6. Jahrhundert der *Bucchero a cilindretto* mit
ornamentalem und figürlichem Rollstem-
peldekor, der gleichförmige Wiederholungen von Dekorelementen ermöglichte
(Abb. 132). Für ihn konnten Werkstätten

■ Abb. 130
Kessel auf Ständer (Holmos)
Caere/Cerveteri, um 650 v. Chr. ■ Ton,
Impasto-Keramik; H 1,30 m, Dm 47,5 cm ■
Inv. Nr. Bg 22 (N)

■ Abb. 131a–b
Kantharos mit plastisch geformtem Gesicht auf der Vorderseite und eingeritztem Wasservogel auf der Rückseite
Cerveteri, 600–580 v. Chr. ▪ Ton, poliert, Bucchero sottile-Keramik; H 11,4 cm, Dm 15,6 cm ▪ Inv. Nr. Cg 456

■ Abb. 132
Kelch mit Abrolldekor (sitzende Frauen)
Spätes 7. Jh. v. Chr. ■ Ton, Bucchero a cilindretto-Keramik; H 13,6 cm, Dm 14,7 cm ■ Inv. Nr. Bg 12

in Vulci, Tarquinia, Chiusi und Orvieto nachgewiesen werden.

Henkellose Bucchero-Kelche auf hohem Fuß hatten ihre Blütezeit in der ersten Hälfte des 6. Jahrhunderts und waren außerordentlich weit verbreitet. Charakteristisch ist der vorspringende Rand des Kelchbodens, der einen rautenförmigen, einem Diamantschliff ähnlichen Dekor aufweisen kann. Als Vorbilder gelten aus Elfenbein geschnitzte Kelche aus dem Orient.

Am Ende der Entwicklung, ab dem mittleren 6. Jahrhundert, steht der dickwandigere, bei niedriger Temperatur gebrannte *Bucchero pesante* mit einfachem plastischem, aus Modeln gezogenem Bildschmuck. Er wirkt schwerfällig und teilweise dekorüberladen. Diese in Nordetrurien, unter anderem in Chiusi, produzierte Gattung war Massenware minderer Qualität mit begrenztem Typenvorrat, die überwiegend als Grabbeigabe gefertigt wurde.

Angeregt durch Importe aus Griechenland wurden seit dem mittleren 8. Jahrhundert v. Chr. fast alle Gattungen der griechischen Keramik und ihre Verzierungsarten in Etrurien nachgeahmt, an den lokalen Geschmack angepasst oder als Anregung für eigene Schöpfungen genommen. Unter der Anleitung griechischer Lehrmeister, die offenbar auf die italische Halbinsel emigriert waren, lernten die Etrusker damals auch mit der schnell drehenden Töpferscheibe zu arbeiten und effektiver bei höheren Temperaturen zu brennen. Nicht zuletzt kamen mit den Vasenbildern auch die griechischen Mythen und Heldensagen zu ihnen. Die in großer Zahl aus Korinth importierten Gefäße versuchten die etruskischen Töpfer zu kopieren, indem sie den einheimischen Ton mit einem hellen, dem korinthischen angeglichenen Überzug versahen. Ob ihnen die Täuschung der Kunden gelang, wissen wir nicht, aber die in der Forschung als korinthisierend bezeichnete Keramik findet sich in großen Mengen in den Gräbern (Abb. 133).

Vor allem im 6. und 5. Jahrhundert v. Chr. versuchten die etruskischen Töpfer mit der nun führenden attischen Keramikproduktion zu konkurrieren. Während sie in der Maltechnik dem griechischen Vorbild recht nahekamen, gelang dies nicht in Form und Farbe: Die Vasen aus Etrurien blieben in der Form unausgewogen und das glänzende Schwarz des Malschlickers auf den Originalen war mit dem einheimischen Tonmaterial nicht zu erzielen.

Auch wenn die Etrusker die wichtigsten Abnehmer für attische Keramik waren, so wählten sie nur ganz bestimmte Formen und Bilder. Alles, was für den Weingenuss nötig war, kauften sie und nahmen es später gerne in großer Zahl mit in ihre Gräber, ebenso Gefäße für Salböle. Beim Bilddekor überwiegen Gelage, Dionysisches und Kriegerisch-Sportliches, Herakles war ein besonders

■ Abb. 133
Etrusko-korinthische Kanne (Olpe) mit Rotellenhenkel aus der sogenannten Gruppe der überschneidenden Bögen
Wohl Vulci, 590–580 v. Chr. ■ Ton, matter rot- bis dunkelbrauner Überzug, weiße und rote Deckfarbe; H 28,8 cm, Dm 16 cm ■ Inv. Nr. Cg 442

Charakteristisch für diese Gruppe sind die mit dem Zirkel eingeritzten Halbkreise und die polychrome Bemalung. Die hängenden Bögen sind eine Vereinfachung des in Korinth verbreiteten Schuppenmusters.

beliebtes Sujet. In den Darstellungen spiegelten sich die Wertvorstellungen des griechischen Adels, die nicht nur bei den etruskischen Aristokraten, sondern auch beim Mittelstand Anklang fanden.

Es gab sogar eine Wechselwirkung: Zwar boten die attischen Werkstätten ihren besten Kunden keine spezifisch etruskischen Bildthemen an, nahmen aber in ihr Formenrepertoire zwei etruskische Schöpfungen auf – den Becher mit dem hohen Henkel (Kyathos) und die Bandhenkelamphore, deren Profil und flache Henkel an Bucchero-Keramik erinnern.

Im frühen 4. Jahrhundert v. Chr. schließlich hatten einheimische Erzeugnisse die griechischen aus dem Rennen geschlagen. Werkstätten aus Vulci, Chiusi oder Orvieto schufen groß- oder mittelformatige Gefäße mit ausgewählten oder seltenen mythologischen Szenen für eine wohl adlige Kundschaft. Immer mehr billiger hergestellte Vasen aus dem faliskischen Gebiet im Süden drängten auf den Markt. In der zweiten Jahrhunderthälfte ließ die Qualität in der Vasenmalerei nach, außerdem wurden die Gefäße kleiner. Offensichtlich sollte damit eine weniger zahlungskräftige Käuferschicht bedient werden. Wenige Jahrzehnte später setzte sich die Schwarzglanzton-Keramik mit großen Stückzahlen durch, die aus mehreren Werkstätten und Herstellungszentren wie Volterra, Arezzo und Chiusi stammte. Die einzelnen Gefäße konnten sich dabei in Form und Farbe deutlich voneinander unterscheiden. Im 2. Jahrhundert wurden sie von der römischen Reliefkeramik abgelöst.

Die Keramik der Falisker

An der Grenze im Süden lebten die Falisker, mit dem Tiber im Osten und nahe dem Territorium der etruskischen Stadt Veji. Sie hatten enge Berührungen mit der etruskischen Kultur und ihr archäologisch nachweisbarer Reichtum beruhte möglicherweise auf der Tierzucht. Seit dem 5. Jahrhundert, vielleicht auch früher, nahmen die Vertreter der Falisker an den Versammlungen des etruskischen Zwölfstädtebundes teil. Ebenso wie Veji wurde ihr Gebiet 394 v. Chr. von den Römern eingenommen und in deren Herrschaftsgebiet eingegliedert.

Faliskische Keramik zeigte über viele Jahrhunderte hinweg zahlreiche Gemeinsamkeiten mit der etruskischen, da ihre Entwicklungen miteinander verknüpft waren (Abb. 135). Charakteristisch für die Erzeugnisse aus dem Hauptort Falerii ist der dunkelbraune Ton. Die scharfen Konturen der Gefäß- und Henkelformen gehen wie bei anderen Keramikarten auf Metallvorbilder zurück.

Wie die etruskischen Keramikwerkstätten produzierten auch die faliskischen im 4. Jahrhundert v. Chr. weiterhin größere Stückzahlen, obwohl sich die Absatzmärkte verkleinert hatten. Gegen Ende des Jahrhunderts, als der römische Einfluss stärker wurde, stiegen sie in eine Massenproduktion einfach verzierter Gefäße ein, zu denen Kannen (Abb. 136), Salbölgefäße und Trinkschalen gehörten.

■ Abb. 134
Faliskisches Vorratsgefäß (Pithos)
Aus Südetrurien; 700 – 650 v. Chr. ■
Ton, weiße Bemalung; H 66 cm ■
Inv. Nr. Cg 200

Der in Weiß auf den roten Ton aufgebrachte Dekor ist in neun Zonen angeordnet. Neben linearen Mustern sind auch Männer und Tiere erkennbar, vielleicht ist eine Jagdszene gemeint.

■ Abb. 135
Faliskischer Kantharos mit
verschlungenen Henkeln
Aus der Umgebung von Montalto di Castro,
700–650 v. Chr. ■ Ton, poliert, Impasto-
Keramik, hell- bis mittelbrauner Überzug;
H 15,1 cm, Dm 14,4 cm ■ Inv. Nr. Cg 439

■ Abb. 136
Faliskische Kanne
300–280 v. Chr. ■ Ton, rotfigurige Maltechnik;
H 23,5 cm, Dm Fuß 6,7 cm ■ Schenkung Dr. P.
u. H. Krötzsch (Nr. 17)

Auf dem Bauch der Kanne ist zwischen den Ausläufern der Palmette auf der Rückseite ein weiß-
grundierter Frauenkopf mit Haube (Sakkos) im
Profil nach links dargestellt. Die Form der Kanne mit dem birnenförmigen Körper, dem hohen
Hals und dem hoch gezogenen Ausguss entspricht derjenigen aus der etruskischen Keramik
des 4. Jahrhunderts v. Chr., die sich wiederum
von griechischen Vorbildern ableitet.

Die Keramik der Daunier

Die antike Landschaft Daunien, benannt
nach dem legendären König Daunus,
umfasste den nördlichen Teil des heutigen Apulien. Die Träger der hochstehenden, aber schriftlosen daunischen
Kultur waren wohl ursprünglich illyrische
Volksgruppen, die im 11./10. Jahrhundert v. Chr. von der östlichen Adria her

eingewandert waren und sich mit der
einheimischen Bevölkerung verbanden.
Zwar sind seit dem Ende der späten Bronzezeit auch Beziehungen zur griechischen
Welt belegt, aber bereits in der Eisenzeit
beschränkte sich der Kontakt auf den il-
lyrischen Raum.

Archäologisch fassbar werden die
Daunier ab dem 9./8. Jahrhundert vor

■ Abb. 137

Krug mit Hörnerbandhenkel

In Umgebung von Bari gefunden; Umkreis von Ordona, um 550 v. Chr. ■ Ton, gelblicher Überzug, matte dunkelbraune und rote Bemalung; H 12,8 cm, Dm 10,5 cm ■ Inv. Nr. Cg 369

■ Abb. 138

Gefäß mit Trichtermündung (Olla)

Canosa, 450–400 v. Chr. ■ Ton, weiß-gelblicher Überzug, matte dunkelbraune und rote Bemalung; H 29 cm, Dm 28 cm ■ Inv. Nr. Cg 357

allem durch Grabfunde. Die Gräber lagen im Gegensatz zu anderen Kulturen im Inneren der anfangs einfachen Dörfer aus runden oder ovalen Hütten. Die Gestaltung und Ausstattung der Gräber waren wohl von besonderer Bedeutung, während sich zu den Wohnbauten aus vergänglichen Materialien nur wenig Verlässliches aussagen lässt. Größere Gebäude auf Steinfundamenten waren offenbar kultische Anlagen, ebenso sind Plätze für die rituelle Deponierung von Weihegaben bekannt. Im 7. und 6. Jahrhundert v. Chr. erlebte Daunien eine Blütezeit. Man gründete auch im Hinterland Städte und profitierte vom Weizenhandel

mit den Illyrern, Piraterie trug ebenfalls zum Wohlstand bei.

Das 5. Jahrhundert markierte den Niedergang der daunischen Kultur, im 4. bis 3. Jahrhundert geht sie schließlich in der griechisch-römischen auf, nachdem die aus dem Apennin anrückenden Samniter und Osker bereits vorher die Daunier bedrängt hatten.

Seit dem 9. Jahrhundert v. Chr. entstanden handgemachte Tongefäße mit charakteristischen geometrischen Motiven in matten Erdfarben (Rot, Braun, Schwarz) auf hellem Überzug. Auch als mit den ersten Koloniegründungen der Griechen im 8. Jahrhundert deren Einfluss auf die in Süditalien heimischen Kulturen wuchs, hielten die Daunier noch lange an ihren traditionellen Motiven und Techniken fest. Erst gegen 380 v. Chr. zeigten sich griechische Elemente in ihrer Keramik. Immer häufiger kam nun die schnell drehende Töpferscheibe zum Einsatz, neue Formen wurden übernommen und vegetabile Ornamente lösten allmählich den geometrischen Dekor ab. Ältere Gefäßformen wurden seither nur noch im Grabkult oder als Grabbeigaben verwendet.

Die charakteristischen Formen sind ein tassenartiges Gefäß (Kyathos) mit einem breiten Hörnerbandhenkel, kleine Krüge (Abb. 137), ein sackförmiges Trichtergefäß (Olla) mit weiter Mündung und Händen oder Tierköpfen als Bügel- und Ziergriffe (Abb. 138) sowie der schlauchartige Askos. Die Henkel an den Tassen und Krügen variierten in der Ausarbeitung, sie konnten glatt oder plastisch verziert sein. Die großen Trichtergefäße dienten als Kochgeschirr, zum Konservieren von Obst oder zur Herstellung von Milchprodukten, bei Bestattungen waren sie auch die Aschenurnen.

Die daunische Keramik, deren wichtigstes Produktionszentrum in Canosa zu lokalisieren ist, konnte sich dank ihrer guten Qualität weit verbreiten, im Westen bis nach Kampanien und im Osten bis nach Istrien und Dalmatien.

Die alten Ägypter schrieben in Bildern, den Hieroglyphen, und die altorientalischen Kulturen mit Keilschriftzeichen, die Silben bedeuten. Die Phönizier wechselten dann von der Silben- zur Buchstabenschrift mit ungefähr 22 Zeichen, allerdings noch ohne Vokale. Dieses Alphabet scheint bereits 1000 v. Chr. im heutigen Nordsyrien in Gebrauch gewesen zu sein. Dank der regen Handelsbeziehungen mit den Phöniziern übernahmen es die Griechen wohl seit dem 8. Jahrhundert und fügten die Vokale hinzu. Neben einer Form mit zunächst 27 Buchstaben bildeten sich regional unterschiedliche Alphabete heraus, bis sich im 4. Jahrhundert die endgültige Standardform mit 24 Buchstaben von Alpha bis Omega entwickelte. Mit diesem Alphabet wurden Homers *Ilias* und *Odyssee* wahrscheinlich im 8., spätestens aber im 7. Jahrhundert niedergeschrieben. Gesetzestexte sowie politische und historische Werke wurden ebenfalls aufgeschrieben. Der Handel sorgte für die rasche Verbreitung dieser Schrift, wenn auch nicht in allen Gesellschaftsschichten. Der Grad der Alphabetisierung soll aber in Griechenland höher als später im römischen Kaiserreich gewesen sein.

Die Völker auf der italischen Halbinsel, darunter Etrusker, Osker, Falisker oder Römer, übernahmen das Alphabet, das griechische Siedler aus Chalkis auf der Insel Euböa um die Mitte des 8. Jahrhunderts importiert hatten. Allerdings entwickelten sie alle jeweils eigenständige Schriftformen, weil sie das griechische System nach den phonetischen Erfordernissen der eigenen Sprache weiterentwickelten. Die Etrusker verwendeten beispielsweise nur 22 Zeichen, fügten aber das ›f‹ hinzu, das die Griechen nicht kannten. Andere etruskische Buchstaben folgten anderen Vorbildern, nicht nur euböischen.

Weil die etruskische Sprache mit keiner anderen verwandt ist, können bisher nur ein paar Hundert Worte übersetzt werden. Die rund 10.000 erhaltenen Texte – die ältesten stammen aus dem 7. Jahrhundert v. Chr. – sind meist kurz und formelhaft, überwiegend Inschriften aus dem Grabkult oder Weihungen, erläuternde Angaben auf Bildern oder auch Hersteller- und Besitzernamen. Immerhin können wir fast 90 % dieser Inschriften entziffern, da die Buchstaben den griechischen gleichen.

Infolge des Kontakts mit den südetruskischen Städten übernahmen die Römer wohl im 6. Jahrhundert v. Chr. deren Schriftsystem. Als Griechenland im 2. Jahrhundert ins römische Reich eingegliedert wurde, kam es zur Erweiterung um die Buchstaben Y und Z, da man verstärkt griechische Fremdworte in lateinische Schrift umsetzte. Erst in der Renaissance kristallisierte sich die noch immer gültige Fassung mit 26 Buchstaben heraus.

Latein gehört wie Sabellisch, Oskisch oder Umbrisch zur indogermanischen Sprachenfamilie und war ursprünglich nur in Latium beheimatet. Im Grunde sprachen die Einwohner Roms einen Dialekt der Latiner. Latein formte sich endgültig im 1. Jahrhundert v. Chr. heraus und wurde mit zunehmender Ausdehnung des Imperiums zur ›Weltsprache‹.

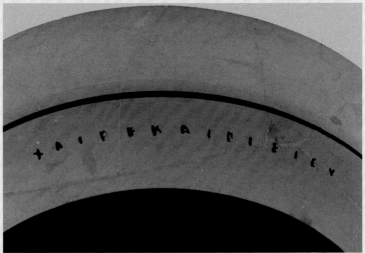

■ Abb. 139a–b

Trinkschale (sogenannte Kleinmeisterschale) des Tleson-Malers

Athen, um 540–530 v. Chr. ■ Ton, schwarzfigurige Maltechnik; H 10,6 cm, Dm 21,4 cm ■ Inv. Nr. Cg 350

Die Schale trägt auf den Außenseiten keinen figürlichen Dekor, aber zwischen zwei Palmetten einen Trinkspruch: Freu dich und trink gut (*chaire kai piei eu*).

158

Allerdings konnte es im östlichen Mittelmeerraum das Griechische nicht verdrängen und blieb dort die Sprache des Militärs und der Verwaltung.

Viele mittellose Römer konnten allenfalls öffentliche Bekanntmachungen entziffern oder Preisschilder lesen, sehr viele blieben Analphabeten. Nur die Ober- und Mittelschicht mit Schulbildung war fähig, sich angemessen schriftlich auszudrücken und längere Texte zu lesen und zu verstehen. Wohlhabende Familien beschäftigten Sklaven mit höherem Bildungsgrad als Sekretäre (lat. *librarii*), die bei der Verwaltung des Vermögens halfen, die Korrespondenz führten oder Bücher kopierten.

Schreiben ohne Papier

Dank zahllosen Abbildungen und einigen Originalfunden wissen wir, welche Schriftträger Griechen, Etrusker und Römer nutzten: je nach Bedeutung oder Zweck Stein, Holz, Papyrus, Pergament, Leder, Metall oder Ton. Das heute allgegenwärtige Papier war in der Antike unbekannt. Es ist eine chinesische Erfindung aus dem 2. Jahrhundert n. Chr. und wurde erst im 9. Jahrhundert durch die Araber nach Europa eingeführt.

Ein dauerhafter antiker Schriftträger ist Stein: Inschriften finden sich auf kaiserlichen, staatlichen oder religiösen Bauten oder auf privaten Grabsteinen. Öffentliche Mitteilungen fanden sich auch »in Stein gemeißelt«, aber auch graviert auf Tafeln aus Bronze, wie das Zwölftafelgesetz, das auf dem Forum und dem Kapitol hing. Aktuelle Nachrichten oder Werbung malte man mit einem Pinsel auf mit Kreide geweißte Holztafeln oder auf Hauswände, wie unter anderem in Pompeji zu sehen.

Aus Blei waren Fluchtäfelchen, aber auch Warenetiketten, kleine gelochte Anhänger mit Händlernamen, Warenbezeichnung, Menge und Preis. Bleietiketten waren wiederverwendbar, weil sich die Schrift durch Hämmern wieder beseitigen ließ.

Texte auf organischen Materialien haben sich weniger häufig erhalten. Seit dem 4. Jahrhundert v. Chr. importierten die Griechen Papyrusstreifen aus Ägypten und beschrieben sie mit einer angespitzten Binse (griech. *kalamos*) oder einer Feder. Verträge oder längere Texte wurden darauf festgehalten. Mehrere solcher Streifen ergaben aneinandergeklebt eine Buchrolle (griech. *biblion*). Feuchtigkeit und Motten waren jedoch eine Gefahr für dieses Material. In römischer Zeit gab es zudem Rinde von Lindenbäumen, Bast, Palmblätter sowie Leinen als Schriftträger.

Pergament (lat. *membrana*) aus fein gegerbter Tierhaut, insbesondere von Schafen oder Ziegen, kam erst im 3. Jahrhundert v. Chr. auf und wurde zunächst ausschließlich für Bücher verwendet, nicht privat für Briefe oder ähnliches. Seine Herstellung war aufwendig, es war dafür beidseitig beschreib- und mehrfach verwendbar, da sich die Tinte wieder abschaben ließ. Außerdem musste es nicht wie Papyrus gerollt, sondern konnte in einzelnen Lagen zwischen zwei Holzdeckel gebunden werden.

Mit Tinte schrieb man in Ägypten bereits um 3000 v. Chr. Schwarze Tinte bestand in der Regel aus Ruß, Wasser und Bindemitteln wie *Gummi arabicum,*

Ölen, Harzen oder Leim. Zinnober oder Mennige ergaben rote Tinte. Seit dem 3. Jahrhundert v. Chr. konnte Ruß durch einen Sud aus Galläpfeln und Eisensulfat ersetzt sein. Neue Untersuchungen von Papyrusfragmenten aus Herculaneum ergaben, dass wohl bereits in der Antike die Tinte auch Blei enthielt.

Zu den vergänglichen Schriftträgern gehörten seit dem 8. Jahrhundert v. Chr. Holztäfelchen mit einer vertieften, wachsbeschichteten Innenfläche (lat. *tabulae ceratae*), meist hielt eine Schnur zwei davon zusammen. In die geschützte Wachsschicht dieser Klapptäfelchen wurde mit spitzen Griffeln (lat. *stilus*) aus Metall oder Bein geschrieben, mit den spatelförmigen Enden der Schreibstifte korrigiert oder ganz gelöscht, indem man das Wachs wieder glättete. Diese Täfelchen trugen eine Vielzahl von Texten wie offizielle Mitteilungen, Geschäftsunterlagen in Form von Korrespondenz und Quittungen, Verträge oder private Briefe. Aus den Nordwestprovinzen des Imperium Romanum ist auch Holz als Träger von Tintenschrift bekannt.

Die Etrusker schrieben außerdem auf Leinenstreifen, die aufgerollt oder wie ein Leporello zusammengelegt wurden. Das berühmteste Beispiel ist das in Zagreb aufbewahrte Buch (der *Liber Linteus Zagrabiensis*), ein Ritualkalender oder eine Kultsatzung. Der 3,40 m lange Streifen war als Mumienbinde wiederverwendet worden und hat sich deshalb erhalten.

Leder, im Vorderen Orient vielfach eingesetzt, wurde in Griechenland offenbar nur vor dem Import von Papyrus verwendet. Elfenbein ist als Schriftträger vor allem aus der späten römischen Kaiserzeit überliefert.

Für Notizen, Kurzmitteilungen oder auch nur Kritzeleien dienten überall im Mittelmeerraum Tonscherben oder flache Steine, kostenfrei und allgegenwärtig.

4. DIE WELT DER RÖMER

■ Abb. 140

Blick über das Forum Romanum nach Osten, im Hintergrund das Kolosseum

Die Legende von der Entstehung Roms sorgte nicht nur bei antiken Autoren für Erstaunen – überliefert wurde wenig Heldenhaftes, stattdessen Unglaubliches wie eine im passenden Moment auftauchende Wölfin und Ungeheuerliches wie Vergewaltigung, Mord und Entführung, wie es die englische Historikerin Mary Beard so treffend formulierte.

Die bekannteste Version der Gründungslegende erzählt der römische Historiker Titus Livius, der im 1. Jahrhundert v. Chr. seine Darstellung der Geschichte Roms (*Ab urbe condita*) mit dem aus Troja geflohenen und nach einer langen Irrfahrt schließlich in Italien gelandeten Aeneas begann. Der Ankömmling sei in Latium von König Latinus aufgenommen und mit dessen Tochter Lavinia verheiratet worden, das Paar habe dann die Stadt Lavinium gegründet. Nach Aeneas' Tod habe beider Sohn Ascanius ebenfalls eine neue Stadt gegründet, Alba Longa südlich des späteren Rom.

Mehrere Generationen später setzte dort die Geschichte von den Zwillingen Romulus und Remus ein. Im Verlauf von Thronstreitigkeiten zwischen den Brüdern Amulius und Numitor war Rhea Silvia, Tochter des letzteren, von ihrem nach Alleinherrschaft strebenden Onkel in das Amt einer jungfräulichen Priesterin gezwungen worden, um unerwünschte Nachkommen zu verhindern. Bald darauf war Rhea Silvia jedoch schwanger und behauptete, von Mars vergewaltigt worden zu sein, was nicht nur Livius mit Skepsis erfüllte. Amulius gab jedenfalls den Befehl, die Neugeborenen in den Tiber zu werfen, aber sie wurden am Flussufer ausgesetzt, wo sie eine Wölfin fand und sie nährte. Später zog der Hirte Faustulus die Brüder groß. Als die erwachsenen Zwillinge schließlich von ihrer Herkunft erfuhren, verhalfen sie ihrem Großvater Numitor wieder zur Macht und erhielten dessen Erlaubnis, eine Stadt auf einem der Hügel am Tiber zu gründen. Sie stritten nun darum, welcher Hügel es sein sollte, es endete mit der Ermordung des Remus durch Romulus, der sich auf den Palatin festlegte. Die neue, nach ihm benannte Stadt hatte allerdings noch kaum Einwohner, sodass er laut Livius »einer Menge dunkler Gestalten und Leuten von niedriger Herkunft« eine neue Heimat bot. Aber es gab ein weiteres Problem: zu wenig Frauen. Romulus griff daher zu einer üblen List, indem er die benachbarten Sabiner und Latiner samt ihren Familien zu einem religiösen Fest nach Rom einlud und bei dieser Gelegenheit alle jungen Frauen von seinen Männern rauben ließ.

Es gab aber noch eine weitere Legende, die sich um die Entstehung Roms rankte: Aeneas sei der Gründer gewesen. Dies sollte die Stadt am Tiber mit der mythenreichen Welt der Griechen verknüpfen und dem nach Osten expandierenden Rom bei den Griechen Respekt verschaffen. Man bemühte deshalb den Helden aus der *Ilias* von Homer. Auf diese seit dem 3. Jahrhundert v. Chr. verbreitete Überlieferung griff auch der Dichter Publius Vergilius Maro (Vergil, 70–19 v. Chr.) in seinem zwölf Kapitel umfassenden Epos *Aeneis* zurück. Schon lange vorher – im späten 5. Jahrhundert v. Chr. – hatten außerdem griechische Historiker wie Hellanikos von Lesbos und Damastes von Sigeion von der Gründung durch Aeneas berichtet. Römische Gelehrte versuchten nun, beide Geschichten in eine zeitliche Abfolge zu bringen und behalfen sich mit der Erstellung eines Stammbaums über viele Generationen, sodass Aeneas zum direkten Ahnherrn gewisser Zwillinge wurde; er habe aber nicht Rom, sondern ›nur‹ Lavinium gegründet. In dieser Form findet sich das ganze Konstrukt auch bei Livius. Beide Legenden, die des trojanischen Helden und die des Stadtgründers, waren damit jedenfalls miteinander verschmolzen und eben darauf gehen die meisten späteren Wiederholungen zurück. Mittels komplizierter Berechnungen einigten sich die antiken Gelehrten dann auch noch auf ein Datum: 753 v. Chr.

Die archäologischen Funde liefern inzwischen die Korrekturen für diese Gründungssage. Demnach siedelten Hirten an der Stelle des späteren Forum Boarium an einer Tiberfurt bereits in der mittleren Bronzezeit, im 13. Jahrhundert v. Chr. Drei Jahrhunderte später, am Ende der Bronzezeit, lebten im zukünftigen Stadtgebiet von Rom eingewanderte Latiner. Ausgrabungen haben die Überreste von mehreren kleinen Orten auf den Hügeln am Tiber zutage gebracht, mit Nekropolen in den sumpfigen Tälern im Bereich des späteren Forum Romanum. Ab dem 9. Jahrhundert waren der Palatin und der Quirinal, ab dem 8. Jahrhundert v. Chr. der Esquilin besiedelt. Wiederum drei Jahrhunderte später hatten sich diese Kleinsiedlungen zu einer größeren Stadt entwickelt, die sich in die inzwischen trockengelegten Täler zwischen den Hügeln

ausbreitete und einen Hafen am Tiberübergang besaß.

Infolge der Expansion der Etrusker geriet Rom am Ende des 7. Jahrhunderts in deren Machtbereich, sodass etruskische Könige seit 616 v. Chr. auf dem Thron der Stadt saßen, die ihren Namen vom etruskischen Geschlecht der Ruma erhielt. Für die Eroberer war die günstige Lage Roms zwischen Tyrrhenischem und Adriatischem Meer entscheidend, erleichterte dies doch ihren Handel mit dem griechischen Süden Italiens und dem Landesinneren. Die Stadt kontrollierte zudem die Salinen im Gebiet des späteren Hafens Ostia sowie die Straße nach Kampanien. Das Stadtbild zeigte Anfang des 6. Jahrhunderts erste gemauerte Gebäude wie Tempel – beispielsweise auf dem Kapitol den Tempel für Jupiter, Juno und Minerva – und eine Stadtmauer, ferner gab es einen öffentlichen Platz im Zentrum, das spätere Forum Romanum.

Von den Etruskern übernahmen die Römer die Methode, eine Stadt anzulegen, um ein Herrschaftsgebiet politisch zu organisieren, Techniken zum Bewässern der Felder und zum Trockenlegen von Sümpfen sowie zahlreiche andere Errungenschaften, nicht zuletzt die Priesterämter für die Deutung des Götterwillens. Gemäß Poseidonios von Apameia (135–51 v. Chr.) stammten auch die als typisch römisch geltenden Herrschaftsinsignien der Amtsinhaber von den Etruskern. Dazu zählten der Klappstuhl für Würdenträger und Priester (lat. *sella curulis*), das Rutenbündel (lat. *fasces*) der Liktoren und der *lituus*, der Krummstab oder das Zepter hoher Beamter.

164

Ein wohl blutiger Aufstand und die gewaltsame Vertreibung des Herrschers Tarquinius Superbus 510 v. Chr. beendete die Zeit der Könige. Sie hinterließ nach Meinung einiger Historiker in der römischen Mentalität tiefe Spuren, nämlich starkes Verlangen nach politischer Freiheit und heftigen Abscheu gegenüber der Herrschaft eines Einzelnen.

Zeittafel

Königszeit
620–509 v. Chr.

Republikanische Zeit
509–31 v. Chr.

Frühe Kaiserzeit
Julisch-claudische Dynastie und Vierkaiserjahr 31 v. Chr. – 68 n. Chr.

Mittlere Kaiserzeit
Flavische Dynastie und Adoptivkaiser 69–192 n. Chr.

Späte Kaiserzeit
Severische Dynastie, Soldatenkaiser und Tetrarchie 193–324 n. Chr.

Spätantike
325–395 n. Chr.

Rom wurde in einem längeren Prozess zur Republik (lat. *res publica*, Sache des Volkes). Die Staatsgewalt übten die männlichen Bürger in den Volksversammlungen aus, indem sie Amtsträger wählten und Gesetze beschlossen. Die oberste militärische und zivile Befehlsgewalt (lat. *imperium*) fiel an zwei Beamte, die Praetoren (›Anführer‹), später Konsuln genannt.

Sie wurden jährlich neu bestimmt, aber nur den Patriziern – einem Geburts- und Grundbesitzeradel – war diese Wahl gestattet. Mit der beschränkten Amtsdauer und der Doppelbesetzung sollte eine Alleinherrschaft vermieden werden. Der Senat, in dem nur die patrizischen Familien in der Person ehemaliger Amtsträger vertreten waren, hatte keine rechtlichen Befugnisse, aber eine wichtige beratende Funktion und musste in allen Belangen gehört werden. Der von der Aristokratie beherrschte Senat und das Volk teilten sich also die Macht, was seinen Ausdruck in der Abkürzung ›SPQR‹ fand (*Senatus Populusque Romanus*).

Aus der etruskischen Zeit behielt man die Einteilung der Bürgerschaft bei: Jeder römische Bürger war an seinem Wohnort in einen städtischen Verwaltungsbezirk (lat. *tribus*) eingeschrieben, der in der Volksversammlung als Wahlkörperschaft fungierte. Daneben gab es die Kurien (lat. *curiae*), die Vereinigungen der Adelsgeschlechter (lat. *gentes*).

Die Spannungen zwischen den herrschenden Patriziern, denen alle Amts- und Priesterstellen zustanden, und den nichtadligen, von ihnen vielfach abhängigen Plebejern wuchsen im Lauf der Zeit. Zur keineswegs finanzschwachen *plebs* (lat. Menge) gehörten nämlich neben armen Bauern und besitzlosen Landarbeitern auch neureiche Landbesitzer, kleinbürgerliche Händler und Handwerker. Sie organisierten sich nun als eigener Stand und forderten Mitspracherecht bei der Ämterbesetzung. Weitere Forderungen betrafen die Verringerung der Schuldknechtschaft, die Rechtssicherheit gegen die Willkür der Amtsträger und Richter sowie die Beseitigung des Eheverbots zwischen Patriziern und Plebejern.

Im Jahr 494 v. Chr. kam es zum berühmten Auszug der Plebs aus der Stadt auf den Aventin, von manchen Historikern als eine Art Generalstreik bezeichnet. In dessen Folge wurde den Plebejern die Wahl zweier Volkstribune zugestanden, die ihre Interessen gegenüber den Patriziern vertreten sollten. Letztere machten notgedrungen schrittweise Zugeständnisse, darunter 471 die Verdoppelung der Zahl der Tribune, eine eigene nach Tribus geordnete Versammlung der Plebs und die Wahl von zwei Aedilen in dieser Versammlung.

Um 450 v. Chr. kam es zu einem Ausgleich zwischen den Parteien, der sich im Zwölftafelgesetz niederschlug, welches das gesamte Privat-, Sakral- und Strafrecht umfasste. Seit 366 v. Chr. musste einer der Konsuln aus der Plebs kommen, aber erst 300 v. Chr. waren Plebejer auch zu den höchsten Priesterkollegien zugelassen. Seit 287 v. Chr. erlangten die in der Versammlung der Plebs gefassten Beschlüsse Gesetzeskraft. Im Zeitraum von ca. 360 v. Chr. bis zum Beginn des 3. Jahrhunderts bildete sich aus Familien von Patriziern und führenden Kreisen der Plebejer, die jeweils einen Konsul gestellt hatten, eine neue Gesellschaftsschicht, die Nobilität.

Im 5. und 4. Jahrhundert bestimmten die Auseinandersetzungen mit den anderen Völkern auf der italischen Halbinsel die Außenpolitik. Gegen Ende des 5. Jahrhunderts drang Rom nach Etrurien vor und führte von 406 bis 396 einen Krieg gegen das nördlich gelegene Veji, der mit dessen Eroberung und Zerstörung endete. Andere etruskische Städte arrangierten sich mit den Römern und schlossen Bündnisverträge, wieder andere wurden militärisch besiegt und dem Machtbereich Roms einverleibt. Um die Mitte des 3. Jahrhunderts jedenfalls war Etrurien von Rom abhängig, die Städte behielten aber bis ins 1. Jahrhundert v. Chr. ihre innenpolitische Autonomie. Sie endete erst in der Zeit des Augustus mit der Einrichtung der Verwaltungsregion ›VII Etruria‹.

Auch mit den benachbarten Latinern flammten die Kämpfe immer wieder auf. Nach einem ersten Sieg der Römer 499 v. Chr., der die Latiner zu Bündnispartnern gegen die Bergstämme aus Mittelitalien gemacht hatte, kam es immer wieder zu Konflikten um die Gleichberechtigung der Partner. Im Jahr 340 v. Chr. eskalierte die Lage. Rom, in dieser Phase mit den Samniten verbündet, führte bis 338 einen Krieg gegen den Latinerbund, besiegte ihn erneut, löste ihn auf und ordnete die politischen Verhältnisse in Latium neu. Die Stadt am Tiber wurde nun auch zum Hauptort der Latiner. Mit den Städten der Gegner schloss man unterschiedliche Verträge, abhängig davon, ob sie im Krieg den Römern treu geblieben waren oder nicht.

Ebenso galt es, die Kelten abzuwehren, die auf italischem Boden neue Siedlungsgebiete suchten. Bereits 387 v. Chr. waren sie in Rom eingedrungen, wo sie mit Ausnahme des Kapitols das gesamte Stadtgebiet geplündert und zerstört hatten. Zwar zogen die Kelten mit einem Lösegeld wieder ab, aber erst zwei Jahrhunderte später waren sie endgültig aus Mittel- und Norditalien vertrieben.

Der nächste Gegner, die Samniten, ein Völkerverbund im Süden des Apennin, wandte sich in einem gut organisierten Bündnis gegen Rom und siegte zunächst. 321 v. Chr. kam es daher zu einer entscheidenden Neuerung im römischen Heer: Die einst von den Etruskern übernommene Schlachtreihe, die Phalanx, wurde in taktische, mobil auf dem Schlachtfeld agierende Einheiten aufgelöst. Sie eigneten sich auch besser für die Kämpfe in den Bergregionen der Samniten. 290 v. Chr. siegte Rom, die Unterlegenen waren seither heerespflichtige Bundesgenossen.

Bald danach eroberte Rom die griechischen Städte in Unteritalien, vor allem Tarent, das sich von König Pyrrhos von Epirus Militärhilfe geholt hatte. Er wurde 275 v. Chr. besiegt.

Zur Absicherung der Herrschaft über die neu gewonnenen Gebiete schuf Rom ein abgestuftes Bundesgenossensystem. Für einerseits neu zu gründende Koloniestädte (lat. *coloniae Latinae*) wurde erobertes Gebiet enteignet und römischen Bürgern zugewiesen. Andererseits schloss man mit autonomen italischen Städten ein Bündnis oder verlieh den Einwohnern das römische Bürgerrecht, entweder mit oder ohne Wahlrecht. In allen Fällen mussten die Städte Truppen stellen, sodass Rom künftig unbegrenzte militärische Reserven hatte. Und dieses System trieb die Romanisierung Italiens voran.

Daneben standen die Bundesgenossen (lat. *socii*), die Rom ebenfalls zur Militärhilfe verpflichtet und außenpolitisch von ihm abhängig waren. Innenpolitisch blieben sie jedoch selbständig und hatten ihr eigenes Bürgerrecht. In diesem Bündnissystem agierte Rom allerdings nicht als gleichwertiger Partner, sondern als alles entscheidende Vormacht. Sehr viel später – 90/89 v. Chr. – entluden sich die latenten Spannungen im sogenannten Bundesgenossenkrieg, der mit der Erklärung des Senats endete, dass alle italischen Gemeinden südlich des Po das Bürgerrecht erhalten sollten.

Bis zum späten 2. Jahrhundert v. Chr. war Rom zur rasch wachsenden Verkehrs- und Handelsmetropole geworden und hatte außerdem in zahlreichen blutigen, aber erfolgreichen Kriegen große Teile der Mittelmeerküstengebiete von Spanien und Portugal über Nordafrika bis Kleinasien unter seine Herrschaft gebracht. Es war nun das Meer der Römer – *mare nostrum*, unser Meer.

Zu diesen Kämpfen gehörten die drei Kriege gegen die Phönizier aus dem heutigen Libanon – bei den Römern Punier genannt – in den Jahren von 264 bis 146 v. Chr. Die Gegnerin war das um 800 v. Chr. von ihnen gegründete Karthago, die reiche und kulturell hochstehende Handelsmetropole in Nordafrika. Sie war seit der Wende vom 6. zum 5. Jahrhundert zur mächtigsten der phönizischen Kolonien am westlichen Mittelmeer aufgestiegen. Rom wandelte sich während der Punischen Kriege von einer Land- auch zur Seemacht und besiegte Karthago endgültig. Nun war es die Großmacht im Mittelmeerraum, im Osten wurden die neuen Provinzen Macedonia (148 v. Chr.) und Asia (129 v. Chr.) eingerichtet.

Die Expansion nach Griechenland und ins östliche Mittelmeer brachte die Römer in Berührung mit Kulturen, die prägende Einflüsse auf die römische Kultur- und Geistesgeschichte ausübten. Vor allem griechische Kunstobjekte waren am Tiber begehrt, Griechisches wurde zum Vorbild in den höheren Schichten. Wenn auch nicht bei allen – es gab nicht wenige ›Traditionalisten‹, die darin Dekadenz und Verweichlichung sahen. Aus dem Vorderen Orient kamen ebenfalls zahlreiche Einflüsse in Architektur und Plastik, außerdem steigerte sich die Nachfrage nach exotischen und kostbaren Gegenständen.

Die sich verschärfende Konkurrenz der stadtrömischen Eliten um Ämter und Prestige bestimmte im 2. Jahrhundert v. Chr. die Politik, wobei wegen der wachsenden Armut der Bevölkerung wirtschaftliche und soziale Aspekte in den Vordergrund traten. Denn in den Zeiten der Eroberung Italiens und des Mittelmeerraums blieben die Bauern jahrelang ihren Feldern fern, um in der Armee zu kämpfen. Die Folgen – unbestelltes Land, Schulden und Hunger – zwangen die Kleinbauern zum Verkauf ihres Landes. Davon profitierten adlige Grundherren, die sich als sichere Kapitalanlage ausgedehnte Landgüter (Latifundien) zu günstigen Bedingungen zusammenkauften. Sie bewirtschafteten sie mit Sklaven, was den verarmten Bauern die letzte Verdienstmöglichkeit als Tagelöhner raubte. Die Landlosen zogen in die Stadt und bildeten ein ›Lumpenproletariat‹.

Die aus einer vornehmen Familie stammenden Brüder Tiberius und Gaius Gracchus wollten die Krise 133 und 123 v. Chr. mit einer Bodenreform lösen. Nach dem Krieg gegen Hannibal konfisziertes Land sollte an bäuerliche Siedler verteilt und dadurch die Zahl der Wehrfähigen mit einem bestimmten Mindestvermögen – Voraussetzung für den Militärdienst – erhöht werden. Dies scheiterte jedoch nicht zuletzt am Widerstand der Großgrundbesitzer, welche die zulässige Höchstgrenze an Landbesitz überschritten und das sich zuvor widerrechtlich angeeignete Staatsland – nicht das ihnen privat gehörende Land – abgeben sollten.

Auch die Heeresreform des Politikers und Feldherrn Gaius Marius (158/7– 86 v. Chr.) im Jahr 105 v. Chr. sorgte für Spannungen. Er nahm auch Besitzlose in die Armee auf, was das Heer zu einem Instrument der Politik werden ließ. Denn die neu rekrutierten Soldaten konnten mit Sold, Kriegsbeute und Landzuweisungen nach geleistetem Militärdienst Vermögen erwerben. Garant für diese Versorgung war aber nicht der Staat, sondern der Feldherr, was diesem eine loyale Gefolgschaft verschaffte.

Im 1. Jahrhundert v. Chr. erlangten daher römische Militärbefehlshaber wie Marius, Sulla, Pompeius und Caesar eine immer größere Macht und lösten mehrere Bürgerkriege aus. Sie kämpften um Einfluss, Vermögen und Beliebtheit, die Fronten zogen sich dabei durch alle Parteien.

Auch der Mord an Julius Caesar 44 v. Chr. beendete die blutigen Unruhen nicht, brachte im Gegenteil ein weiteres Jahrzehnt der Auseinandersetzungen und schließlich den Kampf zwischen Marc Antonius und Caesars Großneffen und Adoptivsohn Gaius Octavius (Octavian). Erst Octavians Sieg über Marcus Antonius und seine Verbündete Kleopatra 31 v. Chr. in der Seeschlacht von

Rom, Mars-Ultor-Tempel auf dem Augustusforum

James Anderson (1813–1877), 1856 ■ Salzpapierabzug; 23 x 17,5 cm ■ Reiss-Engelhorn-Museen / Forum Internationale Photographie, Historische Sammlung Wilhelm Reiß ■ Inv. Nr. WR 58.01-1

Das Forum und der Tempel des ›rächenden‹ Mars (lat. *Mars ultor*) waren bereits 42 v. Chr. geplant, jedoch erst 2 v. Chr. fertiggestellt worden. Beide dienten der Verherrlichung des Prinzipats, der Tempel darüber hinaus zur Erinnerung an den Sieg des Augustus über die Caesarmörder.

Actium an der Nordwestküste Griechenlands entschied den Konflikt. Im Jahr darauf verleibte der Sieger Ägypten als eine neue, nur ihm unterstellte Provinz dem römischen Imperium ein und schuf sich damit eine Trumpfkarte im Spiel der Macht, denn die neue Kornkammer ermöglichte ihm die kostenlosen Getreidespenden für die Armen und damit große Einflussnahme.

In Rom gab Caesars Erbe die ihm für den Bürgerkrieg zugestandenen Machtbefugnisse an Senat und Volk zurück und stellte formal so die Republik wieder her. Der Senat betraute ihn nun mit der Fürsorge für diese Republik und verlieh ihm den Ehrennamen *Augustus* (der Erhabene). So erhielt er eine Aura von Frömmigkeit und fast Heiligkeit, da der Name sich von *augurium*, der Beobachtung und Deutung göttlicher Zeichen, ableitet.

Weiterhin gab es noch Konsuln und die anderen Amtsträger der Republik, de facto übte Augustus eine Alleinherrschaft aus. Auf Lebenszeit hatte er die Amtsgewalt der Volkstribune (lat. *tribunicia potestas*) inne, mit der er Gesetze beantragen oder sein Veto einlegen konnte. Die Armeen in den kaiserlichen Provinzen unterstanden ihm persönlich, für die in den senatorischen Provinzen hatte er Weisungsbefugnis, was nahezu unbeschränkte Macht bedeutete.

Augustus selbst nannte sich *princeps,* der erste Mann im Staat, davon leitete sich ›Prinzipat‹ als Name für das neue Herrschaftssystem ab. Sein riesiges Privatvermögen war seinen politischen Zielen ausgesprochen förderlich, auch weil er es zum großen Teil für staatliche Aufgaben verwendete.

Ab 27 v. Chr. festigte er die Verwaltung der immer zahlreicheren Provinzen, indem er Berufsbeamte dort einsetzte, die nur ihm Rechenschaft schuldig waren. Als geschickter Politiker wählte er diese aus den Reihen der mächtigen Senatoren und Ritter, er garantierte ihnen damit Rang und Privilegien. Die niederen Schichten

gewann er mit regelmäßigen Geld- und Getreidespenden sowie Spielen für sich.

Er inszenierte sich als Friedenskaiser – ein Meisterwerk seiner Propaganda ist die Ara Pacis (Altar des Friedens) in Rom –, dennoch führte er zahlreiche Kriege an allen Reichsgrenzen und verdoppelte die Zahl der Provinzen nahezu. Dies gelang mit dem neu geschaffenen stehenden Heer, denn eine nach Bedarf aus dem ländlichen Proletariat zusammengestellte Armee wie im republikanischen Milizsystem genügte den Anforderungen eines Weltreiches längst nicht mehr. Das Militär schützte das Reich nach außen und sorgte für Ruhe und Ordnung im Inneren. Die wichtigste Aufgabe der Verwaltung war die Überwachung der Steuereinnahmen und der Rechtssicherheit für römische Bürger.

Die Herrschaft des Augustus ließ Kunst und Kunsthandwerk aufblühen; eine Entwicklung, die sich bis weit in die Kaiserzeit fortsetzte.

Mit der Regelung seiner Nachfolge verwandelte Augustus das Prinzipat in eine Erbmonarchie, der neue Princeps wurde sein Stiefsohn Tiberius (Claudius Nero). Unter ihm und den folgenden Kaisern aus dem julisch-claudischen Haus etablierte sich die absolute Herrschaftsform.

Bei den Flaviern, die sich nach den Bürgerkriegen, Grenzbedrohungen und Aufständen des sogenannten Vierkaiserjahrs 68/69 schließlich durchsetzten, sind im Herrschaftsverständnis deutliche Unterschiede fassbar. Im Gegensatz zu Vespasian (reg. 69–79) und dessen Sohn Titus (reg. 79–81), die sich beide dem Prinzipat verpflichtet fühlten, kehrte der

■ Abb. 142

Rom, Septimius Severus-Bogen auf dem Forum Romanum

James Anderson (1813–1877), 1856 ■ Salzpapierabzug; 37 x 28,5 cm ■ Reiss-Engelhorn-Museen / Forum Internationale Photographie, Historische Sammlung Wilhelm Reiß ■ Inv. Nr. WR 58.10

Zu Ehren von Septimius Severus (146–211) und seiner Söhne Caracalla und Geta 203 errichtet, soll der Bogen an die Siege über die Parther erinnern.

zweite Sohn Domitian (reg. 81–96) zum autokratischen Herrschertum zurück und gestaltete es zu einem Gottkaisertum (lat. *dominus et deus*) nach östlichen Vorbildern.

Mangels leiblicher Erben gingen die Kaiser in der Zeit von 96–192 zur Adoption eines Nachfolgers über, und zwar des jeweils ›Besten, Würdigsten und Tüchtigsten‹. Statt Geburt sollten nun

171

Verdienste und Eignung den Ausschlag geben. Nerva, Trajan, Hadrian, Antoninus Pius und Marc Aurel wurden daher von ihren jeweiligen Vorgängern adoptiert. Sie verstanden sich in einer philosophischen Auffassung von Herrschaft als erste Diener des Staates, vermieden den Anschein unumschränkter Machtausübung und bezogen die gesellschaftlichen Eliten in ihr Handeln ein.

Zu Beginn des 2. Jahrhunderts n. Chr., unter Trajan, erreichte das Imperium Romanum seine größte Ausdehnung. Allein der mit äußerster Brutalität geführte Feldzug gegen die Daker (101–106) sorgte für eine beträchtliche Erweiterung, bezahlt allerdings mit der beinahe vollständigen Ausrottung der Daker und der Ausplünderung ihres Landes. Hadrian, der mehr als die Hälfte seiner Regierungszeit im Imperium auf Reisen war, ging es weniger um Expansion als um Sicherung und Stärkung der bestehenden Grenzen. Unter ihm wuchsen Ost- und Westteil des Imperiums zu einer Einheit zusammen, deren Einfluss über das Mittelmeer hinaus bis nach Indien reichte. Antoninus Pius optimierte die Verwaltung von Staat, Finanzen und Provinzen. Aus allen Reichsteilen und aus Regionen jenseits der Grenzen gelangten Waren über weitreichende Handelswege nach Rom und in seine Provinzen. Das Zeitalter der Adoptivkaiser endete mit Marc Aurel, der seinen Sohn Commodus zum Nachfolger bestimmte. Dessen Regierung war erneut eine Autokratie, seine Ermordung läutete eine fast hundertjährige Krise des römischen Reiches ein.

Das Kaisertum war endgültig zur Monarchie geworden, indem der Kaiser ohne Bindung an Gesetze oder Senatsentscheidungen agierte und die Regierung in seinen Händen sowie in denen der Mitglieder seines Consiliums lag. Alle noch vorhandenen republikanischen Institutionen verloren ihren Einfluss. Unter der Dynastie der Severer wurde das Militär immer mächtiger; die Kaiser waren selbst Militärs und verließen sich allein auf ihre Legionen. Offiziere wurden bei der Besetzung von Verwaltungsposten bevorzugt. 212 erhielten alle freien Reichsbewohner – mehr als 30 Millionen Menschen (!) – das römische Bürgerrecht (*Constitutio Antoniniana*). Die Bezeichnung ›Römer‹ war nun zu einem rechtlichen Begriff und das Imperium zu einer multikulturellen Großmacht geworden.

Im 3. Jahrhundert n. Chr., vor allem zur Zeit der über 20 Soldatenkaiser (235–284), drohten außen- und innenpolitische Gefahren: Germaneneinfälle im Norden, Kämpfe mit Sasaniden und Goten im Osten, rascher Wechsel auf dem Kaiserthron, Abspaltungen einzelner Regionen und Errichtung von Teilherrschaften, nachlassende Wirtschaftskraft, Währungsverfall und Inflation, fehlende staatliche Finanzressourcen, Naturkatastrophen und Seuchen sowie eine Unterversorgung der Bevölkerung mit Lebensmitteln. Viele römische Städte erhielten nun neue oder überhaupt erst Befestigungen, die offene Siedlungsweise der früheren Jahrhunderte verschwand zunehmend. Großgrundbesitzer häuften infolge des Zusammenbruchs der Kleinbauernschicht, die durch die Steuerlast und die mit Kriegen einhergehenden Verwüstungen ihren Besitz verlor, immer größere Ländereien an, für deren Bear-

■ Abb. 143

Rom, Konstantinsbogen

James Anderson (1813–1877), 1856 ■ Salzpapierabzug; 28,5 x 37 cm ■ Reiss-Engelhorn-Museen / Forum Internationale Photographie, Historische Sammlung Wilhelm Reiß ■ Inv. Nr. WR 58-13

Der Bogen wurde in Erinnerung an den Sieg Konstantins bei der Milvischen Brücke 312 begonnen und 315 geweiht. Eines der Reliefs zeigt Konstantin und seinen Mitkaiser Licinius beim Opfer für die römischen Götter.

beitung sie Sklaven benötigten. Da deren Zahl immer kleiner wurde, arbeiteten nun auch abhängige Kleinbauern für die Landbesitzer.

Allen diesen Krisen setzte der letzte Soldatenkaiser Gaius Aurelius Valerius Diocletianus (Diokletian, reg. 284–305) Reformen entgegen. Dazu gehörten die Neuordnung und Aufstockung des Heeres, die Neuorganisation der Provinzen und eine Währungs- und Steuerreform zur Bekämpfung der Inflation. Neu ausgehobene Legionen sollten die Grenzen sichern. Die Provinzen wurden in kleinere Regionen unterteilt, die wiederum grö-

ßeren Verwaltungseinheiten (Diözesen) zugeordnet waren. Zur Neuordnung der zerrütteten Staatsfinanzen wurde erstmals ein Haushalt aufgestellt, der mit regelmäßigen Einnahmen die Ausgaben im Gleichgewicht halten sollte. Das Preisedikt von 301 legte Höchstpreise für über 1000 Waren und Dienstleistungen fest und fror auch die Löhne ein, um die Wirtschaft zu konsolidieren. Es brachte aber nur den Schwarzmarkt zum Blühen, dessen Preise die Verbraucher mit ihren gedeckelten Löhnen nicht zahlen konnten. Trotz aller Reformen verschlechterte sich die Lage.

Der Niedergang der politischen Stabilität, die ständigen Herrscherwechsel und die wirtschaftlichen Probleme trieben viele Menschen auf die Suche nach Alternativen zur offiziellen Staatsreligion. Sie fanden Sicherheit in Kulten, die eine persönliche Verbindung zu einer schützenden Gottheit boten (siehe unten, S. 182 ff.). Aufstieg und Verbreitung des Christentums im römischen Reich sind nach Ansicht vieler Historiker darauf zurückzuführen.

Zur Regelung der Nachfolge hatte Diokletian 293 ein Kaiserkollegium eingesetzt: die Tetrarchie (Viererherrschaft) aus zwei ›Augusti‹ (Diokletian und Maximianus) und zwei ›Caesares‹ (Constantius Chlorus und Galerius). Jeder Augustus regierte über eine Reichshälfte, unterstützt von einem Caesar. Die Tetrarchie bewirkte durch die Aufgabenteilung zunächst Effizienz und Stabilität, aber nach längeren Auseinandersetzungen innerhalb der späteren Mitglieder des Kollegiums brach 311 dieses Regierungsmodell zusammen, es folgten viele Jahre Bürgerkrieg. 324 errang Flavius Valerius Constantinus (Konstantin) schließlich die Alleinherrschaft über das römische Reich.

Er wählte 330 Byzantium als neue Hauptstadt, die seither auch Konstantinopel hieß. Ausschlaggebend für die Entscheidung war die strategisch günstige Lage zwischen den gefährdeten Grenzen an Donau und Euphrat. Das Zentrum der römischen Welt rückte nach Osten.

Die Teilung des Reiches 395 in einen westlichen und einen östlichen Teil führte zu einer divergierenden Entwicklung der beiden Hälften. Germanen und die Steppenvölker aus dem Osten gefährdeten das weströmische Reich, es endete 476 n. Chr. mit dem Einfall der Goten und der Absetzung des letzten Kaisers Romulus August(ul)us. Das von Konstantinopel bzw. Byzanz regierte oströmische Reich bestand bis 1453.

GÖTTER UND MENSCHEN ALS VERTRAGSPARTNER

Auch bei den Römern durchdrang Religion das Leben, fast jede Handlung galt als von Gottheiten bestimmt. Mit ehrfürchtiger Verehrung sollte deren Gunst gewonnen werden – ihr Zorn war gefürchtet! – und ein Leben in Frieden mit ihnen (lat. *pax deum*), in persönlichem oder gemeinschaftlichem Glück und Wohlstand.

Jede Anrufung musste der jeweils ›zuständigen‹ Gottheit gelten und streng nach Vorschrift am richtigen Ort ausgeführt werden. Der Begriff *religio* (lat. *relegare*, etwas nochmals sorgfältig durchlesen) bezeichnete laut Cicero (*Über das Wesen der Götter* 2,72) eben dieses peinlich genau einzuhaltende Ritualwesen, das die Bindung an die Götter aufrechterhielt. Die Betonung der Ritualtreue verdeutlicht, dass die römische Religion formalisiert war und vor allem der Ratio folgte.

Das römische Pantheon

Die frühen Riten und Kulte entsprangen Bauern- und Kriegergesellschaften auf der italischen Halbinsel, einheimischen als auch zugewanderten.

Am Anfang stehen wie in anderen antiken Kulturen geisterhafte, gestaltlose, aber mächtige Naturwesen (lat. *numi-*

na). Von ihnen erhoffte man sich gutes Gedeihen von Pflanzen, Tier und Mensch. Sie waren komplex und geschlechtlich undifferenziert, kamen manchmal zugleich weiblich und männlich vor wie Ceres/Cerus oder Liber/Libera. Alle konnten schaden, helfen oder neutral bleiben und Gegensätze in sich vereinen.

Zu den alten Gottheiten gehörte neben den Kriegsgöttern Mars und Quirinus der Himmelsgott Jupiter. Zu Beginn auch für Ackerbau zuständig, überwachte er später die Rechtsprechung und blieb über Jahrhunderte der höchste Schwurgott, der Meineidige mit seinem Blitz strafte.

Mars hatte anfangs zugleich kriegerische und friedliche, der Landwirtschaft verbundene Züge. Er war – anders als das griechische Pendant Ares – auch ein Gott des Ackerbaus und der Ernte, machte die Felder fruchtbar und schützte das Vieh. Später wurde er kämpferischer, nahm als Gott des Krieges den zweiten Rang nach Jupiter ein und beschützte wie dieser das Reich.

Vesta, erst Göttin des Herdfeuers, erweiterte ihre Funktion zur Schutzpatronin von Familie, Haus, Gemeinde, Stadt und schließlich des gesamten Staates. Neben Jupiter war sie die wichtigste Gottheit im römischen Staatskult, beider Kulte ergänzten sich: Er beherrschte den freien Himmel, sie das geschlossene Haus, in dem das Herdfeuer nie erlöschen durfte.

Ceres, ebenfalls eine alte italische Göttin, schützte die Bauernhöfe und ließ das Getreide wachsen, die Ährenkrone war ihr häufigstes Attribut. Außerdem war ihr Kult mit der Lebenswelt der Frauen, vor allem der Mütter, verknüpft. In Rom bildete Ceres mit den Göttern Liber und Libera eine Trias, außerdem eine enge Kultgemeinschaft mit Tellus. Der Cerestempel am Aventin war das Hauptheiligtum der Plebejer und der Amtssitz der Volkstribune.

Die Erdmutter Tellus brachte Früchte und Menschen hervor, behütete aber auch die Geister der Toten (die Manen), da diese mit der Bestattung zur Erde zurückkehren.

Liber (Pater), Spender von Vegetation und Wein, war gemeinsam mit seiner ›Partnerin‹ Libera in der Frühzeit Ceres beigeordnet. Während Ceres die Lieferungen und die Verteilung des Getreides überwachte, regelten Liber/Libera den Handel mit Wein. Bereits in frührepublikanischer Zeit wurde Liber die römische Version des griechischen Dionysos. Letzterer hieß als Gott des ekstatischen Taumels auch Bakchos, in der lateinischen Form Bacchus verewigten ihn dann die Dichter der Kaiserzeit.

Diana wurde gemeinsam mit Jupiter und Mars seit jeher von allen italischen Stämmen verehrt. Ihr Kult mit seinen urtümlichen, unheimlichen Riten wurde offenbar in der Zeit der Könige nach Rom übernommen. Wie bei Artemis reicht ihre Verehrung ins Neolithikum zurück, als Jäger und Sammler sich unter ihren Schutz stellten. Sie war die Göttin der Mädchen, der Frauen und der Geburt, denn sie sorgte auch für den Nachwuchs der Menschen, nicht nur für den des Wildes. Sie galt als Göttin der Vermittlung zwischen wilder Natur und der geordneten Welt der Siedlungen.

Saturnus stammte ebenfalls aus der Frühzeit und war gleich dem griechischen

■ Abb. 144
Statuette der Minerva
2.–3. Jh. n. Chr. ■ Bronze; H 8,1 cm,
B 3,3 cm ■ Inv. Nr. Cd 47 (rem 12747)

Griechen, Etruskern und Römern bereits früh gegenseitig beeinflusst haben, behielten sie jeweils eigenständige Züge. So wurden manche älteren römischen Götter fast gänzlich den griechischen angeglichen, bei anderen wich der Name vom griechischen Pendant ab oder die Zuständigkeiten veränderten sich. Außerdem überwogen bei den Römern ernste und nüchterne Züge, auch in der Vorstellung vom Verhalten der Gottheiten. Das allzu menschliche Treiben auf dem griechischen Olymp blieb den Römern fremd. Sie kannten bei ihren älteren Göttern weder verwandtschaftliche und eheliche Beziehungen noch erzählende Mythen.

Mit der Stadtwerdung Roms rückte die ›Kapitolinische Trias‹ im Götterhimmel ganz nach oben: Jupiter, Juno als Stadtkönigin und Minerva als Göttin der Gewerbetreibenden. Der Haupttempel dieser Dreiheit – das wichtigste Heiligtum der Patrizier – stand auf dem Kapitol, daher der Name. Gemeinsamer Kult schuf aber keine Gleichberechtigung, patriarchal genoss Jupiter Vorrang als oberster Himmelsgott und oberster Schützer von Verträgen jeglicher Art.

Juno, der mächtigsten Göttin im römischen Pantheon, war Jugend und Vitalität zugeordnet, entsprechend sind ihre Abbilder jung und schön. Seit der Frühzeit war sie zuständig für ehelichen Nachwuchs, weniger wie die griechische Hera für Ehe und Familie selbst. Juno war auch eine Göttin der Bauern, sie wurde vor der Ernte gemeinsam mit Jupiter und Ceres mit Opfern bedacht.

Minerva (Abb. 144) hing eng mit Mars zusammen, beide verkörperten

Kronos unheimlich und grausam. Schutzherr von Ackerbau und Feldfrüchten, aber auch der Welt der Toten zugehörig, wurde er in der Kaiserzeit mit anderen Gottheiten des Totenreichs gleichgesetzt. Wie Kronos Gott der Zeit, herrschte er über Werden und Vergehen. Seit der archaischen Zeit bewachte er außerdem die Staatsfinanzen in seinem Tempel am Fuß des Kapitols.

Von den Etruskern, Latinern und anderen mittelitalischen Völkern sowie später von den Griechen in Süditalien und Sizilien kamen weitere Götter ins römische Pantheon, zusammen mit ihrem Abbild. Obwohl sich die Religionen von

Kraft und Macht. Bereits in archaischer Zeit wurde sie laut Varro von den Sabinern übernommen und mit der griechischen Athena gleichgesetzt. Sie war wie diese die Göttin der Kriegskunst und der Weisheit, Schützerin von Handwerk und Gewerbe, von Kunst und Wissen. Ihr Wirkungskreis wuchs, sie beschützte nun nicht mehr – wie Athena in Athen – nur eine Stadt, sondern alle im Imperium Romanum. Ihr Tempel am Aventin war das Hauptheiligtum der Handwerker und Gewerbetreibenden. Auch Veteranen, die häufig nach der Entlassung aus dem Militärdienst ein Handwerk ergriffen, erwiesen ihr besondere Verehrung.

Der Ursprung des römischen Kultes der Venus ist ungeklärt, aber spätestens seit dem 4. Jahrhundert v. Chr. setzte man sie mit der griechischen Aphrodite gleich, sie war also ebenfalls für Liebe, Schönheit und Fruchtbarkeit zuständig. Zudem galt sie als Heilerin, die das Wachsen der Heilkräuter schützte, und als Garantin der rituellen Reinheit eines Gemeinwesens. In spätrepublikanischer Zeit wurde Venus als mythische Ahnherrin des römischen Volkes sozusagen politisch vereinnahmt. Vor allem die Familie der Julier schlachtete den Mythos von Venus, dem Trojaner Anchises und deren gemeinsamem Sohn Aeneas propagandistisch aus. Denn sie leitete ihre Abstammung von Aeneas' Sohn Julus her, was Caesar immer wieder betonte.

Fortuna, bei den Römern die Göttin des Zufalls, schenkte im Gegensatz zur launenhaften griechischen Tyche vor allem Glück und Reichtum. Sie griff aber auch, was die Literatur oft schilderte, unvermittelt in Schicksale ein und wen-

■ Abb. 145
Statuette der Fortuna
2. Jh. n. Chr. ■ Bronze; H 7,3 cm, B 3,2 cm ■ Inv. Nr. Cd 54 (rem 12774)

Füllhorn in der Linken und Steuerruder in der Rechten sind verloren, beide verwiesen auf die Rolle der Göttin als Glücksbringerin.

dete sie zum Guten oder Schlechten. Ihre Attribute Füllhorn und Steuerruder symbolisieren Überfluss und sicheres Lenken auf Land und Meer (Abb. 145). In der Frühzeit verehrte man sie zusammen mit der Muttergottheit Mater Matuta, beide waren für Schutz und Aufwachsen der Kinder zuständig. Ebenso behütete sie Familien, bestimmte soziale Gruppen und vor allem den Kaiser.

Apollo, Gott des Lichts, der Sonne, der Musen und des Theaters, kam über die Etrusker und die griechischen Städte

■ Abb. 146
Statuette des sitzenden Mercur
2. Jh. n. Chr. ▪ Bronze; H 7,4 cm, B 3,1 cm ▪ Inv. Nr. Cd 73 (rem 12788)

in Süditalien zu Beginn des 5. Jahrhunderts v. Chr. nach Rom, als es sich gerade von einer verheerenden Epidemie erholte. Hier verehrte man Apollo nun vor allem als Gott der Reinigung von Seuchen, von Krankheiten, aber auch von Blutschuld. Deshalb brachte ihm das Heer nach einem Kriegszug Opfer dar. Als Heilgottheit löste ihn zunächst Anfang des 3. Jahrhunderts v. Chr. der aus Epidauros übernommene Aesculap ab, später die ägyptische Isis. Unter Augustus, der Apoll zu seinem persönlichen Gott erkor, gehörte er zusammen mit Diana zu den beliebtesten Hausgöttern. Wie in Griechenland war er auch der Gott des Orakels, seine Priesterin, die Sibylle, übermittelte die Weissagungen sogar in griechischen Hexametern, der speziellen Orakelsprache bis in die Spätzeit Roms.

Zu Neptun(us) gehörten anfangs eher die Flüsse und Binnengewässer, weniger das Meer. Schon früh wurde er mit Poseidon gleichgesetzt, wenn auch ohne dessen düstere Seiten, da er keine Erdbeben und andere Katastrophen auslöste. Stattdessen trat er in enge Verbindung mit Minerva und Mars, die Handelsflotten der Römer bedurften schließlich des Schutzes sowohl des Meer- als auch des Kriegsgottes.

Volcanus (später Vulcanus), Gott des gefürchteten, auch Häuser, Scheunen, Ställe und Städte verwüstenden Feuers, wurde bereits im voretruskischen Rom verehrt und im 6. Jahrhundert mit dem griechischen Hephaistos gleichgesetzt, wenn auch nicht eins zu eins. Die Römer huldigten ihm gemeinsam mit Mars, da sich ein Krieger und ein Waffenschmied bestens ergänzten.

Mercur(ius) – sein Name leitete sich von lat. *merces*, Waren ab – war wie Hermes in Griechenland Götterbote und Schutzherr von Händlern, Handwerkern und Reisenden, aber auch von Dieben und Betrügern. Im Gegensatz zu den dezenten griechischen Darstellungen trägt er in Rom einen Geldbeutel in seiner Hand, ein deutliches Zeichen für seinen Wirkungsbereich (Abb. 146).

Als göttliche Wesen verkörperten die Römer auch Werte, erstrebenswerte Eigenschaften und Tugenden und stellten sie nach griechischem Vorbild figürlich dar. Zu diesen – meist weiblichen – Personifikationen gehörten Pietas

(Pflichtgefühl, Frömmigkeit), Salus (Heil), Iustitia (Gerechtigkeit), Pax (Frieden), Fides (Treue, Zuverlässigkeit), Spes (Hoffnung), Libertas (Freiheit), Victoria (Sieg), Concordia (Eintracht), Honos (Ehre) oder Virtus (Tapferkeit oder Tüchtigkeit).

Nach römischer Vorstellung schützten die Geister der Ahnen und Vorfahren, die Laren und Penaten, Häuser und ihre Bewohner. Daher wurden sie mannigfach verehrt: die Laren im Hausinneren, an den Straßen in der Stadt und an Kreuzwegen auf dem Land, die Penaten als Zuständige für Herd und Vorratskammer (lat. *penus*) ebendort. Kleine Statuetten zeigen die Laren als junge Männer, mit Tunika und Mantel, meist paarweise tanzend, mit einem Trinkhorn (Rhyton), einer Opferschale oder einem Eimerchen (lat. *situla*) für Wein in den Händen.

In der Zeit des Augustus erdachten die Römer Göttergestalten für menschliche Vitalität, differenziert nach Geschlecht: Der Genius (Abb. 183) stand für die unsterbliche Kraft des Mannes, die ihn ein Leben lang begleitet, die Juno für die jeder Frau innewohnende Kraft.

Die Schutzgeister und die wichtigen Familiengottheiten waren in den Häusern bildlich anwesend, bei Wohlhabenden meist im Atrium, als Gemälde auf der Rückwand einer kleinen Kultnische (lat. *lararium*) oder als Statuetten darin. Überliefert sind auch kleine Tempel oder frei stehende Hausaltäre aus Holz oder Stein. Den Hausgöttern brachte das Oberhaupt der Familie, der *pater familias*, täglich Opfergaben wie Girlanden, Kränze, Weihrauch, Wein, Früchte oder Kuchen, um Unheil von Haus und Familie fernzuhalten.

Im Haus waren auch die meist aus Wachs geformten Bilder (lat. *imagines maiorum*) der Ahnen aufgestellt. Ihnen gebührten ebenfalls Opfer, vor allem als Dank für ihre Verdienste, die ja den sozialen Rang der Nachkommen bedingten.

Von den hellenistischen Königshäusern im Osten übernahmen die Römer den Herrscherkult, wo die Anbetung des Königs seit Alexander dem Großen üblich war. Den unter dem Schutz der Götter stehenden Kaisern schrieb man eine besondere Wirkkraft zu, die Frieden und Wohlstand garantierte und daher verehrungswürdig war. Zunächst wurden die Kaiser nach dem Tod vergöttlicht, später bereits zu Lebzeiten in diesen Rang erhoben. Zum Kult gehörten der Eid auf den Kaiser, Gebete und Opfer. Im Kaiserkult drückte sich die Loyalität der Römer zu Herrscher und Reich aus.

Wohnhäuser der Götter, Archive der Sterblichen

Der lateinische Begriff *templum* meinte nicht nur ein monumentales Gebäude, sondern auch einen kleinen Schrein in Wohnvierteln. Der Bau von Tempeln als Kultstätten ging wie vieles andere auf die Etrusker zurück, daher weist ihre Architektur hauptsächlich etruskische Formen auf. Man variierte diese und gliederte infolge des immer intensiveren Kontaktes zu den Griechen weitere Elemente ein.

Die etruskische dreiteilige Cella fand sich in Rom nur für die Kapitolinische Trias Jupiter, Juno und Minerva. Andere Gottheiten ›bewohnten‹ eine einräumige Cella. Allen Tempeln gemeinsam waren ein rechteckiger, runder oder dreieckiger Grundriss, ein hohes Podium mit breiter,

■ Abb. 147

Ostia, Tempel hinter dem Theater

Der in der Zeit des Kaisers Domitian (81–96 n. Chr.) erbaute Tempel ist auf das südlich von ihm gelegene Theater ausgerichtet. Welcher Gottheit er geweiht war, ist nicht bekannt.

zum Eingang führender Treppe sowie ein Altar, entweder in die Treppe integriert oder davor aufgestellt (Abb. 147). Im Gegensatz zum griechischen Tempel hatte der römische nur auf einer Seite einen Zugang, außerdem lag er meist an den Kopfenden großer öffentlicher Plätze. Von den Etruskern entlehnt war seine Ausrichtung auf eine bestimmte Himmelsrichtung wegen der notwendigen Beobachtung des Vogelflugs durch die Priester.

Außer Kultfunktionen erfüllten die Tempel noch die von Archiven. Im Tempel der Ceres in Rom befand sich beispielsweise das Archiv der Senatsbeschlüsse, das von plebejischen Aedilen beaufsichtigt wurde, während im Tempel des Saturn das Archiv für Gesetze und Verträge untergebracht war und im Tempel der Vesta Testamente hinterlegt wurden.

Opfer als Vertragsleistung

Den geschäftsmäßig wirkenden Kulten in Rom lag das Prinzip ›*Do ut des*‹ (ich gebe, damit Du gibst) zugrunde. Götter und Menschen hatten sozusagen einen auf einem Treueverhältnis beruhenden Vertrag miteinander, mit Pflichten für beide Teile (lat. *fides*). Zu den menschlichen Pflichten zählten genaue Einhaltung der Rituale, getreues Erfüllen von Gelübden und die Darbringung der den Göttern zustehenden Opfer, all dies meint der Begriff *pietas*. Opfergaben waren vor allem Naturalien – Blumen, Getreide und Feldfrüchte – oder Tiere, wobei wie in Griechenland Gott und Mensch unterschiedliche Teile derselben erhielten. Man opferte zum Dank für göttlichen Beistand, zur Sühne für einen Frevel oder in Erwartung einer glücklichen Fügung. Manchmal wählte man auch eine Trankspende (lat. *libatio*) mit Wein, Milch und Honig oder verbrannte Weihrauch.

Neben den Opfern stellte ein Gelübde (lat. *votum*) das häufigste Mittel der rituellen Kommunikation mit den Göttern dar. Einzelne oder Gemeinschaften gelobten eine Weihegabe für die erbetene Wohltat eines Unsterblichen. Hatte dieser oder diese ihren Teil des Vertrags erfüllt, war die Gabe unabdingbar, aber je nach Vermögensstand bescheiden oder prächtig. Auf Weihesteinen findet sich daher häufig die Formel *votum solvit libens merito* (das Gelübde gern und nach Verdienst eingelöst). Weihegaben konnten unter anderem große Statuen aus Stein sein oder Statuetten aus Bronze oder Ton. Vor allem letztere waren offenbar an Verkaufsständen bei den Tempeln und Heiligtümern erhältlich.

Was wollen sie uns sagen?

Den göttlichen Willen erkundeten und deuteten die von den Etruskern übernommenen Priesterschaften der Auguren (›Vogelprüfer‹) und der Haruspices. Letztere lasen den Götterwillen aus den Eingeweiden der Opfertiere, erstere aus der Beobachtung des Verhaltens von Vögeln am Himmel oder auf der Erde (lat. *auspicium*). Erkannt werden sollte die göttliche Zustimmung oder Ablehnung bei bestimmten Vorhaben, vor allem bei der Entscheidung über Krieg oder Frieden. Alle Vögel waren im Übrigen Jupiter heilig, die am Boden lebenden verursachten gelegentlich Mühe. Zwar verhinderten die Gänse der Juno 387 v. Chr. mit ihrem Geschnatter die Einnahme des Kapitols durch die Kelten, aber die heiligen Hühner verhielten sich zuweilen kapriziös – mal flüchteten sie aus ihrem Käfig, mal verließen sie ihn gar nicht erst, mal fraßen sie nicht wie vorgesehen. Letzteres brachte ihnen in einem berühmten Fall den nassen Tod, als sie vor einer Seeschlacht vor der Küste Siziliens im Ersten Punischen Krieg deshalb kurzerhand über Bord geworfen wurden. Lieber ein totes als ein schlechtes Orakel.

Das ständige Suchen nach der Meinung der Götter in allen privaten und politischen Lebenslagen führte jedoch im Laufe der Zeit zur Instrumentalisierung und auch zum Missbrauch der Deutung von Zeichen und Omen. Ehrgeizige und skrupellose Politiker nutzten manipulierte Ergebnisse zur Verbrämung ihrer Interessen und Handlungen mit einem göttlichen ›Segen‹.

Die hohen Priesterämter übernahmen Männer aus reichen, hoch angesehenen Familien, die zahlreichen einfachen Ämter standen auch den weniger wohlhabenden Schichten offen. Aufstrebende Politiker verbesserten ihre Chancen mit der meist einjährigen Ausübung eines Priesteramtes. Römische Priester waren daher kein ausgebildetes Kultpersonal, das wie bei den Etruskern eifersüchtig über Wissen und Riten wachte, sondern rekrutierte sich aus dem Heer der Beamten, die mit Unterstützung der Kult- und Opferdiener für das korrekte Ausführen der vorgeschriebenen Rituale zuständig waren. Damit wurde auch die öffentliche Ordnung aufrechterhalten.

Die Priesterschaften mit dem *pontifex maximus* an der Spitze waren hierarchisch strukturiert und in unterschiedlichen Kollegien zusammengeschlossen. Die Priester berieten über den Kultdienst hinaus Senat, Amtsträger und Bürger. Priesterinnen gab es in Rom für die Göttin Vesta, in deren Tempel sie das ewige Feuer hüteten. Auch Ceres hatte Priesterinnen, sie mussten allerdings rechtmäßig verheiratet sein. Sonst hatten auch weibliche Gottheiten männliche Priester, im Gegensatz zu Griechenland.

Seit Augustus waren die Kaiser in Personalunion auch oberste Priester. Denn sie waren qua Amt verantwortlich für die gewissenhafte Einhaltung der Göttergebote, die Voraussetzung für das Wohlergehen des Reiches.

Neue Götter braucht das Land

Die römischen Eroberungen zur Erweiterung des Imperiums brachten Kontakte mit Göttern und Kulten in fremden Regionen mit sich. Dabei war es von Vorteil, dass Römer ebenso wie Griechen davon überzeugt waren, dass die eigenen Gottheiten auch bei anderen Völkern fassbar seien, wenn auch unter anderem Namen.

Aus Kleinasien und dem Vorderen Orient gelangten seit der Zeitenwende über Militärs, Händler, Migranten und Sklaven neue Glaubensinhalte in die römische Religion, neue Kulte fanden in der römischen Gesellschaft viele Anhänger. Vermutlich suchten sie Antworten auf grundlegende Lebensfragen, denn wie das sich damals ebenfalls verbreitende Christentum versprachen die eingewanderten Kulte den Gläubigen die persönliche Verbindung zu einem unsterblichen Beschützer, Erlösung von Sünden, Überwindung des Todes und Auferstehung. Vor allem in den Wirren und Unsicherheiten im 3. Jahrhundert wandten sich viele Menschen diesen Gefühl und Geist stark ansprechenden Religionen zu, da sie von den Staatsgöttern mit ihren starren Kultpraktiken enttäuscht waren. Außerdem fühlten sich die unteren Schichten von Staatskulten ausgeschlossen, da diese in den Händen der aus der gesellschaftlichen Elite stammenden Priester lagen.

Die ›importierten‹ Kulte blühten bereits im 1. Jahrhundert v. Chr. auf und schlugen sich auch im Kunstschaffen nieder. Manche dieser Kunstwerke tragen oft rätselhafte Symbole, deutbar nur für Eingeweihte. Neuere Forschungen zeigen jedoch, dass nicht alle diese Kulte ihren Ursprung tatsächlich in Vorderasien hatten. Die meisten ihrer Zeugnisse entstanden nämlich innerhalb der römischen Kultur und führten nicht unbedingt eine direkte Tradition aus dem Osten weiter.

Geheime, von allen – nicht nur von wenigen an der Spitze der Gesellschaft stehenden – Anhängern vollzogene Riten stärkten das Gefühl der exklusiven Zusammengehörigkeit und ein Empfinden von Geborgenheit. Die inszenierten Rituale sprachen die Teilnehmer emotional an. Die Geselligkeit in einer Kultgemeinschaft förderte die Bildung stabiler Gruppen ohne soziale Trennlinien. Gemeinsam waren diesen Religionen hauptamtliche Priester und eine Art Satzung. Die Eingeweihten, die Mysten, konnten innerhalb der Kultgemeinschaft verschiedene Ränge erreichen. Der Bruch der absoluten Schweigepflicht führte zum Ausschluss aus der Gemeinschaft und dem Verlust der Glückseligkeit im Jenseits.

Die Große Mutter

Der Kult der Kybele, auch *Magna Mater*, Große Mutter, genannt, wurde als einziger der vorderorientalischen Religionen 205 v. Chr. offiziell in Rom eingeführt, gemäß den sibyllinischen Büchern und einem Orakelspruch aus Delphi, um Hannibal und die Punier besiegen zu können. Kybele erhielt einen Tempel am Palatin und erfuhr unter Augustus besondere Ehren, als er sie als Schutzgöttin seiner Vorfahren aus Troja entdeckte.

Bereits im 6. Jahrhundert v. Chr. hatten Kaufleute den Kybelekult von dem zentralen Heiligtum in Pessinus im anatolischen Phrygien nach Griechenland und später nach Südfrankreich gebracht,

mit seinen Priestern, die sich selbst entmannten, den wilden Tänzen und der aufwühlenden, schrillen Musik, bei der die Gemeinde in Ekstase geriet.

Der phrygische Mythos erzählt von Attis, dem Gefährten, Priester und Geliebten der Kybele, dass er eine Königstochter heiraten sollte. Kybele aber – im Übrigen auch seine Mutter – trieb ihn aus Eifersucht in den Wahnsinn, sodass er sich selbst kastrierte und daran verblutete. In ihrer Trauer verwandelte sie seinen Leichnam in eine Pinie und stiftete ihm ein Gedenkfest im Frühling. Das Schicksal des Attis spiegelte das Absterben und Wiederaufblühen der Vegetation und stützte die Hoffnung auf ein Weiterleben nach dem Tod.

Götter vom Nil – Isis und Sarapis

Die Verehrung der ägyptischen Göttin Isis verbreitete sich bereits seit dem 2. Jahrhundert v. Chr. in der römischen Welt und überflügelte in der Kaiserzeit andere Kulte. Isis erlaubte ihren Anhängern einen direkten Kontakt zu ihr, ohne Umwege über Priester, und verhieß ihnen Glück, Seelenheil und Wiederauferstehung. Mit zunehmender Verbreitung ihres Kultes nahm sie viele Wesenszüge anderer Göttinnen an und entwickelte sich zur allumfassenden Herrin über Himmel und Erde.

Ihr Mythos zeichnete sie als treusorgende Gattin und fürsorgliche Mutter, ihre Anhänger sahen sie als Lebensspenderin und -erhalterin und als Schutzgöttin für alle Kinder. Isis mit dem Horusknaben auf dem Schoß (lat. *Isis lactans*, stillende Isis) gilt als Vorbild für christliche Darstellungen der Mutter Gottes mit dem Jesuskind (Abb. 148).

Isis' gemeinsamer Kult mit Osiris und
Horus diente schon den Pharaonen als Le-
gitimation ihrer Herrschaft. Die Ptolemäer
als deren Nachfolger drängten die Verehrung des Osiris zugunsten des ›neuen‹
Gottes Sarapis (später Serapis) zurück.

Er soll die ›Erfindung‹ von Ptolemaios I. (367–283 v. Chr.) gewesen sein,
der seine griechischen und ägyptischen

Untertanen in einem gemeinsamen Kult
vereinen wollte. Hierfür schuf er einen
in Alexandria und Memphis verehrten
Reichsgott und gleichzeitig den Stadt-
gott von Alexandria. Allerdings blieb im
ägyptischen Umfeld noch immer Osiris
der am meisten verehrte Gott, sodass die
Ptolemäer ihr Ziel der religiös gestützten
Völkervereinigung verfehlten.

In Sarapis waren Aspekte von Zeus,
Asklepios und Hades, den griechischen
Vatergottheiten, mit denen von Osiris
und Apis verwoben. Von letzteren leitete
sich auch sein Name ab, während sein
Erscheinungsbild rein griechisch war.
Der Kult verbreitete sich rasch, vor allem
außerhalb Ägyptens. Seit dem 1. Jahrhundert n. Chr. gehörte er sogar zu den
öffentlichen Kulten in Rom und erreichte
im 2. Jahrhundert große Popularität.

Sarapis war für vieles zuständig: Unterwelt, Wiedergeburt und Fruchtbarkeit,
Heilkunst, Traumdeutung und Orakel.
Den Unterweltaspekt verkörperten seine
Attribute, der dreiköpfige Hund Kerberos
und das Getreidemaß (der Kalathos oder
Modius) auf dem Kopf als Symbol für die
von den unterirdischen Gottheiten ge-
schenkte Fruchtbarkeit des Bodens.

Seine erste große Darstellung war
eine von dem griechischen Bildhauer
Bryaxis um 300 v. Chr. vermutlich aus
Gold und Elfenbein gefertigte Statue,
die im Serapeion, dem Tempel des Sarapis, in Alexandria aufgestellt wurde.
Sie zeigte alle Elemente der künftigen
Ikonographie: das ›väterlich-wohlwol-
lende‹ Gesicht mit der reichen Haar- und
Barttracht, der Kalathos auf dem Kopf,
die Kleidung aus Chiton und Mantel,
das Zepter. Das erste Sarapisbild wurde

kopiert und ist in unzähligen kleinen Varianten und in unterschiedlichen Materialien überliefert (Abb. 149).

Der Gott auf dem Stier

Jupiter Dolichenus war im 2. und 3. Jahrhundert n. Chr. einer der beliebtesten Götter im römischen Reich, seine Verehrung ist bis nach Germanien und Britannien sowie in den Donauprovinzen bezeugt. Dennoch wissen wir nur wenig über den Glaubensinhalt.

Die ursprüngliche Heimat des Kultes lag in der nordsyrischen Stadt Doliche (heute Dülük bei Gaziantep in der Südosttürkei). Dort befand sich ein altes Heiligtum für den hethitischen bzw. hurritischen Sturmgott Tešub bzw. den nordsyrischen Wettergott Hadad, dessen Kult in Doliche seit dem 6. Jahrhundert v. Chr. nachgewiesen ist. Verehrt wurde dort jedenfalls ein Wetter-, Sturm- und Himmelsgott, der auch als Kriegs- und Erlösergott Anbetung fand. Um 300 v. Chr. wurde die Stadt neu gegründet, sie lag an wichtigen Handels- und Heerstraßen zwischen Kleinasien, Syrien und Mesopotamien. Ab dem Ende des 1. Jahrhunderts v. Chr. gehörte das Gebiet zum römischen Imperium, aufgrund seiner Nähe zum parthischen Reich wurden in Doliche Truppen stationiert.

Jupiter Dolichenus zeigt besonders deutlich die Entwicklung von einer lokalen zu einer imperiumsweit verehrten Gottheit. Vermutlich wurde sein Kult durch römische Soldaten und Beamte sowie durch Händler verbreitet, vor allem unter der Herrschaft der Severer (193–235). In dieser Zeit galt der Gott als ›Bewahrer der ganzen Welt‹ (lat. *conser-*

■ Abb. 149
Statuette des Sarapis
Mitte 2. Jh. n.Chr. ■ Bronze; H 8,5 cm,
B 5,6 cm, T 3 cm ■ Leihgabe aus Privatbesitz

vator totius mundi), hatte also Züge des mit ihm gleichgesetzten Jupiter. Man rief ihn an für das eigene Wohlergehen und das der Angehörigen, erhoffte sich Hilfe in bedrohlichen Lebenslagen und bei der Lösung mannigfacher Probleme. Seinen Willen erforschten die Anhänger in Träumen und Orakelsprüchen.

Als der Sasanidenkönig Shapur I. 253 das Heiligtum in Doliche zerstörte, fand der Kult dort ein rasches Ende. Zuvor schon hatte die Zahl der Weihungen in anderen Regionen deutlich abgenommen. Dagegen wurde der Tempel in Rom

noch bis ins 4. Jahrhundert von Gläubigen aufgesucht.

Im Gegensatz zum Mithras-Kult stand der Kult auch Frauen offen, aber nicht als Funktionsträgerinnen oder Priesterinnen. Nur Eingeweihte durften in die relativ schlichten Tempel für Jupiter Dolichenus.

Dargestellt wurde er auf dem Rücken eines Stiers stehend, Blitzbündel und Doppelaxt haltend. Auch dies ein Hinweis auf seine Verbindung zu den Sturm- und Wettergöttern des nordsyrischen und kappadokischen Raumes, die bereits seit dem 2. Jahrtausend v. Chr. verehrt wurden und deren Ikonographie als Vorbild diente, vor allem für den langen Zopf oder für die Hörner auf der Kopfbedeckung als Zeichen der Göttlichkeit. Römisch sind die Bekleidung mit Panzer und Mantel und die Anlehnung an Jupiter-Darstellungen.

In den Prozessionen zu Ehren des Gottes wurden dreieckige Votivbleche mitgeführt (Abb. 150). In der unteren der vier Bildzonen erkennt man mittig einen bärtigen Mann beim Opfer, rechts und links von ihm wohl die Dioskuren Castor und Pollux. Darüber steht Jupiter Dolichenus auf einem Stier, ihm gegenüber seine Kultgefährtin Juno Dolichena auf einer Hirschkuh, zwischen ihnen eine Militärstandarte. In der dritten Zone sind die Büsten von Sol und Luna zu sehen, in der vierten ganz oben ein Adler. Häufig

sitzt auf der Spitze der Bleche noch die Figur einer Victoria mit Siegeskranz als Symbol für die Sieghaftigkeit des Gottes.

Segnende Hände

Sabazios, ein Gott thrakischen oder phrygischen Ursprungs, wurde mit Dionysos und Jupiter verbunden. Sein Kult mit ekstatischen Elementen war bereits im 4. Jahrhundert v. Chr. in Griechenland bekannt. Die Anhänger erhofften sich ein Weiterleben im Jenseits, die Vergebung ihrer Sünden und Schutz im irdischen Leben. Sabazios-Zeugnisse gibt es in vielen Regionen des römischen Imperiums, vor allem in Kleinasien, Thrakien, Moesien und Rom. Er zeigt sich als bärtiger Gott auf einem Pferd, mit phrygischer Kleidung und Kopfbedeckung und einem Stab oder Pinienzapfen in den Händen.

Sabazios wurde hauptsächlich im häuslichen Bereich verehrt, daraus erklärt sich wohl der Wunsch nach kleineren, tragbaren Kultgegenständen. Charakteristische Zeugnisse sind bronzene Hände als Votive. Sie stammen meist aus dem 1.–3. Jahrhundert und sind in mehr als 100 Beispielen überliefert (Abb. 151). Sie sind in der Regel unterlebensgroß und mit zahlreichen Symbolen bestückt: Pinienzapfen, Schildkröte, Adler und Schlange. Schlangen spielten im orgiastischen Kult oft mit, da Priester sie bei Prozessionen in Händen hielten, man neuen Mitgliedern bei der Aufnahme angeblich eine Schlange an die Brust legte. Die Handvotive zeigen den römischen Segensgestus: Kleiner Finger und Ringfinger sind angelegt, die anderen ausgestreckt. Ursprünglich wurden solche Hände auf Stäben bei Prozessionen mitgeführt.

■ Abb. 150
Votivblech für Jupiter Dolichenus
2. bis 3. Jh. n. Chr. ■ Bronze; H 37,8 cm, B 21,8 cm, T 0,3 cm ■ Leihgabe aus Privatbesitz

■ Abb. 151

Handvotiv für Sabazios

1.–2. Jh. n. Chr. ■ Bronze; H 24 cm, B 5 cm,
T 3,8 cm ■ Leihgabe aus Privatbesitz

Der Gott aus dem Felsen

Über Entstehung und Entwicklung des Mithraskultes ist in den vergangenen Jahren eine rege Diskussion mit noch offenem Ende entbrannt. Vor allem die Frage, ob der Kult in seiner römischen Ausprägung die Fortführung eines sehr viel älteren ist, erhitzt die Gemüter. Offenbar handelt es sich beim römischen Mithraskult um eine Neuschöpfung bzw. Umgestaltung vom Ende des 1. Jahrhunderts n. Chr., auch wenn noch unklar ist, ob sie im Osten oder in Italien entstanden ist.

Eine Verbindung mit dem Kult des alten indo-iranischen Licht- und Sonnengottes Mit(h)ra ist gemäß neuen Untersuchungen nicht gegeben. Jener wurde seit dem 14. Jahrhundert v. Chr. verehrt und war im 5.–4. Jahrhundert unter den Achaimeniden einer der Staatsgötter des persischen Großreiches. Der Mythos erzählt, er sei aus einem Felsen geboren und Hirten hätten ihm die Erstlinge ihrer Herde dargebracht. Dieses Ereignisses gedachten seine Anhänger jeweils am 25. Dezember. Er galt als Wahrer der Verträge und wachte über ihre Einhaltung, zugleich war er ein Kriegsgott, der »niemals schläft und alles sieht«. Weil er immer wacht und damit vor der Sonne aktiv ist, wurde er als eine Art Lichtbringer angesehen. Dieser Wesenszug verstärkte sich in hellenistischer Zeit und näherte ihn dem Sonnengott an.

Das Ritual erforderte die Tötung eines Stieres als Schöpfung von Welt und Ordnung sowie zur Erlösung der Menschen. Denn aus diesem Tod sollte neues Leben erwachsen. Anschließend hielten Mithras und Sol ein gemeinsames Festmahl ab. Zusammen mit dem unbesiegbaren Son-

■ Abb. 152a–b

Fragment eines doppelseitigen Mithras-Reliefs (mit Ergänzung)

Aus Rom, Castra Praetoria (Kaserne der Praetorianer); 2. bis 3. Jh. n. Chr. ■ Marmor,
Ergänzungen in Gips; Original: H 19,6 cm, B 16 cm, T 4,6 cm ■ Inv. Nr. Cc 221/2018

Die Vorderseite zeigt die Stiertötung, die Rückseite das Kultmahl des Mithras mit
dem ihm eng verbundenen Sonnengott. Durch Drehen des Reliefs wurden der
Kultversammlung zwei Phasen des Rituals präsentiert. Die Stiertötung ist die
Voraussetzung für das Mahl, da es auf der Haut des erlegten Stieres eingenommen wird.

nengott (Sol invictus) wurde Mithras als Lebensspender und Heilgott verehrt, sie bildeten seit dem 3. Jahrhundert eine kultische Einheit.

Um Mithras als Verkörperung des Guten, der über das Böse siegt, und von Wertbegriffen wie Treue und Tapferkeit entwickelte sich ein staatlich etablierter Kult, der ausdrücklich die Treue zum Kaiser und zu den Staatsgöttern garantierte. Ende des 4. Jahrhunderts wurde er verboten.

Der Kult hatte eine der mächtigsten Anhängerschaften in vielen Gesellschaftsschichten, nicht nur bei den Soldaten, die man bis vor wenigen Jahren als seine Hauptverbreiter im römischen Reich angesehen hatte. Auch andere Personengruppen mit hoher Mobilität kommen als Multiplikatoren in Frage – Händler, Senatoren und Ritter in der Verwaltung der Provinzen, ebenso deren Gefolge aus Sklaven und Freigelassenen.

Der Kult war Männern vorbehalten, sie durchliefen in Stufen sieben den antiken Planetengöttern entsprechende Grade der Einweihung bis zur Erlangung der Unsterblichkeit der Seele und der Wiederauferstehung des Körpers.

Im gesamten römischen Imperium, aber besonders häufig in den Rhein- und Donauprovinzen finden sich höhlenähnliche Kulträume (Mithräen), in denen sich die Anhänger versammelten. Im Mittelpunkt stand das Bild des Gottes bei der Tötung des Stiers, dem zentralen Akt (Abb. 152a–b). Aus dessen Blut und Sperma entstehen nach der Vorstellung der Anhänger Pflanzen und Tiere. Das gemeinsame Opfermahl bestand aus Brot und Wein.

Im Zeichen des Kreuzes

Die Religionen und Kulte mit Erlösung und Auferstehung als zentralem Element bereiteten gewissermaßen den Boden für die christliche Botschaft, die in der Regierungszeit von Augustus ein neuer Prediger verkündete. Basierend auf jüdischen Glaubensthemen entwickelte sich das Christentum als neue Religion, in der auch vorderorientalische und hellenistische Elemente ihren Niederschlag fanden, beispielsweise die Aussendung eines Gottessohnes zur Überwindung des Bösen, das letzte Abendmahl mit Getreuen, der Opfertod, die Auferstehung sowie eine rituelle Einweihung.

Im Gegensatz zu anderen Religionen setzten die Christen von Anfang an auf gewisse ›Alleinstellungsmerkmale‹ wie die Nächstenliebe und eine organisierte Missionierung mittels heiliger Schriften wie den in flavischer Zeit entstandenen Evangelien. Auch die um die Wende zum 2. Jahrhundert einsetzende Etablierung einer hierarchischen inneren Struktur in Form von Gemeinden mit Bischöfen, Presbytern und Diakonen half, die Glaubenslehre schnell und intensiv zu verbreiten und zu festigen.

Die in anderen Religionen unbekannte Fürsorge mit Armenspeisungen und Hospizen für Waisen, Arme und Alte vermehrte die Anhängerschaft. In ihr waren allerdings nicht – wie häufig zu lesen – Sklaven, Personen von niedrigem Stand und Frauen, die anfangs eine tragende Rolle in den Gemeinden spielten, in der Überzahl, sondern Angehörige der Mittelschicht. Die intellektuell gebildeten Oberschichten fanden im Christentum eine Erneuerung und Erweiterung der

■ Abb. 153
Öllampe mit Kreuz am Henkel und Kette zum Aufhängen
4.–5. Jh. n. Chr. ■ Bronze; L 11,3 cm H 8,4 cm ■ Inv. Nr. Ci 19

früheren philosophischen Lehren. Bis zum Beginn des 4. Jahrhunderts hatten sich jedenfalls rund zehn Prozent der Bevölkerung zum Christentum bekannt. Es blieb aber lange ein städtisches Phänomen, da die Landbevölkerung weiterhin den alten Göttern anhing.

Christen waren aus mehreren Gründen suspekt, vor allem den Herrschern. Als Anhänger einer monotheistischen Religion verweigerten sie den Kaiserkult und leugneten grundsätzlich alle anderen Götter. Damit brachen sie eine uralte Vereinbarung, denn die durch Verehrung zu erwerbende Gunst der Götter sicherte die Fortdauer des Imperiums sowie Recht und Ordnung. Wenn also Christen auf der Exklusivität ihres Gottes bestanden,

gefährdeten sie den Staat und stellten sich gegen das römische Volk und seine Kultur. Sie nahmen nicht am sozialen Leben teil und machten sich noch anderweitig verdächtig: durch demonstrative Glaubensfestigkeit unter Abwertung anderer Verhaltensweisen, das Führen eines Lebens in Demut, den Zusammenhalt in den Gemeinden, das Ablehnen der Sklaverei und das Verweigern des Militärdienstes.

Bereits im 1. Jahrhundert n. Chr. kam es zu vereinzelten Strafaktionen gegen Christen, aber erst in der Mitte des 3. Jahrhunderts unter Kaiser Decius begann die systematische Verfolgung. Den Ausschlag gaben jedoch keine religiösen Gründe, sondern politische und wirtschaftliche Krisen, von denen Decius ablenken wollte und deshalb Schuldige suchte – seien es Christen, seien es Juden.

303 verbot Diokletian das Christentum per Edikt. Christen wurden erneut im gesamten Imperium verfolgt, ihre Kirchen und Versammlungsräume zerstört sowie ihre heiligen Schriften verbrannt. Christen wurden aus ihren Ämtern geworfen und verloren damit rechtlichen Schutz. Wie bei den früheren Repressalien und Verfolgungen und wie bei anderen ›fremden‹ Religionen ging es dabei nicht um den Glauben an sich, sondern um die Staatstreue der Untertanen und die Wiederherstellung der öffentlichen Ordnung. Jeder, der nicht dem Kaiser huldigte, galt als potentieller Verschwörer. Unter Galerius wurde 311 das Christentum wieder erlaubt, der Staat verlieh den christlichen Gemeinden den Status einer Körperschaft öffentlichen Rechts. Damit konnten sie über Besitz verfügen und als Erben eingesetzt werden.

313 n. Chr. gestattete Konstantin mit dem sogenannten Toleranzedikt von Mailand den Christen und Nicht-Christen(!) völlige Religionsfreiheit. Ein Jahr zuvor hatte er seinen innenpolitischen Gegner Maxentius an der Milvischen Brücke in Rom »im Zeichen des Kreuzes« besiegt, wie es in der legendenhaften Ausgestaltung des Ereignisses heißt.

Konstantin selbst war wohl kein Christ, er hatte aber die Nützlichkeit des Christentums für seine politischen Belange erkannt und integrierte es in seine Herrscherideologie. Er erklärte öffentlich, dass Christen zum Wohlergehen des Staates beitragen könnten. Bischöfe übernahmen seither auch administrative Aufgaben für den Staat, dank ihres großen Engagements wurden Kirchengemeinden zu lokalen Verwaltungszentren in allen Provinzen des westlichen Reiches. Konstantin stellte auch Gelder aus der Staatskasse für Kirchenbauten zur Verfügung.

Als Spaltungen innerhalb des Christentums drohten, griffen die Kaiser wiederholt in die Lehrstreitigkeiten und die Organisation der Kirche ein, um den Zusammenhalt des Reiches nicht zu gefährden.

Im Winter 382/383 stellte Kaiser Gratian die staatliche Finanzierung der heidnischen Kulte, Opfer und Priester ein und ließ die Tempel enteignen. Altar und Statue der Victoria wurden symbolträchtig aus der Curia in Rom entfernt.

Kaiser Theodosius erhob schließlich 391 das Christentum zur Staatsreligion und verbot alle anderen Religionen, sogar den Hauskult an den Lararien. Damit war die religiöse Toleranz, die alle antiken Gesellschaften charakterisierte, ein für alle Mal beseitigt.

DER LETZTE WEG

Umherschweifende Geister

Wie bei Griechen und Etruskern gab es auch bei den Römern keine einheitliche Jenseitsvorstellung. Anfangs galten die Gräber als Wohnorte der Verstorbenen, man nahm regelmäßig gemeinsame Mahlzeiten mit ihnen dort ein. Die Toten fanden als gestaltlose Geister (Manen) Verehrung, ihnen gehörten die Gräber und sie wachten darüber. Unter griechischem und etruskischem Einfluss wurden die römischen Jenseitsvorstellungen vielschichtiger, nun gab es auch hier das Bild vom Elysium, wo die Seligen auf blühenden Wiesen spielen, tanzen und singen. Die eigentliche Unterwelt glich der der Griechen, mitsamt der Idee vom Weiterleben der Seele. Nicht alle glaubten daran, besonders in der Oberschicht wuchsen Skepsis und Zweifel.

Im 2. und 3. Jahrhundert suchten viele Menschen in Heilsreligionen aus dem Vorderen Orient Zuflucht, die ihren Anhängern Wiedergeburt und Leben nach dem Tod versprachen, Zuflucht und Erlösung. Verbreitung und Durchsetzung des Christentums verdrängten schließlich den überlieferten Jenseitsglauben und die alten Bestattungssitten.

Die Bestattung

Tote und Lebende waren voneinander zu trennen, so bestimmte es seit dem 5. Jahrhundert v. Chr. ein Gesetz. Die Friedhöfe lagen daher im gesamten Imperium Romanum außerhalb der Städte. Sie bargen nämlich Gefahren wie ansteckende Krankheiten und Funkenflug bei den Einäscherungen der Verstorbenen.

Entlang der Ausfallstraßen aus den Städten entstanden daher die charakteristischen Gräberstraßen mit mannigfaltigen Grabmälern. In republikanischer Zeit waren sie zuerst schlicht, dann wurden sie größer und reicher, bis hin zu den aufwendigen Grabbezirken von Familienverbänden, die auch hier miteinander um Ansehen konkurrierten. Die Grabmonumente sollten gut sichtbar und zugänglich sein, Plätze in der ersten Reihe waren

umkämpft. Dahinter befanden sich die Gräber der weniger Wohlhabenden und der einfachen Bevölkerung. Eine Steintafel mit Inschrift markierte die Grabstelle oder auch eine Holztafel, über manchen Gräbern erhob sich nur ein kleiner Hügel. Wer sich kein eigenes Grab oder einen Platz in einem Gemeinschaftsgrab leisten konnte, fand seine letzte Ruhe anonym in einem Massengrab.

In der Kaiserzeit verzichteten die großen Familien auf die Selbstdarstellung durch äußere Pracht, stattdessen wurde das Grabinnere reicher geschmückt. Die Lage direkt an den Straßen wurde aufgegeben zugunsten abgeschiedener Areale in den Nekropolen. Für den Totenkult erhielten die Grabbauten zudem einen Vorhof. Die Gräberstraßen boten nun ein einheitliches Bild mit gleichartig gestalteten Fassaden.

Wie andere antike Kulturen waren auch die Römer davon überzeugt, dass Unsterblichkeit vom Weiterleben im Gedächtnis der Angehörigen und der Nachwelt abhängt. Sie trugen daher Sorge für eine würdige Bestattung. Viele Römer traten auch Begräbnisvereinen bei, um ihre Beerdigung sicherzustellen.

Schriftquellen und archäologische Befunde geben Auskunft über Begräbniszeremonien sowie die soziale und ethnische Herkunft der Bestatteten. Es fällt auf, dass in der Kaiserzeit auffallend wenige persönliche Gegenstände als Beigaben in die Gräber kamen.

Der Aufbahrung, dem – im Unterschied zu Griechenland – öffentlichen Leichenzug zum Begräbnisplatz zwei bis drei Tage nach dem Tod und der eigentlichen Bestattung folgten das Opfer

Grabplatte mit Inschrift

Aus Ostia, 2. Jh. n. Chr. ■ Marmor;
H 23,6 cm, B 26,5 cm, T 4,5 cm ■
Inv. Nr. E 45554

Vermutlich diente die Tafel zum
Verschließen einer Bestattungsnische
(lat. *loculus*) in einem Gemeinschaftsgrab. [Übersetzung der Inschrift:
Den Totengöttern geweiht. Der Gemella,
seiner verdienstvollen Mitsklavin,
errichtet Cassander, Sklave des Egrilius
Plarianus (diesen Grabstein).]

eines Schweins zur rituellen Reinigung
der Trauernden sowie das Totenmahl am
Grab. Neun Tage nach dem Begräbnis
wiederholten sich Opfer und Totenmahl,
bei dem auch die Verstorbenen ihren Anteil erhielten. Erst danach und nach der
Reinigung des Hauses konnte die Familie
wieder am gesellschaftlichen Leben teilnehmen.

Die zahlreichen Rituale des viel-
schichtigen Totenkults sollten die Verstorbenen friedlich stimmen, die als
Geister (lat. *manes*) unter der Erde nahe
dem Grab weilten. Die Seelen der Toten,
die *lemures*, suchten zudem als nächtli-
che Geister oder Wiedergänger die Häuser der Nachkommen heim und richteten
Unheil an, wenn man sie vernachlässig-
te. Ein Ritual beim Fest der Lemuria (9.,
11. oder 13. Mai) schützte die Angehörigen vor ihnen.

Zum Totengedenken versammelten
sich die Familienmitglieder am Grab
an den Gedenktagen oder den beiden
Totenfesten, den öffentlichen Feralia
am letzten Tag der sonst dem priva-
tem Gedenken gewidmeten Parentalia

zwischen dem 13. und 21. Februar und
den Rosalia am 21. Mai. Die Angehörigen schmückten das Grab mit Blumen
und Kränzen, entzündeten Lampen,
verbrannten Weihrauch oder andere
Duftstoffe und hielten Mahlzeiten mit
reichlich Wein ab, an denen die Dahingegangenen beteiligt wurden. Denn viele Gräber hatten wie bei den Griechen
eine Öffnung, durch die Speise- und
Trankopfer hineingeschüttet werden
konnten. Jedenfalls waren römische
Friedhöfe keine Orte der Stille.

Ein Zuhause für die Ewigkeit

Die Verbrennung der Toten auf einem
Scheiterhaufen und die anschließende
Beisetzung der sterblichen Überreste in
hölzernen Kisten oder Urnen aus Stein,
Ton, Glas oder Blei war bei den Römern
von ca. 400 v. Chr. bis weit ins 1. Jahrhundert n. Chr. hinein üblich. Gelegentlich mussten Knochenteile für das Umfüllen in die Urne zerkleinert werden.

Urnen fanden ihren Platz auch in
sogenannten Columbarien (›Taubenhäu-
sern‹) über oder unter der Erde. Sie stan-

■ Abb. 155
Fragment eines Sarkophagdeckels mit Jagdszene

Gefunden in Mannheim, Bonadies-Insel (1868); Rom (?), 2./3. Jh. n. Chr. ■ Marmor; H 34,2 cm, B 22,3 cm, T 5,2 cm ■ Inv. Nr. Tü 719

Wie das Fragment an seine Fundstelle gelangte, ist nicht mehr zu klären. Denkbar wäre ein verunglückter Transport entweder in antiker Zeit oder auch im 18. Jahrhundert, als Objekte aus Düsseldorf nach Mannheim gebracht wurden.

den dort in Reihen von Wandnischen, die als *loculi* bezeichnet und durch Platten mit dem Namen des oder der Verstorbenen verschlossen wurden (Abb. 154). Columbarien wurden hauptsächlich in der späten Republik und in der frühen Kaiserzeit genutzt, ihr Inneres zeigte oft aufwendigen Dekor aus Stuck und Malerei. Errichtet wurden sie nicht nur von Familien, sondern auch von Berufsverbänden oder anderen Personengruppen.

Im frühen 2. Jahrhundert n. Chr. vollzog sich der Wechsel von Brand- zur Körperbestattung. Ob dies ein Rückgriff auf frühere Zeiten war oder sich einem Einfluss aus den östlichen Reichsteilen verdankte, ist ungeklärt. Jedenfalls hatte es Auswirkungen auf Form und Ausstattung der Särge bzw. Sarkophage. Man verwendete für sie nun nicht nur Holz, Ton oder Blei, sondern vor allem Stein. Die Mehrzahl der ungefähr 6000 erhaltenen Marmorsarkophage ist von eher bescheidener Qualität und war vermutlich auf Vorrat gearbeitet, wie sich an unfertig gebliebenen Köpfen zeigt. Nur wenige entstanden auf Bestellung, wo-

bei den gestalterischen Wünschen der Kunden Rechnung getragen wurde.

Sarkophage bestehen aus einem oben offenen, wannenartigen oder rechteckigen Kasten und einem Deckel von unterschiedlicher Form und Höhe (Abb. 155). Die Kästen tragen zumeist auf drei Seiten Bilder aus der Mythologie oder dem realen Leben, sie spiegeln individuelle Interessen, das unabwendbare Schicksal oder Jenseitsvorstellungen wider. Figuren aus dem dionysischen Kreis, Eroten und Jahreszeiten sind mit der Hoffnung auf Glückseligkeit verbunden.

Hergestellt wurden die Sarkophage in Rom, Athen und mehreren Orten in Kleinasien. Die Produktion in Rom kann bis ins frühe 5. Jahrhundert nachgewiesen werden, zuletzt überwogen Steinsärge mit christlichen Bildthemen und Symbolen.

Ebenfalls ab dem 2. Jahrhundert errichtete man aus Platz- und Kostengründen unterirdische Grabanlagen für die Körperbestattungen. Ihr heutiger Name geht auf eine Ortsbezeichnung an der Via Appia in Rom zurück, wo sich eine

Anlage »bei einer Senke« (griech. *kata kumbas*) befand. Eine ältere Vorstellung hielt sie für Zufluchts- und Versammlungsorte der frühen Christen, ihre Enge und der Mangel an Atemluft schließt dies aber aus.

WOHNUNGSBAU IM ANTIKEN ROM

Die Neugründungen von Städten folgten militärischen und wirtschaftlichen Überlegungen. Charakteristisch für die Ansiedlungen sind ein an den Himmelsrichtungen orientiertes Straßensystem sowie der meist schachbrettartige Grundriss mit Platz für öffentliche und religiöse Bauten sowie für Wohngebiete. Das regelmäßige Straßensystem war ein Erbe der Griechen, die Ausrichtung nach den Himmelsrichtungen ein Erbe der Etrusker. Der Stadtplan ahmte den Bautypus des Feldlagers (lat. *castrum*) nach, bei dem sich die Hauptstraßen, der Cardo und der Decumanus, in der Mitte kreuzten.

Für ausreichend Wasser in der Stadt sorgten Brunnen – Zieh-, Schöpf- und Laufbrunnen – und Zisternen. Außerdem leiteten Aquädukte mit einem Druckleitungssystem Wasser über größere Strecken herbei. Vielfach verliefen sie unterirdisch, wir kennen heute vor allem die oberirdischen.

Für die Wohnbebauung wurde das Stadtgebiet in möglichst gleich große Flächen (lat. *insulae*) eingeteilt, auf denen entweder nur ein oder auch mehrere Wohngebäude für nur eine Familie standen oder mehrstöckige Wohnblocks, die viele Menschen beherbergten.

Ein typisches ›Einfamilienhaus‹ war die lang-rechteckige *domus*, bewohnt von Eigentümern oder Mietern. Dieser Haustypus verbreitete sich unter etruskischem Einfluss im 4. Jahrhundert v. Chr. bei den Römern. Er bestand im Idealfall aus einer zentralen Halle, dem Atrium, und den darum symmetrisch angeordneten Räumen wie dem Tablinum, dem Wohn- und Empfangsraum des Hausherrn, den Speiseräumen (lat. *oeci*), den Schlafzimmern (lat. *cubicula*) oder den Alae, unterschiedlich genutzten Seitenzimmern. Die Hauptblickachse verlief vom Eingang zum Tablinum.

Die Decke des Atriums wurde im Verlauf des 2. Jahrhunderts geöffnet und ließ Licht und Regenwasser herein, das ein darunter liegendes Becken (lat. *impluvium*) auffing. Im Atrium befanden sich ferner der Hausaltar, das Lararium, für die Laren und Penaten sowie, falls vorhanden, die Geldtruhe der Familie. Fenster in den Außenmauern gab es keine, die Häuser schlossen sich zur Straße hin ab. Beispiele für diesen Haustypus liefern Befunde in Pompeji.

Unter dem Einfluss griechischer Wohnarchitektur erweiterte sich im 2. Jahrhundert die Domus: Jede besser gestellte Familie legte nun nach hinten hinaus noch einen Säulenhof (griech. *peristyl[ion]*, lat. *peristilium*) an, oft mit Wasserbecken und Garten (lat. *hortus*). Der Hof diente als Rückzugs- und Erholungsort für die Bewohner. Häufig befand sich hier auch das Speisezimmer mit drei Liegen (lat. *triclinium*). Das Atrium verlor seine zentrale Position, blieb aber ein wichtiges Raumelement.

In großen Häusern oder öffentlichen Gebäuden gab es im Erdgeschoss häufig

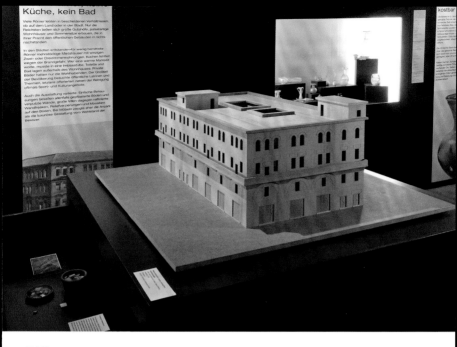

■ Abb. 156

Rekonstruktion eines römischen Mietshauses

Nach dem Befund in Ostia, Casa di Diana, Maßstab 1:50 ■ Birnbaum; H 39,5 cm, 100 x 100 cm ■
Modell: Werkplan, Karlsruhe (2006) ■ Inv. Nr. Mo 3

Kneipen, Läden oder Werkstätten, deren Betreiber in den Hinterzimmern auch wohnten.

Viele Römer in Stadt und Land lebten allerdings in deutlich bescheideneren Verhältnissen. In der Kaiserzeit war Rom mit fast einer Million Einwohnern überbevölkert, schmutzig und laut.

Zwei Zimmer, keine Küche, kein Bad
Zunehmender Wohnraumbedarf bei gleicher Grundfläche in Städten wie Rom und Ostia ließ die Häuser in die Höhe wachsen. Wohnen wurde gefährlich, da Spekulanten oft mit minderwertigen Materialien arbeiteten und Bauten einstürzten. Auch die häufigen Brände kosteten viele Menschenleben. Bauverordnungen aus

der Kaiserzeit zu Brandschutz, normierten Mauerbreiten, Geschoßhöhen und Materialstandards nutzten letztlich nichts.

In den bis zu sechsstöckigen Wohnblocks (Abb. 156) waren meist kleine Zwei- oder Dreizimmerwohnungen zu nicht gerade niedrigen Mieten zu haben. Im Erdgeschoss befanden sich Ladengeschäfte mit einem Mezzanin darüber, im ersten Obergeschoss eine Art ›Piano nobile‹, darüber mehrere niedrigere Etagen. Wohnqualität und Mietpreise nahmen nach oben zu ab. Dort war es im Sommer heiß und im Winter kalt, geheizt wurde mit tragbaren Öfen. Die unverglasten Fenster konnten zwar mit Holzläden verschlossen werden, doch dann war es dunkel. Auch die engen Lichthöfe der

Gebäude brachten nur wenig Helligkeit. Küchen waren wegen des Brandrisikos gar nicht erst vorgesehen, doch das behelfsmäßige Kochen auf offenem Feuer machte die Vorsicht oft zunichte.

Einfache und billige Gerichte wie Eintöpfe und Brei gab es in Gastwirtschaften (lat. *caupona*) oder Imbissstuben (lat. *thermopolium*), kleine Snacks überall bei fliegenden Händlern.

Über Wasseranschlüsse – ein Zeugnis für hohen Sozialstatus – verfügten meist nur die Bewohner des Erd- und des ersten Obergeschosses, alle anderen schleppten Frischwasser aus öffentlichen Brunnen nach oben. Die Wasserversorgung in den Städten verbesserte sich durch Verteilertürme für das teilweise von weither in Aquädukten herangeführte Wasser.

Toilette und Bad gab es in den Wohnblocks nicht, stattdessen öffentliche Latrinen und seit dem 3. Jahrhundert v. Chr. die Thermen. Dort gab es in größeren Städten auch Sportplätze und Kulturangebote wie Bibliotheken und Vorträge, dazu Imbissstuben sowie die Möglichkeit eines Arztbesuchs. In Bädern reinigte und pflegte man sich, traf Freunde und vereinbarte Geschäfte – und Thermen waren immer eine Nachrichtenbörse. Vor allem waren sie laut, wie der Philosoph und Dramatiker Seneca (4 v. Chr. – 65 n. Chr.) in einem Brief klagte, hatte er sich doch fatalerweise in Baiae direkt über einer Therme einquartiert.

Im Allgemeinen herrschte in den Thermen Geschlechtertrennung: Am Vormittag, nach dem Anheizen, standen sie den Frauen zur Verfügung, danach bis in den Abend den Männern. Niedrige Gebühren – für Frauen allerdings aus unbekannten Gründen höhere als für Männer – oder gar freier Eintritt wie in den Kaiserthermen ermöglichten allen in einer Stadt den Bäderbesuch.

In den öffentlichen Latrinen lagen bis zu 40 Sitzplätze ohne Sichtschutz nebeneinander – sicher keine »stillen Örtchen«. Unter ihnen floss ständig Wasser – in den Thermen das Brauchwasser – hindurch und spülte die Exkremente in das Abwassersystem. Für die Körperreinigung benutzte man Schwämme auf Stäben und säuberte sie in einer Rinne mit fließendem Frischwasser vor den Sitzen. Die Latrinennutzung kostete eine geringe Gebühr. In den Häusern waren Nachttöpfe im Gebrauch, ihr Inhalt landete ohne Rücksicht auf Passanten häufig auf der Straße. Ansonsten fanden sich in Straßen und Hauseingängen genügend Stellen zur Erleichterung, ebenso an Gräbern oder hinter Statuen.

In Rom gab es bereits seit dem 6. Jahrhundert v. Chr. ein Abwassersystem mit Gullys für Regenwasser, das große Mengen Unrat in den Tiber spülte. Auch viele andere größere Städte durchzogen Abwasserkanäle, die aber mangels Abdichtung Boden und Grundwasser verunreinigten.

Abfälle entsorgte man vor allem auf die Straße, wo streunende Hunde oder Vögel noch Essbares in ihnen suchten, oder spülte sie über die Kanalisation weg. Bei Hochwasser tauchte der Müll allerdings wieder auf, begleitet von ekelhaftem Gestank. Grundsätzlich roch es in Städten ziemlich streng, denn Straßenkehrer oder eine geregelte Müllabfuhr kannte man nicht. Außerhalb der Städte gab es Mülldeponien, auch fand sich

■ Abb. 157
Schlüsselgriff in Form eines springenden Pferdes
2. Jh. n. Chr. ■ Bronze; L 10 cm, H 6,2 cm, T 3 cm ■ Leihgabe aus Privatbesitz

An der Unterseite der massiv gegossenen Figur sitzt die viereckige Schäftung für den Schlüsselbart aus Eisen.

Abfall an Fluss- oder Seeufern sowie auf aufgelassenen Gräberfeldern. Dies alles führte immer wieder zur Verseuchung des Grundwassers, Erkrankungen wie Cholera, Typhus und Ruhr waren keine Seltenheit.

Raumausstatter gesucht

Stand und Vermögen bestimmten die Ausstattung der Wohnungen: Schlichte Behausungen hatten Ziegel am Boden und Putz an den Wänden, große Villen Mosaiken auf den Böden und raffinierte Fresken oder Reliefschmuck an den Wänden. Die Mosaike zeigten kunstvolle Bilder, zusammengesetzt mit kleinen, aus farbigen Steinen, Glas oder Keramik geschnittenen Würfeln (lat. *tessellae*). Diese Ausstattungselemente hatten die Römer von den Griechen übernommen.

Glasfenster gab es selten, stattdessen Holzläden oder Eisengitter.

Schlösser und Schlüssel wurden vermutlich vor 4000 Jahren im Vorderen Orient entwickelt. Von den Griechen übernahmen die Römer komplexe Vorrichtungen, unter anderem das Fallriegelschloss: Stifte im oberen Bereich fielen durch ihr Eigengewicht in Löcher im eisernen Riegel und blockierten ihn. Mit den Zähnen des Schlüssels konnte man diese sperrenden Stifte anheben und den Riegel lösen (Abb. 157). Schlösser mit Drehvorrichtung waren damals nicht sehr häufig.

Bunt bemalte Tonplatten mit Reliefdekor in der Mitte und Zierleisten oben und unten schmückten Dächer und Wände von öffentlichen Gebäuden und Privathäusern, oft als lange Friese. Die

■ Abb. 158

Fragment von der rechten Hälfte eines Campana-Reliefs mit Nillandschaft

1. Jh. n. Chr. ■ Ton, bemalt (gelb, blau, rot); H 17,8 cm, B 22,5 cm, T 4,5 cm ■ Inv. Nr. Tü 720

Eine Schilfhütte steht neben einem Zaun mit einem bogenförmigen Tor direkt am Nil, auf dem ein Kahn vorbeifährt. Im Heck in Form eines Wasservogels sitzt ein vollbärtiger Pygmäe mit dem Ruder, vor ihm steht ein zweiter Pygmäe.

Fragment eines Campana-Reliefs mit Portikus und Säule eines Tempels

1. Jh. n. Chr. ■ Ton; H 19,5 cm, B 15,4 cm, T 3,9 cm ■ Inv. Nr. Tü 721

Forschung benennt diese Platten nach dem Marchese Giampietro Campana (1808–1880), der eine große Sammlung besaß und sie 1842 zum ersten Mal publizierte. Offenkundig waren etruskische Terrakottaplatten die Vorbilder, sie wurden zu einem neuen Element in der römischen Kleinkunst weiterentwickelt. Die Produktion von Campana-Platten erstreckte sich von der Mitte des 1. Jahrhunderts v. Chr. bis in die Mitte des 2. Jahrhunderts n. Chr., dank der Verwendung von Modeln oder Matrizen wurden sie zur Massenware. Die reichen und differenzierten Bilder auf ihnen zeigen zumeist mythologische Szenen, es finden sich aber auch solche aus dem Alltag (Zirkus und Theater). Nach der Eroberung Ägyptens verbreiteten sich phantasievolle Motive aus dem Land am Nil (Abb. 158).

In die Häuser drang nur wenig Sonnenlicht, sodass oft auch tagsüber Fackeln, Kerzen und Öllampen (lat. *lucernae*) zum Einsatz kamen, trotz der steten Brandgefahr. Lampen gab es für jeden Geschmack und Geldbeutel, die wertvolleren aus Bronze waren auch luxuriöser Dekor.

Die meisten Öllampen aus Ton waren einfach gestaltete Massenprodukte. Daneben boten die Werkstätten auch verzierte Lampen an, die auf ihrer leicht vertieften Oberseite, dem sogenannten Spiegel, figürliche Darstellungen oder Ornamente tragen; sie heißen in der Forschung Bildlampen (Abb. 159). Die frühesten stammen aus dem letzten Viertel des 1. Jahrhunderts v. Chr. Hergestellt wurden sie mittels zweiteiliger Model, eines für den Spiegel und eines für das Unterteil. Die Lampenhälften wurden vor dem Brand zusammengesetzt, oft sieht man noch die schlecht verstrichenen Nähte, dazu kam noch ein Henkel. Dann wurden sie in Tonschlicker getaucht. Dank der Modeltechnik konnten hohe Stückzahlen gefertigt werden.

Eine große Gruppe von einfachen und robusten Lampen, die sogenannten Firmalampen, ist am Boden gestempelt, sie entstand nach der Mitte des 1. Jahrhunderts n. Chr. vor allem in Oberitalien. Die Stempel nennen den Namen des Töpfers bzw. Werkstattinhabers (zum Beispiel STROBILIS oder FORTIS). Ihre im Vergleich zu den Bildlampen kostengünstigere Produktion sorgte für eine weite Verbreitung.

Das Brennmittel für alle Lampen war vor allem Olivenöl. In die sogenannte Schnauze am vorderen Ende kam der Docht aus Flachs oder Hanf, durch eine zweite Öffnung im Spiegel wurde das Öl eingefüllt. Talg war zwar wesentlich billiger, konnte aber wegen der Rauchentwicklung nur in offenen Lampenschalen verbrannt werden.

Bei den Möbeln – wie bei den Griechen hauptsächlich Betten und Speiseliegen, Hocker, Stühle, Tische, Truhen und Schränke – zeugte eher die Anzahl als die luxuriöse Gestaltung vom Wohlstand der

■ Abb. 159
Öllampe, sog. Bildlampe
50–100 n. Chr. ■ Ton, brauner Überzug;
L 10 cm, H 3 cm, B 6,8 cm ■ Inv. Nr. Di 58

Das Bild auf dem Spiegel zeigt einen stehenden Fuchs im Mantel unter einem Baum, auf dem ein Rabe sitzt. Das Bild spielt auf eine Fabel von Aesop an, in der ein Fuchs einem Raben schmeichelt und ihn bittet zu singen. Der Rabe erfüllt ihm diesen Wunsch, wodurch das vom Fuchs begehrte Stück Käse aus seinem Schnabel fällt.

Besitzer. Als Material dienten neben Holz auch Marmor und Edelhölzer, für den Dekor sind sogar Edelsteine überliefert.

Rundplastische Büsten oder Profilköpfe von Göttern, von halbgöttlichen Wesen aus deren Umkreis – zumeist aus dem des Dionysos/Bacchus (Abb. 161) – oder von Menschen saßen seit dem frühen 2. Jahrhundert v. Chr. oft am unteren Ende der geschwungenen Bettlehne (lat. *fulcrum*), während es oben häufig einen tierförmigen Schmuck gab.

■ Abb. 160
Löwenkopfbeschläge mit Griffringen
Italien, 2. bis 3. Jh. n. Chr. ▪ Bronze; Dm 15,5 cm ▪ Inv. Nr. Bi 22, Bi 23

Beschläge in Form von Löwenköpfen mit einem Ring im Maul dienten entweder als Türzieher oder als Tragegriffe von Truhen und Holzsärgen.

■ Abb. 161
Beschlag in Form einer Silensbüste
2. Jh. n. Chr. ▪ Bronze; H 6,5 cm, B 5,2 cm ▪ Inv. Nr. Cd 163 (N) (rem 13370)

Auf dem kahlen Kopf liegt ein Efeukranz, dessen Blätter und Früchten (Korymben) rundplastisch gearbeitet sind.

■ Abb. 162
Schüssel mit Rankendekor und Stempel CERIALIS
Gefunden in Mannheim-Wallstadt; 150–200 n. Chr. ■ Ton, Terra Sigillata-Keramik; H 14,2 cm,
Dm 23,4 cm ■ Inv. Nr. Rem 16490

ZU TISCH!

In den meisten römischen Haushalten stand schlichtes Holz- oder Tongeschirr auf dem Tisch – letzteres oft Massenware, hergestellt in kleineren Töpfereien und nur lokal verbreitet. Sehr viel qualitätvoller und gehobenen Ansprüchen genügend war dagegen die mit einem kräftig rot glänzenden Überzug versehene Terra Sigillata (gestempelte Erde). Diese Bezeichnung entstand im 18. Jahrhundert und bezieht sich auf die Verwendung von Motivstempeln bei der Herstellung (Abb. 162).

Die Methode, Keramik vor dem Brennen mit einem roten Überzug zu versehen, kam ursprünglich aus dem östlichen Mittelmeerraum, wo sie bereits im mittleren 2. Jahrhundert v. Chr. für Gefäße aus einem sehr fein geschlämmten und hart gebrannten Ton angewandt wurde. Die Formen beschränkten sich auf Teller, Schalen, Becher und Näpfe.

Im westlichen Mittelmeergebiet saßen die Sigillata-Manufakturen zunächst nur in Mittelitalien, wo für 30 v. Chr. die ersten in Arezzo nachweisbar sind. Dort wurde die Brenntechnik mittels Abzugsöffnungen in den Öfen für die entstehenden Gase verbessert, wodurch der Überzug noch dichter und glänzender wurde. Im frühen 1. Jahrhundert n. Chr. verlagerte sich die Produktion nach Südgallien in die Region um das heutige Toulouse, ab dem 2. und im 3. Jahrhundert ins restliche Gallien sowie im 3. Jahrhundert auch an den Rhein nach Germanien (z. B. nach Rhein-

■ Abb. 163a–b
Teller mit Stempel TOCCINVS F
1738 in Heidelberg-Neuenheim gefunden;
100 –150 n. Chr. ■ Ton, Terra Sigillata-Keramik;
H 4,7 cm, Dm 19,7 cm ■ Inv. Nr. Dg 4

Der Töpfer Toccinus arbeitete in Heiligen-
berg-Dinsheim, in Ittenweiler im Elsass und
in Rheinzabern.

zabern bei Speyer) und nach Raetien, also nach Bayern und in die Ostschweiz. Um die Produktionskosten zu senken, teilten sich die Werkstätten vermutlich die Brennöfen, ob dies auch für die Arbeitskräfte zutrifft, ist noch ungeklärt.

Es lässt sich ein Verdrängungsprozess am Markt beobachten: Die südgallischen Werkstätten eroberten die Absatzgebiete in Italien, sodass die lokalen Töpfereien dort schließen mussten, später wurde Rheinzabern (*Tabernae*) so erfolgreich, dass die Werkstätten in Gallien das Nachsehen hatten. Schätzungen zufolge wurden hier jährlich bis zu 1,5 Millionen Gefäße produziert. Die unglaublich hohen Produktionsmengen aller Töpfereien wurden durch ein gut organisiertes Vertriebsnetz über weite Entfernungen hin gehandelt.

Die Töpfer oder Werkstattbesitzer ›markierten‹ ihre Gefäße mit einem Namensstempel an einer deutlich sichtbaren Stelle, er war Werbung und Qua-

litätsgarantie zugleich (Abb. 163). Dank dieser Stempel können Produkte heute örtlich und zeitlich zugeordnet werden.

Die Schüsseln, Teller und Becher sowie Krüge trugen unzählige Schmuck- und Bildmotive, die in einem standardisierten Verfahren als Randverzierungen und Reliefs aufgebracht wurden. Es begann mit der Gestaltung einer sogenannten Formschüssel aus Ton, der Matrize für viele Gefäße. In ihre Innenwand wurden vor dem Brennen Bildstempel gedrückt, ähnlich wie bei den Reliefbechern aus hellenistischer Zeit (s. S. 104 f.). Sie waren wegen der Rundung der Gefäßwand leicht gewölbt und erzeugten ein negatives Bild. In die gebrannte Formschüssel drehte der Töpfer nun den stark eisenhaltigen Ton für das eigentliche Gefäß hinein, die Bilder wurden so auf dessen Außenwand übertragen, nun im Positiv. Nach dem Antrocknen wurde das neue Gefäß herausgelöst, auf der Töpferscheibe mit Standring und Rand versehen,

■ Abb. 164

Becher mit plastischem Dekor

Aus einem Brandgrab in Mannheim-Neckarau (1928); Rheinzabern, Ende 2. Jh. / Anfang 3. Jh. n. Chr. ■ Ton, Terra sigillata-Keramik; H 14,6 cm, Dm 9 cm ■ Inv. Nr. rem 16487

Der kugelige Gefäßkörper trägt eine plastische Rankenschlinge, deren gegenläufige Triebe in herzförmigen Blättern enden. In den Zwischenräumen sitzen spiralförmige Ornamente. Neben den Ranken ist jeweils ein nach links gewandter Vogel dargestellt.

■ Abb. 165

Birnenförmige Kanne mit applizierten Reliefs

Tunesien, 3. Jh. n. Chr. ■ Ton; H 16,7 cm, Dm 9,4 cm ■ Leihgabe aus Privatbesitz

Zwischen Palmen stehen jeweils eine Frau in Tunika und Mantel, die im linken Arm einen Stab hält, sowie eine Frau mit einem großem Korb und einem kleinen Eros. Über den Figuren sitzen Girlanden.

nochmals getrocknet und in einen ebenfalls eisenhaltigen Tonschlicker getaucht. Der anschließende rein oxidierende Brand bei ungefähr 950 °C erzeugte die intensive rote Farbe.

Mythologische Szenen waren für den Bildschmuck ebenso beliebt wie solche aus dem Bereich der Spiele, des Alltag und Berufs sowie Tierdarstellungen. Nicht nur im Dekor, auch in den Formen ist anfangs eine Ähnlichkeit zwischen dieser Keramik und zeitgleichen Silbergefäßen in Treibtechnik festzustellen. Beide tragen dicht komponierte Bilder, die für Gesprächsstoff beim abendlichen Gelage (lat. *convivium*) sorgten.

Weitere Terra Sigillata-Arten sind glattwandige Gefäße, frei auf der Töpferscheibe gedreht und anschließend verziert. Der Dekor wurde eingeschnitten (Kerbschnitt), mit Rädchen eingetieft, aus Appliken – separat gefertigten Zierelementen – zusammengesetzt oder freihändig mit dickflüssigerem Tonschlicker in der sogenannten Barbotine-Technik (Abb. 164) plastisch aufgetragen.

Nordafrikanische Tonware trug einen helleren Überzug als die Gefäße aus Italien oder Gallien, daher wird sie auch *terra sigillata chiara* (von italien. chiaro, hell) genannt. Anfangs ahmte sie die Formen italischer oder gallischer Waren nach, aber schon bald fanden ihre Schöpfer einen eigenen Stil und entwickelten Typen, die sich deutlich von den anderen Regionen unterschieden. Die nordafrikanischen Töpfereien arbeiteten hauptsächlich mit Appliken (Abb. 165) und Stempel- oder Ritzdekor, so waren sie freier in der Gestaltung. Auffällig ist der Bezug der afrikanischen Sigillata zu Beinschnitzereien, Metallgefäßen und Textilien.

Als die Töpfereien in Gallien und anderswo im westlichen Imperium Romanum einen Niedergang erlebten, konnten die Werkstätten in Nordafrika (im heutigen Tunesien) seit dem späten 2. Jahrhundert einen breiten Absatzmarkt im gesamten Mittelmeerraum, in Britannien und in den Donauprovinzen erobern.

AUS DEM STEIN BEFREIT, IN BRONZE GEGOSSEN

Zum Dekor öffentlicher und religiöser Gebäude gehörten nicht nur schön gearbeitete Bauelemente wie Säulenkapitelle oder Giebel und Gebälke, sondern auch prachtvolle Skulpturen und Reliefs. Viele der monumentalen Kunstwerke, vor allem Statuen und Porträts, verbreiteten ein Idealbild des jeweiligen Herrschers im ganzen Reich und verherrlichten seine ruhmreichen Taten.

Auch Wohnhäuser und Villen der Oberschicht zeigten eine Ausstattung mit prächtigen Bildwerken in unterschiedlichen Formaten. Die Themen stammten aus Natur oder Mythologie und spiegelten den Geschmack der Besitzer wider. Vorbilder dafür waren insbesondere Skulpturen aus Griechenland, welche die Römer in großer Zahl kopierten. Dank ihnen sind uns heute viele griechische Statuen bekannt, deren Originale verloren sind. Die Mannheimer Antikensammlung bewahrt jedoch nur kleinformatige Kunstwerke, vor allem aus der Ausstattung von Privathäusern.

Zwei Relieffragmente (Abb. 167–168) waren offenbar Schmuckelemente in wohlhabenden Privathäusern, wofür ihre hohe Qualität spricht. Während die Verwendung des Stückes mit dem Eroskopf unklar bleibt, gehörte das mit dem Ziegenbock ursprünglich zum Rand einer Tischplatte.

Römische Kunsthandwerker schufen mit kostbaren Materialien Gefäße aus Edelmetall und Glas, Gemmen und Kameen aus Halbedelsteinen oder Gegenstände aus Bernstein und Elfenbein. Anregungen bezogen sie von Luxusobjekten aus Griechenland oder dem Vorderen Orient.

Zu ihren qualitätvollen Produkten gehörten Bronzefiguren von Göttern, Menschen und Tieren. Bronze ist eine Legierung aus Kupfer und Zinn und noch anderen Elementen, deren jeweilige Anteile variierten. In der Regel war auch Blei dabei, Zink findet sich nur in römischen Erzeugnissen. Bronze glänzt gussfrisch wie Gold und war wegen ihrer guten Formbarkeit und ihrer Dauerhaftigkeit

■ Abb. 166
Bärtiger Kopf
Rom (?), um 140–160 n. Chr. ■ Marmor;
H 11 cm ■ Inv. Nr. Cc 4

Das Aussehen des sehr qualitätvoll gemeißelten Kopfes mit kurzem Lockenhaar und Bart entspricht der römischen Darstellung eines Philosophen. Die früher vorgeschlagene Deutung als Porträt des Kaisers Marc Aurel kann nicht bestätigt werden.

■ Abb. 167
Relieffragment mit Kopf eines Eros
Italien, 2. Jh. n. Chr. ■ Marmor; H 10,8 cm,
B 14,5 cm ■ Inv. Nr. Cc 198 (N)

■ Abb. 168
Fragment vom Rand einer Tischplatte mit angreifendem Ziegenbock
Italien, um 400 n. Chr. ■ Marmor; H 14,2 cm,
B 20,6 cm ■ Inv. Nr. Cc 17

sehr begehrt. Wir kennen sie heute nur mit dunkler, meist brauner oder grüner Patina, ihre ursprüngliche Wirkung war jedoch eine andere.

Die Metallurgen nutzten zwei Techniken, Treiben und Gießen. Gefäße gossen sie oder trieben sie durch Hämmern aus einem Rohling. Große Statuen waren meist hohl, kleinere Figuren massiv gegossen, in der Regel im Wachsaus-

schmelzverfahren. Dabei wurde der Entwurf in Wachs geformt und dann mit einem Tonmantel umhüllt, der Kanäle für die einzufüllende Bronze freiließ. Durch Erhitzung des Ganzen schmolz das Wachs und floss aus der nun festen Tonform. In diese füllte man die heiße, flüssige Bronze, ließ alles abkühlen und zerschlug die Form, um das Objekt zu entnehmen. Eine Form konnte also kein

■ Abb. 169
Büste des bekränzten Bacchuskindes
Laufgewicht für eine Waage, 1.–2. Jh. n. Chr. ■ Bronze, Silber; H 15,6 cm, B 13,1 cm, T 7,5 cm ■
Inv. Nr. Cd 13 (rem 12763)

zweites Mal benutzt werden. Übrig blieb der Rohguss mit seiner rauen Oberfläche, eventuellen Gussfehlern und Zapfen dort, wo die Gusskanäle waren. Für größere Formate trug man das Wachs auf einen festen Tonkern auf. Die Tonschicht über dem Wachs, welche die Hohlform bilden würde, hielten Kernhalter auf Abstand vom Kern.

Alle Bronzeobjekte erhielten in der sogenannten Kaltarbeit nach dem Guss den letzten Schliff, sie heißt nach dem Ziseliergerät *toreus* Toreutik. Grate und Gusskanalzapfen wurden abgeschliffen, die Oberfläche geglättet und größere Fehlstellen geflickt. Details der Figuren wurden eingraviert oder punziert. Die Augen wurden eingesetzt, Pupillen, gelegentlich auch Lippen und Augenbrauen in andersfarbigen Metallen (zum Beispiel in Silber) eingelegt (Abb. 169). Eine Politur vollendete das Werk.

Glas als Werkstoff war seit dem 4. Jahrtausend v. Chr. im Orient bekannt, aber erst im mittleren 2. Jahrtausend nutzten Ägypter und Mesopotamier Glas für die Herstellung von Gefäßen. In Syrien bzw. Phönizien entstanden bald darauf ebenfalls Werkstätten, die nicht nur Rohglas, sondern auch fertige Gefäße produzierten. Sie blieben für viele Jahrhunderte an der Spitze und produzierten bis weit in die Spätantike und die islamische Zeit hinein in der Levante große Mengen an Glaswaren.

Bis in spätrepublikanische Zeit blieb Glas bei den Römern ein seltenes Luxusprodukt. Erst nach der Eroberung und Eingliederung der Hauptproduktionsländer Syrien und Ägypten ins römische Imperium siedelten sich Glasmacher auch in Italien ant. Seither kamen Glaswaren bei der römischen Oberschicht mehr und mehr in Mode, was rasch für eine große Nachfrage sorgte.

Glasproduktionsstätten befanden sich seit dem 1. Jahrhundert n. Chr. auch in den Provinzen entlang des Rheins, in Gallien und im Nordwestbalkan. Ein bedeutendes Zentrum in Germanien war Köln, wohin schon kurz nach der Gründung der *Colonia Claudia Ara Agrippinensium* um 50 n. Chr. Händler gekommen waren, die hier einen neuen Absatzmarkt für kostbare Glaswaren aus dem Vorderen Orient und aus Italien fanden. Ihnen folgten Glasmacher aus dem Mittelmeerraum und richteten in Köln Werkstätten ein, wobei sie die Quarzsande aus der Region nutzten.

Plinius d. Ä. (23–79 n. Chr.), der das Fachwissen seiner Zeit in einer Art Enzyklopädie zusammenfasste, überliefert die Schritte zur Herstellung von Rohglas (*nat. hist.* 36, 190–194): Man benötigt Kieselsäure (sie bildet 70 % des Materials), ein Flussmittel zum Herabsetzen des Schmelzpunkts (über 1700 °C) und Kalkstein oder Kreide als Stabilisator gegen die Einwirkung von Säuren oder Laugen. Als Flussmittel kam vor allem das Natron aus dem Wadi Natrun in Ägypten zum Einsatz, im Westen wurde es häufig durch kostengünstigere Holz- oder Farnasche ersetzt. Aus der sogenannten Rauschmelze mussten anschließend die Gase ausgetrieben werden, damit es keine Bläschen gab. Kühlte die Glasmasse ab, konnte sie je nach Konsistenz verschieden weiterverarbeitet werden.

In vorrömischer Zeit wandte man die Kernformtechnik an, bei der ein Sand- oder Tonkern mit einem heißen Glasfaden umwickelt oder in eine heiße Glasmasse getaucht wurde. Zur Verzierung legte man andersfarbige Glasfäden darüber und zog sie mit einem spitzen Gegenstand nach oben und unten aus. Danach wurde das Ganze auf einer Steinplatte gedreht und somit geglättet. Ränder, Füße und Henkel konnten aus der noch zähflüssigen Masse gezogen oder an das Gefäß angesetzt sein. Nach dem Erkalten wurde der Kern herausgekratzt.

Die Gefäßherstellung verbesserte sich entscheidend, als es mit Hilfe der um 70 v. Chr. wohl in Palästina erfundenen Glasmacherpfeife gelang, aus einem Glasklumpen hohlwandige Körper zu blasen. Dies war der Beginn der Massenproduktion von einfachen, preiswerten

■ Abb. 170
Kugelförmiges Salbölgefäß (Aryballos)
mit Delphinhenkeln
1.–2. Jh. n. Chr. ■ Dunkelblaues Glas;
H 5 cm, Dm 5,3 cm ■ Inv. Nr. Dh 17

■ Abb. 171
Henkelkanne mit Fadendekor
3.–4. Jh. n. Chr. ■ Blaugrünes Glas; H 10,6 cm,
Dm 5,5 cm ■ Inv. Nr. Ch 16/2018

Gefäßen, aber auch der Herstellung einer Vielzahl von Luxusobjekten. Die verbesserte Zusammensetzung des Materials ermöglichte zudem die Fertigung auch von größeren Gefäßen zu erschwinglichen Preisen. Der Dekor war vielfältig: Dellen in der Wandung, aus ihr herausgekniffene Warzen, meist in anderen Farben aufgelegte Nuppen, eingeschliffene Muster. Zu den aufwendigeren Verzierungen gehörten die überaus beliebten Fadenauflagen oder Golddekore.

Seit dem frühen 1. Jahrhundert n. Chr. konnten Gefäße auch in eine Form hineingeblasen werden. Die meist zweiteiligen Formen bestanden aus gebranntem Ton, Gips, Holz oder Metall und ermöglichten Reliefdekore auf der Gefäßwandung oder figürliche Gläser, etwa Früchte oder Köpfe.

Anfangs war Glas grünlich-blau wegen der natürlichen Verunreinigungen des Rohmaterials. Andere Farben erzielten die Beigabe von Metalloxiden und Modifikationen bei Temperatur und Verarbeitung. Im 3. und 4. Jahrhundert bevorzugte man farbloses bzw. entfärbtes Glas, das wegen seiner Dünnwandigkeit besonders begehrt war.

In der Spätantike wurden die Formen immer ausgefallener, der Dekor immer überladener. Auffällig ist die Unausgewogenheit zwischen Körper, Hals und Mündung wegen der oft übersteigerten Kontraste in Form und Größe.

Gläser waren hauptsächlich Behälter für Kosmetika wie wohlriechende Öle, Salben oder Parfüms (Abb. 170) sowie Speise- und Trinkgeschirr wie Kannen (Abb. 171), Schalen (Abb. 172) und Becher.

■ Abb. 172

Griffschale [Form Isings 75b]

2. Hälfte 1. Jh. n. Chr. ■ Grünlich-
blaues Glas; H 4,8 cm,
L 15,9 cm ■ Inv. Nr. Ch 8

Mehr als 100 Jahre lang hielt sich im gesamten Imperium die Rippenschale (Abb. 173) als eine der beliebtesten Formen beim Trinkgeschirr, in buntem wie farblosem Glas. Offenbar wurde sie aus einem Glasfladen gefertigt, aber über das Herausarbeiten der Rippen gehen die Meinungen auseinander. Einiges spricht eher für das Herausdrücken der Rippen mit einem Stab aus dem noch formbaren Glas.

Mehrere Funde belegen die Existenz von Fensterglas. Unklar ist seine Ferti-gungsart, vielleicht durch Gießen und Ausstreichen der Masse in flachen Formen oder das Aufschneiden und Ausrollen von geblasenen Glaszylindern. Jedenfalls waren die Fensterscheiben eher klein und auch nicht völlig transparent. In sehr wohlhabenden Häusern, in Thermen sowie in kaiserlichen Grabbauten ist die Ausstattung mit Fensterglas seit dem 1. Jahrhundert n. Chr. nachgewiesen. Möglich machten es Bleirahmungen, dank der viele kleine Scheiben große Fensterflächen füllen konnten.

■ Abb. 173

Rippenschale

Rheinland, 1–2. Jh. n. Chr. ■
Hellgrünes Glas; H 4,1 cm,
Dm 12,6 cm ■ Inv. Nr. Ch 13

Kleiderstoffe stellte man in der Antike hauptsächlich aus Schafwolle oder Leinen her. Wolle gab es in unterschiedlichen Qualitäten und Fellfarben, Leinen gewann man aus den Stängeln der Flachspflanze. Das Züchten und Scheren der Schafe lag in den Händen der Männer, während die Verarbeitung der Fasern zu den Aufgaben der Frauen im Haushalt gehörte. Wer weitere Stoffe brauchte, wurde ab dem 5. Jahrhundert v. Chr. bei gewerblichen Textilwerkstätten fündig. In größeren Städten gab es sogar ganze Marktbereiche nur für textile Rohstoffe und bereits fertig gestellte Gewänder.

Seide war besonders kostbar und nur an wenigen Orten zu kaufen, so auf der Insel Kos oder weiter entfernt im Nahen Osten, wohin sie aus China über die Karawanenwege und den Umschlagplatz Palmyra gelangt war. Auch Baumwolle baute man im Vorderen Orient und in Ägypten an, sie blieb aber im Gegensatz zu heute immer ein teures Material.

Die Wolle wurde vor dem Spinnen mit pflanzlichen und mineralischen Mitteln gefärbt, ein aufwendiges und teures Verfahren, das aber neben den unterschiedlichen Webtechniken und Stickereien Abwechslung in die Mode brachte.

Gegürtet, geheftet und gewickelt

Die Vielfalt in der Kleidung war im Gegensatz zu heute eher eingeschränkt, die Moden wechselten kaum. Komplizierte oder körperbetonte Schnitte kannte die Antike nicht, man schätzte eine bequeme Passform. In der Regel entstanden auf dem Webstuhl rechteckige Stoffbahnen in unterschiedlicher Länge, die den Körper mit mannigfaltigen Drapierungen umhüllten.

Grundlage war eine Art Hemd in verschiedenen Längen, das auch nachts getragen wurde. Frauen trugen bodenlange Gewänder, bei Männern waren sie kniekurz. Soldaten verhinderten mit den Hemden die Reibung der Panzer auf der Haut. Gegen Kälte schlangen sich alle ein großes rechteckiges, oft wollenes Stoffstück um den Körper oder legten es sich über die Schultern.

Gürtel hielten die Kleidung zusammen, dem gleichen Zweck dienten seit der frühen Bronzezeit Fibeln (von lat. *fibula*, Spange) aus Metall, sie saßen an der Schulter oder vor der Brust. Sie bestehen aus der Nadel und einem Bogen oder Bügel, der verziert sein konnte, weshalb sie gleichzeitig Schmuckstücke waren (Abb. 174). Erhalten sind sie in großer Zahl, in den unterschiedlichsten Typen und Größen. Ihre sicher von modischen Strömungen geleitete Formentwicklung dient in der Forschung als Kriterium für die Chronologie, da sie in örtlich und zeitlich begrenzte Variationen unterschieden werden können.

Seit dem Ende des 7. Jahrhunderts und vor allem im 6. Jahrhundert v. Chr. nahm die Verwendung von Fibeln in Griechenland und Etrurien stark ab, weil sich eine neue Gewandform – der Chiton – verbreitete, die ohne Fibeln auskam. Auch später bei den Römern waren sie nur noch zum Zusammenhalten des Militärmantels notwendig.

Auf der italischen Halbinsel entwickelten sich vom 9. bis ins frühe 7. Jahr-

■ Abb. 174

Böotische Fibel (Fußplattenfibel)

Ende 8./Anf. 7. Jh. v.Chr. ■ Bronze;
L 12,2 cm, H 5,1 cm ■ Inv. Nr. Tü 439
(rem 16194)

Fibeln dieser Form waren insbesondere gegen Ende der geometrischen Zeit
verbreitet. Auf dem plattenförmigen
Nadelhalter war in der Regel eine bildliche Darstellung eingeritzt.

■ Abb. 175a

Bogenfibel

2. Hälfte 7./1. Hälfte 6. Jh. v. Chr. ■
Bronze; L 6,2 cm, H 3,1 cm ■
Inv. Nr. Be 21 (N) (Rem 13316)

■ Abb. 175b

Bogenfibel mit tropfenförmigem Anhänger

7.–6. Jh. v. Chr. ■ Bronze; L 5,8 cm, H 3,4 cm ■
Inv. Nr. Be 23 (N) (Rem 13318)

■ Abb. 175c

Schlangenfibel

9. Jh. v. Chr. ■ Bronze; L 7 cm, H 3,9 cm ■
Inv. Nr. Be 20 (N) (Rem 13314)

■ Abb. 175d

Kahnfibel mit Ritzdekor

7. Jh. v. Chr. ■ Bronze; L 6,9 cm, H 2,6 cm ■
Inv. Nr. Be 16 (N) (Rem 13319)

■ Abb. 175e

Blutegel (Sanguisuga-) Fibel mit Ritzdekor

8.–7. Jh. v. Chr. ■ Bronze; L 9,7 cm, H 6 cm ■
Inv. Nr. Be 7 (N) (Rem 13303)

hundert v. Chr. aus den bereits in der Bronzezeit verbreiteten einfachen Bogenfibeln (Abb. 175a–b), die in der Regel von Männern getragen wurden, reichere Formen: beispielsweise die Schlangenfibeln (9. bis erste Hälfte 8. Jahrhundert v. Chr.) mit mehrfach gebogenem Bügel (Abb. 175c) sowie die Navicella(Kahn)- oder die Sanguisuga(Blutegel)-Fibeln (Abb. 175d–e). Letztere waren wohl Bestandteile der Frauentracht und wurden in der Regel paarweise am Gewand getragen. Überwiegend bestanden die Fibeln aus Bronze, seltener aus Eisen oder Edelmetallen. Perlen aus bunter Glaspaste oder Bernstein veredelten die Bronzenadeln.

Schmuck gab es in vielen Varianten, hauptsächlich aus Edelmetallen, aber auch aus Bronze und Eisen. Ohrringe, Fingerringe, Armreifen, Ketten und Anhänger waren häufig mit Edelsteinen oder Glasperlen verziert. Schmuckstücke zierten nicht nur die Frauen an Körper und Gewändern, auch Männer und Kinder trugen Schmuck.

Unter der Kleidung

Unterwäsche im heutigen Sinne war in der Antike unüblich. In der Regel zog man ein Hemd oder eine Tunika (lat. *subucula* oder *tunica interior*) unter das eigentliche Gewand an. Für Frauen ist eine Art Büstenhalter in Form eines breiten, über die Brust gewickelten Bandes (griech. *strophion*) aus Stoff oder weichem Leder belegt. Beide Geschlechter trugen bei Griechen und Römern ein um den Unterkörper geschlungenes Stück Stoff als eine Art Schurz oder kurze Hose (griech. *perizoma*, lat. *subligaculum*). Es

war auch die Arbeitskleidung für Handwerker, Opferdiener und Sklaven und gehörte außerdem zur Ausstattung von Soldaten und Sportlern.

Griechische Mode-Welten

Peplos heißt in der Forschung ein ärmelloses Frauengewand aus dickem Tuch oder Wollstoff, das in der Regel bis zum Boden reichte (Abb. 176). Zum Anziehen wurde die rechteckige Stoffbahn vertikal in der Mitte gefaltet und am oberen Rand breit nach außen umgeschlagen. Dann wurde sie unter den Armen so um den Körper gelegt, dass der Stoff halb auf dessen Rück- und halb auf dessen Vorderseite lag. Die rechte Seite des Peplos stand dadurch offen, während die linke Seite geschlossen war. Der obere Stoffteil mit dem Überschlag wurde dann zu den Schultern nach oben gezogen und dort mit Fibeln oder Nadeln aus Holz, Bein und Metall zusammengesteckt, die Arme blieben frei. Der Überschlag bedeckte den Oberkörper und wärmte den Brustbereich. Sollte das Gewand ringsum geschlossen sein, nähte man das Tuch auf der rechten Seite zusammen, wodurch eine Röhrenform entstand. Sie musste über den Kopf angezogen werden. Ein enger Gürtel in Form eines Lederriemens, gemusterten Bandes oder einer Schnur brachte den Peplos in Form. Zog man zusätzlich einen Teil der Stoffbahn hinter dem Gürtel heraus, entstand ein Bausch (griech. *kolpos*), den ein zweiter Gürtel in der Taille zusammenhielt. Der Peplos war die Hauptbekleidung der Frauen seit der Zeit um 700 v. Chr.

Ab 550 v. Chr. bereicherte der Chiton die Frauenkleidung (Abb. 177). Er

Musen im Peplos

Details von einer Weinkanne (Oinochoe) des Schuwalow-Malers ■ Athen, um 425 v.Chr. ■
Ton, rotfigurige Maltechnik; H. 20,6 cm, Dm. 14,4 cm ■ Inv. Nr. Cg 346

stammte aus Ionien und Karien und war ursprünglich ein Männergewand. Für ihn wurden zwei rechteckige Tuchbahnen, meist aus Leinen, an den beiden Längsseiten bis auf die Öffnungen für die Arme zusammengenäht, ebenso an einer kurzen Seite bis auf die Öffnung für den Kopf. War der Chiton so breit, dass der Stoff die halben Arme bedeckte, konnte die obere Naht auch durch kleine knopfähnliche Schließen ersetzt werden. Gürtete man nun das Gewand in der Taille, bildete sich eine Art Ärmel. Wie beim Peplos konnte eine mehr oder weniger große Stoffmenge hinter dem Gürtel hochgezogen werden, die dann als Bausch herabhing.

Bis zum Ende der hellenistischen Zeit im 1. Jahrhundert v. Chr. kam es zu keiner grundlegenden Änderung mehr in der Frauenkleidung. Allerdings überliefern die Darstellungen zunehmend feine und durchsichtige Stoffe, die teilweise so eng anliegen, dass sie die Körperrundungen

Frauen in Chiton und Mantel

Detail von einer Schale des Sabouroff-Malers ■ Athen, um 460 v. Chr. ■ Ton, rotfigurige
Maltechnik, weiße Deckfarbe; H 7,4 cm, Dm 27,2 cm ■ Inv. Nr. Cg 182

Die frontal stehende, in Chiton und Mantel gekleidete Frau hält in ihrer Linken einen Spiegel. Ihr
reichen zwei Frauen (eventuell Dienerinnen) ein Salbölgefäß (Alabastron) und eine Blütenranke.

betonen. Der Gürtel verschob sich nach
oben unter die Brust, auch die Drapierungen wurden immer raffinierter.

Das kurz oder lang getragene Hemd-
gewand (Chiton) der Männer wurde
ebenfalls über den Kopf gezogen und in
der Taille gegürtet. Arbeiter, Bauern und
Handwerker trugen seit dem 5. Jahrhundert v. Chr. die Exomis, eine Variante des
Chitons mit freigelassener rechter Schulter für größere Bewegungsfreiheit.

Über Peplos oder Chiton lag das Himation, ein rechteckiges, von Frauen
und Männern benutztes Manteltuch aus
Wolle oder Leinen. Die Trageweise variierte: Es konnte sich wie ein Schal um
den Oberkörper winden oder lang herun-
terhängend Schulter und Rücken bede-

cken. Zahllose Tonstatuetten überliefern
immer wieder neue Manteldrapierungen
(Abb. 178). Manchmal sorgten kleine
tropfenförmige Gewichte aus Blei oder
Ton, die in die Zipfel eingenäht waren, für
den eleganten Fall des Stoffes.

Die Männer wickelten das Manteltuch
gern um den Unterkörper und bedeckten
noch eine Schulter damit, während die
andere frei blieb. In bildlichen Darstellungen tauchen Männer häufig nur mit
dem Himation bekleidet auf (Abb. 179).
Außerdem galt ein solcher Mantel zunehmend als Identifikationsmerkmal
der Mitglieder einer griechischen Polis.
Seit dem 7. Jahrhundert v. Chr. war für
Männer und Frauen darüber hinaus ein
in der Forschung als ›Schrägmäntelchen‹

Fragment einer Manteltänzerin

Tarent (Unteritalien), 3. Jh. v. Chr. ■
Ton, bemalt; H 16,8 cm ■
Inv. Nr. Ta 48 (Tü 298)

Das Fragment zeigt ein charakteristisches Bewegungsmoment in der hellenistischen Kunst. Das Motiv der verschleierten Tänzerin ist seit Beginn des 4. Jhs. v. Chr. in der Tonplastik verbreitet und wird mit dem Kult der Aphrodite verbunden.

bezeichneter, geraffter Kurzmantel in Mode, der diagonal über den Oberkörper lief (Abb. 34).

Die Chlamys, zwei Jahrhunderte später bei Reisenden, Jägern, Reitern und Soldaten sehr beliebt, war ein rechteckiger Überwurf aus Wolle, der auf der rechten Schulter mit einer Fibel zusammengehalten oder einfach nur verknotet wurde. Gelegentlich wurden die Spitzen der Chlamys auch vorn auf der Brust zusammengebunden.

Kinder trugen die gleiche Kleidung wie Erwachsene, nur kleiner (Abb. 180). Wuchsen sie, wurde die Länge des jeweiligen Kleidungsstückes mittels des

■ Abb. 179

Verschiedene Tragweisen des Himation

Detail von einer Trinkschale (Kylix) des Hund-und-Katze-Malers ■ In einem Grab in Orvieto
gefunden; Athen, um 460 v. Chr. ■ Ton, rotfigurige Maltechnik, rote Deckfarbe; H 10 cm,
Dm 31 cm ■ Inv. Nr. Cg 62

Gürtels angepasst. Für Knaben in ihrem
kurzen, ungegürteten Chiton war die
Gewandlänge nicht so wichtig, bei Mädchen sollten aber Chiton oder Peplos bis
auf die Füße fallen. Sie trugen zudem ein
schmales gekreuztes Achselband (griech.
maschalister), um das Gewand am Ver-
rutschen zu hindern.

Eine schöne Hülle in Etrurien

Etruskische Kleidung überliefern fast
ausschließlich Bildquellen wie Bronzestatuetten, die Malereien in den Gräbern
oder die Darstellungen auf Tongefäßen
und Aschenurnen. Offenbar schnitten die
Etrusker die Stoffe zurecht und nähten sie
zusammen, statt sie wie die Griechen nur
zu heften.

In der Frühzeit (7. Jahrhundert v. Chr.)
trugen die Männer nur ein um die Hüften
geschlungenes Tuch wie das griechische
Perizoma, das wie eine kurze Hose den
Unterleib schützte, während der Oberkörper unbedeckt blieb. Später kam eine
kurze, eng anliegende Jacke hinzu. Daneben gab es ein fußlanges gegürtetes
Gewand aus schwerem Stoff, wohl Wolle, das auch die Frauen anzogen. In der
zweiten Hälfte des 6. Jahrhunderts v. Chr.
wechselten beide Geschlechter zu dem
aus Ostgriechenland stammenden, weiten und teils plissierten Chiton aus leichtem Stoff, wohl Leinen, über. Sein Saum
war oft mit einer farbigen Borte verziert.

Aus Griechenland übernahm man
auch den Mantel, das Himation. Für

■ Abb. 180
Statuette eines Mädchens in Chiton und Mantel mit Fächer
Tarent (Unteritalien), 3. Jh. v. Chr. ■ Ton, bemalt; H 11,5 cm, B 4,4 cm, T 4 cm ■ Inv. Nr. Ta 28 (Tü 278)

■ Abb. 181
Statuette eines Opfernden (?)
5./4. Jh. v.Chr. (?) ■ Bronze; H 9,2 cm ■ Inv. Nr. Cd 216

Männer gab es eine weite Version, in die Löcher für die Arme geschnitten waren, für Frauen verschiedene Modelle: Der Mantel konnte von der Schulter aus über den Rücken bis zu den Füßen fallen, er konnte ein Cape sein, das auch den Kopf verhüllte, er konnte schräg getragen und mit einer Fibel auf der rechten Schulter geheftet sein oder der Stoff fiel vorn in zwei langen Zipfeln herab, während er den Rücken bedeckte.

Nicht lange danach entstand ein Kleidungsstück für Männer und Frau-en, das sozusagen zur etruskischen Nationaltracht werden sollte: die halb-kreisförmige *tebenna*, der Vorläufer der römischen Toga. Sie war aus Leinen oder Wolle, oft mit verziertem Saum. Im Gegensatz zur römischen Variante war sie kleiner und daher leichter und ohne fremde Hilfe zu drapieren. Ein Ende der Stoffbahn hing von hinten über die linke Schulter nach vorne, das andere Ende wurde um den Körper und dann über den linken Unterarm gelegt, die rechte Schulter blieb frei (Abb. 181). Parallel

■ Abb. 182
Besatzfragmente
In einem Grab in Vulci gefunden, Anfang 6. Jh. v. Chr. ▪ Gold; L 1,5 – 4,5 cm, B 2 cm ▪
Inv. Nr. Bf 6 – 11

zur *tebenna* blieb das Himation weiterhin in Gebrauch.

Vor allem in den Malereien ist zu erkennen, dass die Stoffe ursprünglich meist purpurfarben waren, aber immer kräftigere und leuchtende Farbtöne wie Gelb und Blau hinzukamen. Gewebte Muster und Stickereien bereicherten die Modelle, auf Festtagsgewändern konnten sogar kleine, reliefgeschmückte Goldplättchen aufgenäht sein (Abb. 182).

Die Kleidung macht den
Römer und die Römerin

Während in Griechenland Kleidung Privatsache war und jeder sich nach Geschmack und Vermögen kleidete, wobei ansonsten nicht zwischen Bürgern, Zugewanderten oder Sklaven anhand ihrer Kleidung unterschieden werden konnte, gab es in Rom teilweise streng überwachte Vorschriften für das Tragen bestimmter Kleidungsstücke. Die Toga als sichtbares Zeichen des Bürgerrechts war römischen Bürgern vorbehalten. Die Kleidung ehrbarer Frauen musste knöchellang, der Kopf in der Öffentlichkeit immer bedeckt sein.

Die Tunika, von allen getragen, bestand aus zwei zusammengenähten, rechteckigen Stoffteilen und hatte manchmal auch Ärmel. Man zog sie über den Kopf und gürtete sie in der Taille. Jede Art von Stoff konnte zu einer Tunika verarbeitet werden, manchmal war sie mit bunten, gefärbten Streifen oder Stickereien verziert. Unterschiedlich breite Purpurstreifen auf der Männertunika kennzeichneten die Angehörigen des Ritter- oder Senatorenstands.

Die Stola, ein ursprünglich wohl etruskisches, weites Gewand mit Trägern, war den Ehefrauen römischer Bürger vorbehalten. Sie wurde über die Tunika gezogen und in der Taille gegürtet. Doch galt sie zunehmend als unpraktisch und wurde seit dem 2. Jahrhundert n. Chr. kaum noch getragen.

Ein großes, rechteckiges Manteltuch in verschiedenen Stoffqualitäten und Farben hieß *palla* und bildete zusammen mit der Stola die Bekleidung einer verheirateten Frau. Beim Verlassen des Hauses, im Trauerfall oder auch nur bei Regen konnte die Palla auch den Kopf bedecken. Zur männlichen Kleidung gehörte das Pallium, etwas kleiner als die Toga und aus Wolle, Seide oder Leinen hergestellt.

Die Toga aus Wolle oder Leinen, ein großer Überwurf in Halbkreisform, konnte bis zu fünf Meter lang und drei Meter breit sein. Man drapierte ein Ende des Stoffs so über die linke Schulter, dass es zu den Knöcheln reichte, und führte das andere Ende unter dem rechten Arm hindurch wieder zur linken Schulter, sodass es auf dem Rücken herabhing. Die Toga war in Rom das wichtigste Männergewand überhaupt, geradezu der ›Ausweis‹ des römischen Bürgers (Abb. 183). Allerdings war sie umständlich und nur mit fremder Hilfe anzulegen sowie sehr hinderlich bei Bewegungen, sodass sie sich seit dem 1. Jahrhundert n. Chr. zunehmend auf die bloße Amtstracht reduzierte. Fern der politischen Bühne zogen die Männer das bequemere Pallium vor, das sie alleine anziehen konnten.

Paenula nannte man einen weiten Umhang aus grobem Wollstoff für Männer und Frauen. Er hatte keine Ärmel, aber eine Kapuze als Schutz vor Regen und Kälte.

■ Abb. 183
Statuette eines Genius in Tunika und Toga
1.Jh. n.Chr. ■ Bronze; H 8,7 cm, B 3,6 cm, T 1,5 cm ■ Inv. Nr. Cd 60

Die Statuette gibt einen stehenden Mann in Tunika und weiter, über den Kopf gezogener Toga (lat. *capite velato*) wieder, wie es für religiöse Handlungen vorgeschrieben war. In seiner Linken hielt der Genius ursprünglich ein Kästchen mit Weihrauch, in der Rechten ist eine Opferschale zu ergänzen.

Zeigt her Eure Füße!

Die geläufigste Fußbekleidung war in vielen Gebieten am Mittelmeer die häufig maßgefertigte Sandale (griech. *sandalon*) aus Leder. Sie wurde mit dünnen Riemen bis zum Knöchel geschnürt, die Sohle bestand aus Leder, Holz oder Kork. Modelle für Frauen konnten in Griechenland kräftige Farben aufweisen. Frauen

und Greise schätzten auch weiche, am Schaft geschnürte Filzstiefel (griech. *embades*) mit herabhängenden Laschen. Für griechische Männer gab es zudem derbe Lederschuhe (griech. *krepides*) oder Schnürstiefel (griech. *endromides*) bis zur Mitte der Wade. Um ihre seitlich geschlitzten Schäfte schlossen sich Riemen.

Nach den bildlichen Darstellungen zu urteilen, kannten die Etrusker viele Schuhformen. Das Typenspektrum reichte von teils geschnürten Halbstiefeln bis zu pantoffelartigen Fußbekleidungen mit hochgeführter Spitze, die östlichen Vorbildern folgten. Daneben waren seit Anfang des 6. Jahrhunderts v. Chr. vor allem Sandalen verbreitet. Aufwendig hergestellte, am Rand mit einem Bronzeband eingefasste Sandalen (griech. *sandala tyrrhenika*) gelangten als Exportware auch nach Griechenland, wofür sie sogar mit vergoldeten Schnürsenkeln ausgestattet wurden. Die dicken Sohlen aus Holz waren genagelt und bestanden aus zwei mit Scharnieren verbundenen Teilen.

Die Römer trugen im Haus gerne einfache Sandalen mit Zehensteg (lat. *solea*), deren bandartige Lederriemen sich über dem Fuß kreuzten, Pantoffeln (lat. *socci*) mit genähten Sohlen oder bequeme Schuhe, die aus einem Stück Rindsleder zugeschnitten und an der Ferse vernäht waren (lat. *carbatina*). Für draußen gab es geschlossene, über dem Knöchel zugebundene Schuhe (lat. *calcei*) mit weichem Oberleder und einer meist genagelten Sohle sowie Stiefel (lat. *caligae*) aus festem Rindsleder, deren Sohlen mit Eisennägeln verstärkt waren.

Haupt-Sachen

Verheiratete Griechinnen bedeckten das Haar mit einem Kopftuch oder einer geschlossenen Haube (griech. *sakkos*), denn sie durften außerhalb des Hauses ihre Haare nicht offen tragen (Abb. 184). Göttinnen wurden oft mit dem hohen zylindrischen Polos (Abb. 185) dargestellt. Weiter fanden sich Kränze, Bänder, Diademe und Reifen auf den Köpfen der Frauen. Zur Bändigung der Haarfülle kamen Haarnadeln aus Bronze oder Bein, teilweise mit Goldverzierung, zum Einsatz. Kämme bestanden meist aus Holz oder Bein, seltener aus Elfenbein und Horn, sie konnten Zinken auf beiden Seiten haben.

Frauen konnten ihren Kopf außerdem mit dem Aufschlag des Peplos oder des Himations oder mit einem Schleiertuch (griech. *kalyptra*) bedecken. Darauf saß im Sommer ein runder, spitzer Strohhut mit breiter Krempe, die Tholia. Zum Schutz vor der Sonne nutzten die Frauen auch Schirme.

Zu den Kopfbedeckungen der etruskischen Frauen zählten eine konische weiße Kappe, die an orientalische Turbane erinnert, und der *tutulus*, eine kegelförmige Kappe aus Wolle, die offenbar in kultische Zusammenhänge gehörte.

■ Abb. 185
Frauenkopf mit hoher Kopfbedeckung (Polos)
Tarent, Ende 6./Anf. 5. Jh. v. Chr. ■ Ton; H 11 cm, B 9,3 cm, T 6,2 cm ■ Inv. Nr. Cc 202

Den Männern stand ebenfalls eine Auswahl an Kopfbedeckungen zur Verfügung. Für Arbeiter gab es breitkrempige Strohhüte, für einfache Leute im Winter Filzkäppchen, während Reisende, Bauern und Handwerker den Pilos (lat. *pilleus*) wählten, eine spitz zulaufende Kappe aus Filz oder Leder. Diesen trugen auch die Krieger unter ihren Helmen, um den Druck zu vermindern.

Für Reisende, sich oft im Freien aufhaltende Menschen und Reiter war der Petasos üblich, ein flacher Hut mit weichem, breitem Rand aus Filz oder Stroh, der mit einem Band unter dem Kinn befestigt wurde. Die Makedonen führten eine eigene Mützenform aus Leder, Filz oder Fell ein, die Kausia. Auch sie schützte mit einer breiten Krempe vor der Sonne.

■ Abb. 186

Salbölgefäß (Lekythos) in Form einer Mandelschale

Athen, 425–400 v. Chr. ■ Ton; H 21 cm, B 9,5 cm, T 5,6 cm ■ Inv. Nr. Cg 244

Bei diesem Gefäß entsprechen sich Form und Inhalt, da Mandelöl einer der Grundbestandteile von Duft- oder Salbölen war.

An meine Haut lasse ich nur Wasser und Öl

Die Pflege des Körpers war sehr wichtig, denn die griechische Idealvorstellung hielt den schönen Körper auch für den Sitz eines edlen Charakters. Einreiben mit Öl gehörte zur täglichen Toilette, denn es schützte die Haut vor der Sonne und dem Austrocknen. Außerdem hatten die damals üblichen seifenartigen Reinigungsmittel aus Holzasche und Kalk, Natron oder Tonerde einen hohen, die Haut stark reizenden Säuregehalt, Seife im heutigen Sinne war noch unbekannt. Abreibungen mit Bimsstein waren das antike Peeling.

Aus dem Orient wurden Salben und Parfüms zuerst importiert, später lernte man in Griechenland und Italien selbst, Oliven-, Mandel- oder Sesamöl mit Duftstoffen zu veredeln. Gefäße für parfümierte Salböle sind vielfach aus Ton oder Glas gefertigt (Abb. 186–187), diejeni-

gen für Salben und Schminken aus Metall (Abb. 188), Holz oder Ton.

Ein 15 bis 30 cm langer, schmaler und gebogener Schaber aus Bronze, die Strigilis (griech. *stlengis*), diente hauptsächlich den Männern zur Körperreinigung, vor allem nach dem Sport. Vor den Aktivitäten rieben sie sich mit Öl ein, das sich dann mit dem Schweiß und dem Sand des Sportplatzes vermischte. Die Schicht wurde anschließend mit der Strigilis abgeschabt und nahm den gröbsten Schmutz mit. Danach wusch man sich mit Wasser, schrubbte sich auch mit Schwämmen ab, die zum Abschluss zum Trockentupfen eingesetzt wurden.

Zum Schminken des Gesichts benutzten Frauen, aber auch Männer, ein weißes bleihaltiges Pulver (griech. *Psimythion*) – heute weiß man, dass es gefährliche Nebenwirkungen hatte – sowie Rottöne aus mineralischen und pflanzli-

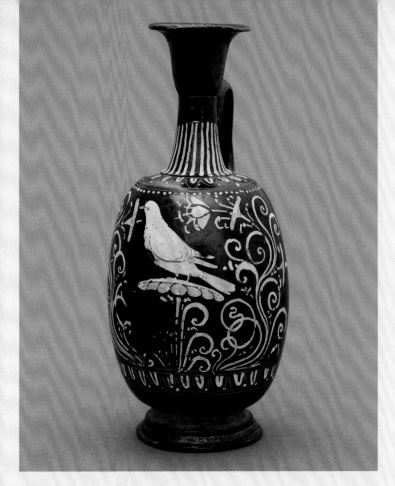

■ Abb. 187
Bauchiges Salbölgefäß (Lekythos) des Rosen-Malers
Unteritalien, 320–300 v. Chr. ■ Ton, Gnathia-Keramik, weiße und gelbe Deckfarbe;
H 16,3 cm, Dm 7,2 cm ■ Inv. Nr. Cg 428

chen Stoffen. Mit Antimon (*kohl*) wurden die Augen umrandet. Auf dünnen
Steinplatten mit abgeschrägten Rändern,
sogenannten Schmink- oder Reibplatten,
vermischte man die Farbpigmente mit Öl
zu einer Paste.

Weit verbreitet waren runde Stand-
oder Handspiegel aus Metall, vorzugs-
weise Bronze (Abb. 189), mit Griffen
aus Holz, Elfenbein oder Bein. Die aus
zinnreicher Bronze gefertigte Spiegelflä-
che wurde so stark poliert, dass man sich
darin erkennen konnte; in seltenen Fällen
war diese Fläche mit Silber überzogen.
Auch runde Klappspiegel waren beliebt,
bei denen ein Deckel, oft reliefverziert,
die polierte Spiegelseite schützte, beide
Teile verband ein Scharnier.

■ Abb. 188
Salbölgefäß (Balsamarium) mit dreiteiliger Kette und Aufhängeöse
1. Jh. n. Chr. ■ Bronze; H 9,5 cm, Dm 6,3 cm, L Kette 13,4 cm ■ Schenkung Dr. E. Homsy (Nr. 123)

■ Abb. 189
Frau mit Griffspiegel
Detail von einer Schale des Sabouroff-Malers ■ Athen, um 460 v. Chr. ■
Ton, rotfigurige Maltechnik, weiße Deckfarbe; H 7,4 cm, Dm 27,2 cm ■ Inv. Nr. Cg 182

Auf einer der Außenseiten der Schale sitzt eine in Chiton und Mantel gekleidete Frau und betrachtet sich in einem Spiegel.

Mir ist langweilig!

Griechen, Römer und Etrusker unterhielten sich nicht nur im Theater, mit Sport oder Wettkämpfen, sondern auch mit Würfel- oder Brettspielen. Würfel (griech. *kybos*, lat. *alea* oder *tesserae*) bestanden aus Ton, Bein, Glas oder Bronze, meist waren ihre Oberflächen mit kleinen, gravierten Kreisen von eins bis sechs nummeriert (Abb. 190). Die Römer liebten dieses Spiel, sogar die Kaiser, und würfelten um hohe Einsätze. Je höher sie waren, desto größer die Versuchung, mit manipulierten Würfeln zu schummeln. Immer wieder wurden Gesetze erlassen, um das ruinöse Glücksspiel zu beschränken, jedoch ohne Erfolg.

In der griechisch-römischen Antike war der Mittelfußknochen vom Sprungbein eines Paarhufers (Schaf, Ziege, Schwein oder Reh) ein bei Kindern und Erwachsenen beliebtes Spielzeug. Mit den bereits in den homerischen Epen erwähnten Knochen (*astragalos*, lat. *tali*) konnte auch gewürfelt werden, denn jede Seite war anders geformt und mit einem bestimmten Punktwert belegt.

Würfel und Astragale wurden auch für Orakel genutzt, indem die beim Wurf erreichte Zahlenkombination mit bestimmten Orakelsprüchen verknüpft wurde. Offensichtlich erfreuten sich solche Prophezeiungen großer Beliebtheit, auch wenn viele Zeitgenossen sie für erlogen und irrational hielten.

Brettspiele waren bereits im alten Ägypten bekannt und beliebt, nicht anders bei Griechen und Römern. Spiel-

■ Abb. 190
Würfel
2.–3. Jh. n. Chr. ■ Bein; L 1,65 cm / 1,7 cm ■ Schenkung Dr. E. Homsy (Nr. 112)

■ Abb. 191
Salbölgefäß in Form eines Sprungbeinknochens (Astragal)
Kampanien (?), 4. Jh. v. Chr. ■ Ton, Schwarzglanzton-Keramik; H 7,2 cm, B 4,5 cm, L 8,1 cm ■ Inv. Nr. Cg 348

Der Henkel aus einem Doppelstrang trägt als Zierde einen sog. Heraklesknoten. Derartige Gefäße wurden sowohl in Athen als auch in Unteritalien hergestellt.

227

■ Abb. 192
Spielfeld von der Agora in Philippi, Nordgriechenland

steine, meist aus Holz oder Bein, unterscheiden sich in Form, Dekor oder Farbe voneinander. Ihre Bewegungen auf dem Brett oder Spielfeld folgten manchmal einem ausgewürfelten Wert, manchmal nur der Absicht der Spieler. Spielbretter bestanden aus Holz, Ton oder Stein, häufig waren sie auch nur Ritzzeichnungen auf Stufen öffentlicher Bauten oder auf Straßen und Plätzen (Abb. 192).

Die schwarzfigurig bemalte Amphora (Abb. 193) zeigt eine Szene aus dem Trojanischen Krieg: Achilleus und Aias in einer Kampfpause beim Brettspiel, wobei es sich entweder um ein mit dem Backgammon verwandtes Spiel (griech. *pessoi*) oder um das sogenannte Fünfsteinspiel handelt, bei dem die Spielstrategie die Blockade der Steine des Gegners verlangt. Das Motiv der beiden spielenden Helden findet sich auf etwa 160 Vasenbildern aus der Zeit zwischen 530 und 480 v. Chr., als sein Erfinder gilt Exekias, einer der bedeutendsten Vasenmaler in Athen. Das aristokratische Wettkampfideal lässt sich also auch im Spiel verfolgen, wie es bei Homer heißt: »immer der Beste zu sein und ausgezeichnet vor anderen« (*Ilias* 11, 784).

■ Abb. 193

Vorratsgefäß (Amphora) des Bareiss-Malers

Athen, um 530–525 v. Chr. ■ Ton, schwarzfigurige Maltechnik, rote und weiße Deckfarbe;
H 28,2 cm, Dm 19,4 cm ■ Inv. Nr. Cg 345 ■ Geschenk des Fördererkreises für die Reiss-Engelhorn-
Museen

Sportliche Disziplinen waren den Griechen nicht nur wichtig für die militärisch notwendige Körperertüchtigung, sondern auch als Weg zu einer gesunden Lebensführung und zur körperlichen Schönheit, wie sie das ästhetische Ideal vorgab. Schönes konnte nur gut sein, so war die angenehme Gestalt der Spiegel einer edlen Gesinnung. Bereits Homer beschreibt das Ideal der körperlichen Tüchtigkeit als Bestandteil des Selbstverständnisses der Adligen.

Beliebt waren Weitsprung, Laufen, Diskus- oder Speerwerfen, letzteres auch als Übung für die Jagd. Bei den Kampfsportarten stand Ringen an erster Stelle, gefolgt vom Faustkampf. Trainiert wurde in der Palästra, einem Übungsplatz, der im Laufe der Zeit Bestandteil eines größeren Komplexes, des Gymnasions (von griech. *gymnos*, nackt), wurde (Abb. 194).

Sportliche Wettkämpfe (griech. *agones*) waren auch Teil der Götterkulte und wurden von Prozessionen und Opfern umrahmt. Zu den berühmtesten Wettbewerben gehörten panhellenische Feste wie die Spiele in Delphi zu Ehren Apollons und die in Olympia zu Ehren des Zeus, beide im Vier-Jahres-Turnus, sowie die alle zwei Jahre stattfindenden Wettbewerbe am Isthmos von Korinth und in Nemea. Alle diese Feste brachten im Übrigen die sonst untereinander zerstrittenen Städte friedlich zusammen und dienten der Selbstvergewisserung der Griechen als ethnische, religiöse und kulturelle Gemeinschaft.

Die Siegespreise bei diesen ›heiligen Kranzspielen‹ muten heute eher bescheiden an: ein Kranz aus Olivenzweigen in Olympia, einer aus Lorbeer in Delphi, ein Kranz aus Pinienzweigen und später aus getrockneten Sellerieblättern bei den Spielen in Korinth, in Nemea gab es frische Sellerieblätter. Allerdings wissen wir, dass zusätzlich Geldprämien und teilweise auch Startgelder gezahlt wurden. So erhielten Sportler aus Athen für einen Sieg bei den Olympischen Spielen von ihrer Heimatstadt 500 Drachmen. Bei den Panathenäen alle vier Jahre in Athen gab es als Siegespreise Amphoren mit wertvollem Öl, die weiterverkauft werden durften und daher Geldwert hatten.

Es gab noch sehr viel mehr sportliche Wettkämpfe, bis zum 2. Jahrhundert v. Chr. um die 500 Veranstaltungen in den verschiedensten griechischen Städten. Dem Sieger winkten oft ein hoher Sach- oder Geldpreis (griech. *athlos*, womit unser Wort Athlet zusammenhängt) und in der Heimatstadt Ehrenbürgerrecht, Ehrenmitgliedschaft im Rat der Gemeinde und ein Ehrensitz im Theater. Dem Zweitplatzierten und Verlierer galten dagegen nur Spott und Nichtbeachtung. Frauen war es – mit Ausnahme von Sparta – untersagt, öffentlich in der Palästra oder im Gymnasion zu trainieren. Dennoch wurde ihnen aus gesundheitlichen Gründen sportliche Betätigung empfohlen. Sie durften an den Spielen in Olympia aber weder teilnehmen noch anwesend sein, es drohte dafür sogar die Todesstrafe. Sie hatten jedoch eigene Wettkämpfe wie die Heräen zu Ehren der Göttin Hera in Olympia. Die jungen Frauen traten im Laufen gegeneinander an auf einer Strecke, die im Verhältnis zu der der Männer um ein Sechstel kürzer war. Im Gegen-

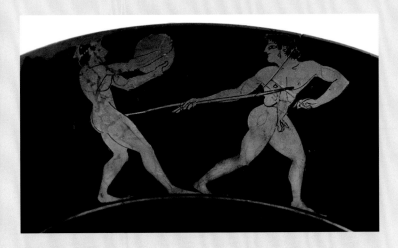

■ Abb. 194
Trinkschale (Kylix) des Skythes- und Pedieus-Malers
In einem Grab in Orvieto gefunden; Athen, um 520–510 v. Chr. ■ Ton, rotfigurige Maltechnik,
rote Deckfarbe; H 8,5 cm, Dm 30 cm ■ Inv. Nr. Cg 13

satz zu den nackt laufenden Männern trugen die Mädchen ein kniekurzes Gewand. Im 4. Jahrhundert v. Chr. kam es zu einer einschneidenden Veränderung: Erstmals durften Frauen an Wagen- und Pferderennen bei den Spielen in Olympia teilnehmen, jedoch nur ihre Gespanne, nicht sie selbst. Auch als Besitzerinnen der Pferde war es ihnen verboten, beim Rennen oder auch nur bei der Siegerehrung anwesend zu sein.

Das große Interesse der Etrusker am Sport belegen vor allem Vasenbilder und Fresken, die – wie so vieles andere in der etruskischen Kultur – auch dem griechischen Vorbild folgen. Der ausgesprochen beliebte Boxkampf durchlief wohl eine eigene Entwicklung in Etrurien. Neu war die Begleitung der Kämpfe mit Musik. Die Athleten bei den Ringkämpfen waren im Unterschied zu Griechenland keine freien Bürger oder gar Adlige, sondern abhängige Personen mit niedrigem Sozialstatus. Auch schätzte man in Etrurien eine Art Bodenturnen oder Akrobatik, wie entsprechende Figuren als Deckelgriffe von Bronzegefäßen belegen. Der besonders angesehene Pferdesport bestand hauptsächlich aus Wagenrennen mit Zwei- oder Dreigespannen.

Viele Römer betrieben in ihrer Freizeit anfangs nur leichten Sport, denn man scheute größere körperliche Anstrengungen als zu ungesund. Dies änderte sich, Sport wurde beliebter, vor allem seit der Kaiserzeit nutzte man verstärkt die Sportangebote in den Thermen: Laufen, Springen, Fechten, Speerwerfen, Ringen oder Ballspiele. Im Unterschied zu den Griechen trainierten römische Athleten bekleidet (wie auch die Etrusker), dies galt auch für Wettkämpfe vor Publikum.

In der Kaiserzeit waren die Frauen deutlich weniger als in Griechenland vom Sport ausgeschlossen. In Kleinasien konnten wohlhabende Frauen sogar selbst Wettspiele stiften und sie auch anschauen.

Zerstreuung für die Massen

Roms Bevölkerung vergnügte sich unter anderem bei Theateraufführungen (anlässlich der den Göttern geweihten *ludi scaenici*), den überaus populären Gladiatoren- und Tierkämpfen in der Arena sowie den Wagenrennen im Circus. Dort fanden auch die staatlich organisierten Fest- und Triumphzüge statt. Seltener, aber besonders spektakulär waren die Naumachien, Seeschlachten, inszeniert auf mitunter künstlich angelegten Gewässern. Das Interesse des Publikums galt darüber hinaus den Wettkämpfen im Laufen, Ringen und dem ganz besonders beliebten Boxen. An Zeit für all dies mangelte es nicht, in der Kaiserzeit standen allein 180 Festtage mit derartigen Veranstaltungen (lat. *spectacula*) im Kalender. Spiele waren immer Bestandteil religiöser Feste, bei denen auch Götterbilder in einer Prozession herumgetragen wurden.

Wagenrennen (lat. *ludi circenses*) entwickelten sich schon bald zu einem der gefragtesten Spektakel und lieferten zahlreiche Bildmotive auf Öllampen, Mosaiken, Sarkophagen, Glasbechern und vielem anderen. Der in Rom eigens für die Rennen bereits im 5. Jahrhundert v. Chr. angelegte, aber erst 103 n. Chr. aus Stein errichtete Circus Maximus gehörte zu den größten Bauten seiner Art und bot bis zu 150.000 Zuschauern Platz. Bei den Rennen, vor allem denen

mit Viergespannen, waren hohe Wetten auf die Gewinner üblich. Zu Beginn der Kaiserzeit setzten sich vier nach Farben benannte Rennställe durch, die jeweils eine riesige Anhängerschar hinter sich versammelten.

In den im ganzen Imperium Romanum zahlreich erhaltenen Amphitheatern (Abb. 195) boten tödlich endende Kämpfe zwischen Gladiatoren und Kämpfe gegen Tiere den Massen eine ganz eigene Art von Unterhaltung. Dank ihrer Ellipsenform garantierten sie – wie die heutigen Sportarenen – von allen Plätzen aus einen guten Blick in die Arena (von lat. *harena*, Sand).

An Spieltagen standen am Vormittag in der Regel die seit 186 v. Chr. in Rom bekannten Tierkämpfe (lat. *venationes*) auf dem Programm. Eigens ausgebildete Kämpfer (*venatores*) traten gegen heimische oder aus fernen Ländern importierte Tiere wie Löwen, Panther, Stiere und Bären an. Auch Tiere allein wurden aufeinander gehetzt. Für die Römer symbolisierten die Venationes den Sieg über die als gefährlich empfundene Natur.

Um die Mittagszeit kamen verurteilte Straftäter zu Tode im bewaffneten Kampf gegeneinander oder als unbewaffnete Opfer von wilden Tieren, letzteres aufgrund des Urteils *damnatio ad bestias.* Zu den Hinrichtungsarten in der Arena gehörten auch Kreuzigungen. Die Leichen begrub man in Massengräbern oder warf sie in den Tiber.

Der Nachmittag brachte mit den Gladiatorenkämpfen den Höhepunkt. Die verschiedenen Kämpfertypen traten in festgelegten Paarungen auf, welche die Zuschauer gut kannten. Sie bejubelten

■ Abb. 195

Das Amphitheater in Pozzuoli

Giacomo (1822–1881) oder Carlo (1850–1925) Brogi, 1897 ■ Albumin-Abzug; 27,5 x 37 cm ■
Reiss-Engelhorn-Museen / Forum Internationale Photographie, Historische Sammlung Wilhelm Reiß,
Inv. Nr. WR 64-03

ihre ›Stars‹ für ihr hohes technisches Niveau. Kämpfer mit unterschiedlicher Ausrüstung, aber gleichen Siegeschancen gefielen am meisten. Entgegen der heute noch verbreiteten Vorstellung haben die Gladiatoren ihren Auftritt oft überlebt, da das Publikum meist für die Begnadigung des Unterlegenen stimmte. Davon abgesehen wurde in diese Kämpfer zu viel investiert, um bei jedem Spieltag einige zu verlieren. Welche Zeichen es für Leben oder Tod gab, ist ungeklärt, das Heben oder Senken des Daumens war es nicht, die Geste ist nicht antik belegt.

Gladiatoren rekrutierten sich aus Kriegsgefangenen, Sklaven, verurteilten Verbrechern oder auch Freiwilligen, die um des Ruhms willen diesen Beruf ergriffen. Die Anwärter wurden sorgfältig ausgewählt und erhielten in den gut organisierten Kasernen (lat. *ludus gladiatorius*) eine fundierte Ausbildung unter medizinischer Betreuung. Erstaunlicherweise ernährten sie sich fleischarm, ihre Kraft bezogen sie aus Gerstenbrei und Bohnen.

Doch im Gegensatz zu anderen Sportlern wählten Gladiatoren bis auf die genannten Ausnahmen der Freiwilligen diese Tätigkeit nicht für sich selbst aus, sondern wurden von den Besitzern der Schulen dazu abgeordnet. Frauen kämpften ebenfalls in der Arena und weckten Assoziationen an den Amazonenmythos. Auch als Organisatorinnen sind sie bezeugt.

Die seit Augustus festgelegte Sitzordnung der Zuschauer spiegelte die Gesellschaftsstruktur wider: die Senatoren auf den besten Plätzen, dann folgten die Reihen mit den Rittern, darüber die Ränge für das Volk und ganz oben die Stehplätze für Sklaven und Frauen. Der Kaiser und seine Entourage hatten selbstverständlich eine Art VIP-Loge. Im Amphitheater erfuhren die Herrscher, was das Publikum von ihnen hielt. Es war ihnen tunlichst angeraten, aufmerksam auf die Stimmungen der sie genauestens beobachtenden Zuschauer einzugehen. Dass Caesar beim Spectaculum nebenher Briefe diktierte, löste großen Unmut aus, da er sich damit dem gemeinschaftlichen Erleben entzog. Denn die gemeinsame Entscheidung über Leben und Tod von Kaiser, Oberschicht und Masse rief ein Zusammengehörigkeitsgefühl hervor, das zum politischen Instrument wurde.

Die ersten Gladiatorenkämpfe (lat. *munera*) sind 264 v. Chr. in Rom anlässlich der Bestattung des Senators Decimus Iunius Brutus Pera von dessen Söhnen veranstaltet worden. Auf dem Forum Boarium am Tiber traten drei Kampfpaare aus Kriegsgefangenen gegeneinander an. Die immer wieder formulierte These von der Herkunft dieser Kämpfe aus Etrurien oder Kampanien, wo Wandmalereien bewaffnete Zweikämpfe im Umfeld von Begräbnissen zeigen, ist nicht belegt. Wir müssen daher von einer spezifisch römischen ›Erfindung‹ ausgehen.

Jedenfalls feierten die Gladiatorenkämpfe in republikanischer Zeit immer größere Erfolge unter stetiger Zunahme der Kämpferzahlen. Schnell hatte die römische Oberschicht erkannt, wie man damit Bekanntheitsgrad und Beliebtheit steigern und Wählerstimmen gewinnen konnte. Der ursprüngliche Anlass – das Begräbnis einer hochstehenden Person – geriet immer mehr zum Vorwand, schließlich konnte man ja auch längst Verstorbene noch ehren. So war Caesars Vater schon zwanzig Jahre vor den für ihn veranstalteten Gladiatorenkämpfen verschieden.

Augustus löste die Kämpfe aus dem Kontext der Bestattungsfeierlichkeiten und erließ 22 v. Chr. neue Regeln: Es kam zu einer Reform und Standardisierung der Waffengattungen, zudem wurden die Kämpfe nun mit den Tierhetzen verbunden. Außerdem waren nicht mehr Privatleute, sondern Beamte, die Prätoren, die Veranstalter, wobei sie den größten Teil der Kosten aus ihrem Privatvermögen begleichen mussten. Sie durften auch nicht mehr als zwei Darbietungen jährlich mit maximal 120 Gladiatoren organisieren. Solche Regeln galten natürlich nicht für die Kaiser selbst, konkurrenzlos errangen sie die Zuschauergunst mit Gladiatorenkämpfen von langer Dauer und mit vielen Kämpfern. ›Spitzenreiter‹ wurde Trajan, der 107 n. Chr. nach seinem Sieg über die Daker die Massen 123 Tage lang mit 10.000 Gladiatoren und 11.000 Tieren unterhielt. Das Geld für die kaiserlichen Spektakel stammte hier aus der Kriegs-

■ Abb. 196
Schüssel mit Gladiatorenszenen und Stempel ƧUИIƧƎЯ
Gefunden in Ladenburg; 150–175 n. Chr. ■ Ton, Terra Sigillata-Keramik; H 12,2 cm, Dm 22,5 cm ■
Inv. Nr. rem 16491

235

beute, ansonsten mussten die Steuereinnahmen dafür herhalten.

Die Beliebtheit der Gladiatoren zeigt
sich auch in der Bildkunst, sie erscheinen
auf tönernen Öllampen, Glasgefäßen,
Steinreliefs, Mosaiken oder auf Keramik
(Abb. 196).

Ihren größten Zulauf fanden die Gladiatorenkämpfe im 2. und 3. Jahrhundert
n. Chr., auch in den Provinzen. Seit der
Wende zum 4. Jahrhundert machte sich
offensichtlich der Einfluss des Christentums bemerkbar. Es kam zwar nicht zu
einem Verbot durch die Kaiser im Sinne
der christlichen Nächstenliebe, aber zu
politischen Veränderungen. Mit dem
Wegfall des Kaiserkults und dessen

Priesterschaft fehlte die notwendige
Organisationsstruktur für die Kämpfe.
Bischöfe hatten inzwischen die Amtsträger in den Städten ersetzt. Die Pole-
mik der Kirchenväter richtete sich auch
gegen die Macht des Publikums, den
unterlegenen Gladiatoren zumindest
an diesem Tag das Leben zu schenken.
Denn Erlösung konnte nach christlicher
Auffassung nur Gott gewähren. Und
so sorgten sie mit ihren Schriften dafür,
dass den grausamen Darbietungen Aus-
richter und Publikum abhandenkamen.
Anfang des 5. Jahrhunderts wurden
Gladiatorenkämpfe endgültig verboten,
Tierhetzen dagegen bis ins 6. Jahrhundert veranstaltet.

ANHANG

LITERATURHINWEISE

Ausstellungskataloge

Athen. Triumph der Bilder. Ausstellungskatalog Frankfurt a. M., Liebieghaus 2016, hg. von Vinzenz Brinkmann, Petersberg 2016

Die Etrusker – Rätselhafte Herkunft und fremde Sprache. Ausstellungskatalog München, Staatliche Antikensammlungen und Glyptothek 2015–2017, hg. von Florian S. Knauß, Mainz 2015

Die Etrusker. Weltkultur im antiken Italien. Ausstellungskatalog Karlsruhe, Badisches Landesmuseum 2017–2018, Darmstadt 2017

Imperium der Götter. Isis, Mithras, Christus. Kulte und Religionen im Römischen Reich. Ausstellungskatalog Karlsruhe, Badisches Landesmuseum 2013, Darmstadt 2013

Italien vor den Römern. Aus der Antikensammlung des Reiss-Museums Mannheim. Ausstellungskatalog Mannheim, Reiss-Museum 1996, hg. von Karin von Welck und Reinhard Stupperich, Mainz 1996

Lockender Lorbeer. Sport und Spiel in der Antike. Ausstellungskatalog München, Staatliche Kunstsammlungen, hg. von Raimund Wünsche und Florian Knauß, München 2004

Der Pfälzer Apoll. Kurfürst Carl Theodor und die Antike an Rhein und Neckar. Ausstellungskatalog Stendal, Winckelmann-Museum 2007, hg. von Max Kunze, Ruhpolding 2007

Die Unsterblichen. Götter Griechenlands. Ausstellungskatalog München, Staatliche Antikensammlung und Glyptothek 2012–2013, hg. von Florian Knauß, Lindenberg im Allgäu 2012

Zeit der Helden. Die »dunklen Jahrhunderte« Griechenlands 1200–700 v. Chr. Ausstellungskatalog Karlsruhe, Badisches Landesmuseum 2008, Darmstadt 2008

Monographien

Annika Backe-Dahmen, Die Welt der Kinder in der Antike (Zaberns Bildbände zur Archäologie), Mainz 2008

Mary Beard, SPQR. Die tausendjährige Geschichte Roms, Berlin 2016

Ronald Bockius, Schifffahrt und Schiffbau in der Antike (Sonderheft 2007 der Zeitschrift Archäologie in Deutschland), Stuttgart 2007

Astrid Böhme-Schönberger, Kleidung und Schmuck in Rom und den Provinzen (Schriften des Limesmuseums Aalen, 50), Stuttgart 1997

Cyprian Broodbank, Die Geburt der mediterranen Welt. Von den Anfängen bis zum klassischen Zeitalter, München 2018

Friederike Bubenheimer-Erhart, Die Etrusker, Darmstadt 2014

Giovannangelo Camporeale, Die Etrusker. Geschichte und Kultur eines rätselhaften Volkes, Düsseldorf 2003

Manfred Clauss, Mithras. Kult und Mysterium, Darmstadt/Mainz 2012

Andrew Dalby, Essen und Trinken im alten Griechenland, Stuttgart 1998

Peter Funke, Athen in klassischer Zeit (Beck Wissen, Nr. 2074), München 2007 (3., aktualisierte Aufl.)

Gudrun Gerlach, Zu Tisch bei den alten Römern. Eine Kulturgeschichte des Essens und Trinkens, Stuttgart 2001

Heinz Heinen, Geschichte des Hellenismus. Von Alexander bis Kleopatra (Beck Wissen, Nr. 2309), München 2013 (3., aktualisierte Aufl.)

Andreas Hensen, Mithras. Der Mysterienkult an Limes, Rhein und Donau (Die Limesreihe – Schriften des Limesmuseums Aalen, Bd. 62), Darmstadt 2013

Christiane Herb und Nina Willburger, Glas.

Von den Anfängen bis ins Frühe Mittelalter (Sonderheft Archäologie in Deutschland, 09/2016), Darmstadt 2016

Frank Hildebrandt, Antike Bilderwelten. Was griechische Vasen erzählen, Darmstadt 2017

Tom Holland, Persisches Feuer. Das erste Weltreich und der Kampf um den Westen, Stuttgart 2008

Klaus Junker und Sina Tauchert, Helenas Töchter. Frauen und Mode im frühen Griechenland, Darmstadt 2015

Hans Kloft, Mysterienkulte der Antike. Götter, Menschen, Rituale (Beck Wissen, Nr. 2106), München 2010 (4., aktualisierte Aufl.)

Peter Knötzele, Römische Schuhe. Luxus an den Füßen (Schriften des Limesmuseums Aalen, 59), Esslingen am Neckar 2007

Christiane Kunst, Leben und Wohnen in der römischen Stadt, Darmstadt 2006

Wolfram Letzner, Gebrannte Erde. Antike Keramik – Herstellung, Formen und Verwendung, Mainz 2015

Michael Maaß, Das antike Delphi (Beck Wissen, Nr. 2431), München 2007

Christian Mann, Die Gladiatoren (Beck Wissen, Nr. 2772), München 2013

Thomas Mannack, Griechische Vasenmalerei. Eine Einführung, Darmstadt 2012 (2. Aufl.)

Josiah Ober, Das antike Griechenland. Eine neue Geschichte, Stuttgart 2016

Simon Price und Peter Thonemann, Die Geburt des klassischen Europa. Eine Geschichte der Antike von Troja bis Augustinus, Darmstadt 2018

Veit Rosenberger, Religion in der Antike, Darmstadt 2012

Patrick Schollmeyer, Die römische Plastik. Eine Einführung, Darmstadt 2005

Patrick Schollmeyer, Römische Tempel. Kult und Architektur im Imperium Romanum, Darmstadt 2008

Patrick Schollmeyer, Handbuch der antiken Architektur, Darmstadt 2013

Patrick Schollmeyer, Unter dem Schutz der Götter. Griechisches Leben im Spiegel der Kunst, Darmstadt 2015

Erika Simon, Die Götter der Römer, München 2000 (2. Aufl.)

Ulrich Sinn, Olympia. Kult, Sport und Fest in der Antike (Beck Wissen, Nr. 2039), München 1996

Michael Sommer, Der römische Orient. Zwischen Mittelmeer und Tigris, Stuttgart 2006

Michael Sommer, Wirtschaftsgeschichte der Antike (Beck Wissen, Nr. 2788), München 2013

Michael Sommer, Römische Geschichte. Von den Anfängen bis zum Untergang, Stuttgart 2016

Holger Sonnabend, Götterwelten. Die Religionen der Antike, Darmstadt 2014

Dagmar Stutzinger, Griechen, Etrusker und Römer. Eine Kulturgeschichte der antiken Welt im Spiegel der Sammlungen des Archäologischen Museums Frankfurt, Regensburg 2012

Lukas Thommen, Umweltgeschichte der Antike, München 2009

Günther E. Thüry, Müll und Marmorsäulen. Siedlungshygiene in der römischen Antike (Zaberns Bildbände zur Archäologie), Mainz 2001

Tod und Sterben in der Antike. Grab und Bestattung bei den Ägyptern, Griechen, Etruskern und Römern, hg. von Dennis Graen, Darmstadt 2011

Paul Zanker, Die römische Stadt. Eine kurze Geschichte, München 2014

BILDNACHWEIS

Claudia Braun
Abb. Seite 2; Abb. 1, 29, 33, 67, 70, 106, 123, 127, 140, 147, 192

Carolin Breckle, rem
Abb. 4, 6, 51, 53, 72, 93, 100, 115, 118, 124, 126, 155, 165, 168, 177, 179, 189, 196

Jean Christen, rem
Abb. 3, 5, 34, 35, 38, 39, 42, 44, 45, 47, 49, 56, 57, 60, 61, 62, 66, 68, 81, 83, 84, 86, 87, 89, 90, 91, 94, 95, 97, 101, 102, 116, 117, 121, 122, 125, 130, 139, 154, 156, 164, 176, 182, 191, 193, 194

Matthias Feuersenger, rem
Abb. 13

Heike Griesbaum
Abb. 52

Reiss-Engelhorn-Museen
Abb. 7, 9, 10, 11, 12, 15, 16, 17, 18, 19, 20, 21, 22, 23, 24, 25, 26, 27, 28, 32, 43, 48, 71, 98, 108, 119, 120, 141, 142, 143, 166, 195

Maria Schumann, rem
Abb. 2, 8, 30, 31, 36, 37, 40, 41, 46, 54, 55, 58, 59, 63, 64, 65, 73, 74, 75, 76, 77, 78, 79, 80, 82, 85, 88, 92, 96, 103, 104, 105, 107, 109, 110, 111, 112, 113, 114, 128, 129, 131, 132, 133, 134, 135, 136, 137, 138, 144, 145, 146, 148, 149, 150, 151, 152, 153, 157, 158, 160, 161, 162, 163, 167, 169, 170, 171, 172, 173, 174, 175, 178, 180, 181, 183, 184, 185, 186, 187, 188, 190

Peter Will, rem
Abb. 14, 50, 69, 159